ESG 혁명이 온다

성과에서 가치로,
새로운 미래의 혁신적 시그널과
생존전략

ESG 혁명이 온다

개정
증보판

Environmental
Social
Governance

김재필 지음

한스미디어

글로벌 위기 속에서도
ESG 혁명은 계속된다

2021년 《ESG 혁명이 온다》를 발간하고 2년여의 시간이 흘렀다. 블랙록이 불을 지핀 ESG 붐은 전 세계 기업들로 확산되었고, 국내의 많은 기업들도 앞다투어 ESG 경영을 선언했다. ESG가 사회적 이슈로까지 커져갈 때 즈음, 2022년 초 러시아-우크라이나 전쟁이 터졌다. 그리고 미국의 금리 인상과 인플레이션, 주가 및 부동산 하락 등 경제 관련 이슈들이 쉴 새 없이 발생했다.

지난 2년간 ESG는 전 세계적으로 주목받으며 그 중요성이 대두되었다. ESG 이슈에 대한 대중들의 관심이 증가하는 한편, 기업들은 지속 가능한 발전을 추구하는 데 있어 ESG의 제도화, 에너지 전환, 국제적인 ESG 공시기준의 도입 등 큰 변화를 겪고 있다. 국제회계기준재단 IFRS은 국제지속가능성기준위원회 ISSB를 설립하여 ESG 공시기준을 마련하였고, EU와 미국은 각각 자체의 ESG 공시기준을 제정하며 기업의 영향력을 확대하고 있다. 이러한 변화들은 ESG가 단순한 유행이 아닌 지속가능 발전의 핵심 요소로 인식되고 있음을 보여주고 있다.

금리 인상, 경기 침체 등의 경제 위기 상황 속에서도 ESG 활동은 인류의 삶의 질 향상을 위해 계속 이어져야 한다. 기업과 정부, 그리고 개인들은 향후 경제 회복과 함께 지속가능한 미래를 향한 ESG 투자를 지속해야 한다. 세계적인 경제 위기를 극복할 수 있는 최선책이야말로 ESG라고 생각한다.

이번 《ESG 혁명이 온다》 개정판에서는 ESG의 변화된 모습과 업데이트된 내용을 보완하였다. 지난 2년간 ESG에 대해 대중들의 인식이 달라진 점, 기업들의 ESG 경영 활동, 2023년 이후의 ESG 일정과 변화된 트렌드를 살펴보았다. 또한 배터리 산업에서의 ESG 및 전 세계적으로 돌풍을 일으킨 챗GPT와 ESG에 대한 내용도 추가하였다.

대중들의 인식 변화와 기업들의 ESG 경영 활동을 통해 ESG가 우리 사회에 얼마나 깊이 자리 잡았는지를 확인할 수 있다. 이러한 변화를 기반으로 기업들은 더욱 적극적으로 ESG를 실행하고 사회적 책임을 다하며 환경을 보호하는 방향으로 나아가고 있다.

2023년 이후 ESG 일정과 변화된 트렌드 분석을 통해 우리는 미래의 기회와 도전에 더욱 효과적으로 대응할 수 있을 것이다. 또한 배터리 산업에서의 ESG 및 챗GPT와 ESG에 대한 최신 정보 제공으로 해당 산업의 지속가능한 발전과 관련된 이슈들을 이해할 수 있을 것으로 기대된다. 이를 바탕으로 기업과 개인들은 새로운 산업에서도 지속가능한 미래를 위한 ESG 전략을 세울 수 있다.

본 개정판은 추가된 내용들을 통해 ESG의 개념을 보다 깊이 이해하고 그 중요성을 인식할 수 있도록 도와주는 동시에, 더욱 풍부한 정보와 인사이트를 제공할 것이다.

늘 강조하지만 ESG는 우리 모두의 삶을 개선시키고 지구를 보호하며 미래 세대들이 더 나은 세상에서 살아갈 수 있도록 도와주는 수단이자 목표이다. 경기 침체로 미래가 불안하기만 한 지금, 어쩌면 ESG가 한줄기 빛처럼 위기를 극복할 희망인지도 모른다.

지은이 김재필

'기술 혁명'에서
'ESG 혁명'의 시대로

2021년 1월 7일, 사상 처음으로 코스피가 3000을 돌파했고, 다음 날에는 들뜬 투자자들을 더욱 설레게 하는 소식이 들려왔다. 소문으로만 무성했던 '애플카' 뉴스였다.

애플이 국내 완성차 업체와 손잡고 애플카를 만든다는 기사가 언론에 공개된 것이다. 해당 기업의 주가는 급등했고 애플카에 대한 대중들의 관심은 높아져 갔다. 며칠 뒤, 미국의 CBS에서 애플 CEO인 팀 쿡이 '중대 발표big announcement'를 할 것이라고 홍보하면서 사람들의 관심은 최고조에 달했다. 사람들은 애플카가 아니더라도 애플이 혁신적인 기술을 탑재한 '무언가'를 선보일 것이라고 예상하며 발표 시간만을 기다렸다.

발표 시간이 다가왔고, 대중들은 팀 쿡의 입에서 어떤 말이 나올지를 지켜봤다. 그런데 팀 쿡이 발표한 것은 애플카도, 신형 아이폰도, 아이패드도, 애플워치도 아니었다. 새로운 서비스도, 혁신적인 기술도 없었다. 팀 쿡의 '중대 발표'는 1억 달러 규모의 인종차별 방지 이니셔티브 REJI: Racial Equity and Justice Initiative 프로젝트를 운영하겠다는 내용이었다. 흑인대학과 협력해 글로벌 학습 허브를 설립하고, 디트로이트 학생에게 코딩 및 기술 교육을 지원하며, 흑인과 히스패닉 기업가를 위한 '벤처캐피털 펀딩'을 마련하겠다는 것이 주요 골자였다. 어디에도 기술에 대한 얘기는 없었다. 애플의 뜻밖의 발표에 사람들은 당황했다. 분명 좋은 일이고 의미 있는 프로젝트이지만, 대중이 기대한 내용은 아니었다.

사실 배경에는 바이든 대통령 시대로 바뀌면서 좋았던 트럼프와의 관계를 빨리 청산하고 새로운 대통령 기조에 발맞춰야 하는 애플의 사정이 있었다. 이유야 뭐가 됐든, 애플의 중대 발표는 지금의 글로벌 기업들이 어디에 집중하고 있는지를 단적으로 보여주었다.

팀 쿡의 발표가 끝나고 스티브 잡스의 빈자리가 일순 크게 느껴졌다. 만약 잡스가 있었다면 어땠을까? 뭔가 혁신적인 기술을 들고 나왔을까? 아니다. 잡스가 살아 있었더라도 발표 내용은 변함없었을 것이다. 왜냐하면, 시대가 변했기 때문이다.

이런 움직임을 보인 건 비단 애플만이 아니었다. CESConsumer Electronics Show(소비자 가전박람회) 2021의 기조연설을 맡은 마이크로소프트MS 역시 홀로렌즈와 같은 혁신적인 제품이나 AI, 클라우드 등의 기술을 소개하지 않았다. 대신 최고법률책임자CLO가 연사로 나와 "기술엔 양심이 없다"고 말하면서 기술의 양면성에 대한 메시지를 전달했다.

성과에서 가치로,
새로운 시대가 도래하다

세계 최고의 기술력을 보유한 두 기업이 새해 벽두부터 기술이 아닌 인종 문제나 윤리를 강조한 모습을 지켜보면서 새로운 시대가 도래했음을 실감했다. 세계는 지금 '기술 혁명' 시대에서 'ESG 혁명'의 시대로 들어서고 있는 중이다.

그룹 총수들의 발표에서 빠지지 않고 등장하는 키워드는 'ESG'이다. ESG 경영을 선언하고 ESG 조직을 정비하며 다양한 사회공헌 활동을 홍보하는 데 주력하고 있다. 언론 매체들도 하루가 멀다 하고 ESG 기사를 쏟아낸다. 그야말로 'ESG 열풍'이다.

ESG라는 용어를 처음 접한 게 2019년 즈음이었다. 국내외 트렌드를 살펴보다가 해외 언론 및 투자자들 사이에서 ESG가 주목받고 있다는 사실을 알게 되었다. 처음엔 무슨 새로운 기술 용어인 줄 알았는데, 찾아보니 투자를 결정할 때 고려해야 하는 기업의 비재무적 요소인 환경Environmental·사회Social·지배구조Governance의 첫 글자를 딴 용어였다. 단순히 돈만 많이 버는 기업에 투자하는 것이 아니라, 환경을 생각하고 사회적 문제 해결에 동참하며 올바르고 투명하게 경영하는 기업에 투자하겠다는 개념이 ESG이다. 기업 입장에서는 많이 버는 것이 중요한 게 아니라 어떻게 벌어야 하는지가 더 중요해진 셈이다.

ESG 개념의 출발점은 2006년 UN이 발표한 사회책임투자원칙PRI: Principles for Responsible Investment이다. 사회책임투자는 재무 성과뿐 아니라 사회적·윤리적 가치를 지속가능한 경영 전략의 요소로 감안해 기업에 투자하는 방식을 말한다. 처음에는 이익 극대화를 우선시하는 주주들에 의해 외면당했지만, 2008년 세계 금융위기와 기후변화에 따른 자연재해 등 불가항력적 위기가 닥치면서 투자자와 기업들의 인식이 달라졌다. 기업의 지속가능경영을 위해 재무적 성과와 함께 비재무적 지표인 ESG를 고려하기 시작한 것이다.

여기에 불을 지핀 것이 세계 최대 자산운용사인 블랙록BlackRock 회장 래리 핑크Larry Fink의 연례 서신이다. 래리 핑크 회장은 새로운 자산 운용 기준으로 ESG를 내세우며 기업들의 지속가능경영을 강조했다. 이어 다른 글로벌 자산운용사들도 ESG 관련 상품을 출시하는 등 ESG 투자에 동참했다. 특히 코로나 위기 속에서도 ESG 투자 기업에 대한 수익률이 높아지면서 ESG에 대한 관심은 더욱 고조되었다. 소위 '착한 기업' 투자가 각광을 받으면서, 기업 입장에서는 ESG에 부응할 수밖에 없는 환경이 만들어졌다. 기업에게 있어 ESG는 생존이 걸린 문제로 다가온 것이다.

ESG는 코로나로 망가진 세계 경제와
우리의 일상을 회복시킬 희망의 수단

인류의 기술 혁명은 그동안 쉼없이 진행돼왔다. 컴퓨터를 비롯해 스마트폰, 태블릿, AI, 사물인터넷IoT, 5G, 자율주행차… 매년 새로운 기술들이 등장했고, 그럴 때마다 사람들은 신기술이 창출할 미래상에 꿈꾸고 환호했다. 4차 산업혁명이라는 세계적 흐름 하에 쉬지 않고 달려오던 기술 혁명은 2020년에 잠시 멈춰 섰다. 코로나 때문이었다.

코로나 사태 이전의 기술은 기업의 생산성과 효율성을 증대시키고 생활의 편의성을 높이는 데 주력했다. 수익 창출에 기여하지 못하는 기술은 소외되기 일쑤였다. 그러나 코로나 사태를 겪으면서 기술은 인류의 안전과 보호를 위해 이용되었다. 혁신적인 기술보다는 환경과 사회 문제를 해결하는 기술에 더 주목했다. 기술의 혁신만으로는 더 이상 인류의 미래를 책임질 수 없게 되었다.

기업 역시 단기적 이윤만 추구해서는 지속성장을 보장받을 수 없게 되었다. 눈앞의 이익에 어두워 불법을 저지르거나 사회적 물의를 일으킨 기업은 소비자들의 철퇴를 맞았다. 기업의 사회적 책임을 중시하는 MZ세대의 가치관과도 맞물리면서 기업들은 ESG 경영을 앞다퉈 선언했다. 자본주의의 핵심이자 기업의 존재 목적이기도 한 '이윤 추구'는 ESG를 만나면서 '환경과 사회, 사람을 중시한 가치 창출'로 변화했다.

ESG를 트렌드 관점에서 바라보았을 때, 어느 정도의 파급력을 가질지 판단하기란 쉽지 않았다. 사회적 차원의 메가 트렌드로 커질지, 아니면 자본주의의 근간을 흔드는 새로운 사상이 될지 확실하게 정의 내리기가 어려웠다. (적어도 일시적 유행으로 끝나지는 않을 듯하다.) 한 가지 확실한 것은 코로나로 망가진 세계 경제와 우리의 일상을 회복시킬 희망적 수단이 ESG라는 점이다. 기업에게는 새로운 도약을 위한 기회이자, 기업의 생존을 결정짓는 뉴노멀New Normal이 될 수 있다.

ESG를 새로운 시대의 흐름으로 포착하면서, ESG와 관련된 자료를 찾고 연구하기 시작했다. 그런데 ESG 자료를 보다 보니, 투자자와 기업 관점에서 ESG를 다룬 자료는 많았지만 정작 소비자 관점에서 ESG를 설명한 자료는 별로 없었다. 특히 증권사나 컨설팅 기관, 학계에서 작성된 ESG 보고서와 논문은 많았지만, 의외로 국내에서 발간된 ESG 관련 서적은 거의 없었다. 미국이나 일본을 둘러보면 ESG와 관련된 책들이 상당수 존재한 반면, 국내에서는 아직 ESG를 종합적으로 정리해 대중들에게 전달한 책이 그리 많지 않았다.

투자기관, 기업, 학계 등에서는 오래전부터 ESG에 대한 연구와 논의가 활발히 이루어졌지만, 아직 대중적으로는 ESG가 친숙한 용어는 아니다. 하지만 ESG는 이미 우리의 생활 속에 서서히 자리 잡고 있다. 커피전문점에 가면 종이 빨대를 이용하고, 거리에는 제법 많은 수의 전기차들이 도로 위를 달리고 있다. 음식 하나를 먹어도 유기농 음식을 선호하고, 제품을 선택할 때는 친환경 소재인지를 다시 한 번 더 확인한다. 내가 입는 옷, 내가 마시는 물, 내가 숨 쉬는 공기. 이 모든 것이 ESG와 연관된다.

기업을 바라보는 눈도 예전과 다르다. 회장이 직원에 대해 갑질을 하거나 사회적으로 물의를 일으킨 기업에 대해서는 아무리 실적이 좋다고 해도 바로 주가가 폭락하고 불매운동이 일어난다. '회사는 수익 창출이 우선'이라는 생각은 과거의 유산이 되어버렸다.

ESG 투자, ESG 경영 모두 중요하지만, 제일 중요한 것은 소비자들이 ESG 관점에서 판단하고 행동으로 보여주는 'ESG 소비'라고 생각한다. 기업들 역시 ESG 활동을 수행할 때, 가장 신경 써야 할 것은 소비자의 눈이다. ESG 경영의 근본적인 목적은 투자자를 위해서가 아니라 소비자를 위해서다. 그러기 위해서는 소비자 스스로도 ESG에 대해 관심을 갖고 또 잘 알아야 한다.

이 책은 그동안 투자자, 학계, 기업 등에서 논의돼왔던 ESG의 개념을 좀 더 대중적으로 해석하고 정리해 어렵게 느껴졌던 ESG를 쉽게 전달하고자 집필한 'ESG 입문서'라 할 수 있다. 아울러 4차 산업혁명 시대에 맞게 ICT가 ESG와 어떻게 결합하고 어떤 시너지를 만들 수 있는지도 ICT를 연구하는 사람 입장에서 살펴보고자 하였다.

본문은 총 7장으로 구성되어 있다.

1장은 세간의 화두로 떠오른 ESG를 트렌디하게 접근해보았다. ESG를 둘러싼 국내외 기업들의 동향과 코로나 팬데믹 이후 위기를 극복하는 방안으로서 ESG의 중요성에 대해 설명하였다.

2장은 ESG 탄생 배경과 함께, 유사한 개념이라 할 수 있는 CSRCorporate Social Responsibility(기업의 사회적 책임), SDGSustainable Development Goals(지속가능개발목표)와는 무엇이 다르고 비슷한지에 대해 살펴보았다.

3장은 ESG 등급을 누가 어떻게 평가하는지에 대해 기관별로 파악해보았다. 아직 글로벌 표준이 정립되지 않았기 때문에 평가기관별 차이점을 정확히 파악해야 ESG 등급에 대해 제대로 이해할 수 있다.

4장은 ESG 각 항목별로 어떤 리스크 요인들이 있고, 기업들은 어떻게 대응하는지에 대해 살펴보았다. 지피지기知彼知己면 백전불태百戰不殆(적을 알고 나를 알면 백번 싸워도 위태롭지 않다)라는 말이 있듯이, 위기 요인을 알아야 그에 맞는 대응을 준비할 수 있다.

5장은 ESG 경영에 대한 내용이다. ESG가 단순한 홍보에 그치지 않고 실질적인 기업 가치 증대로 이어지기 위해서는 경영과 통합시키는 전략이 필요하다. 무엇보다 비용이 아닌 미래를 위한 투자라는 인식 전환과 함께, 자사의 비즈니스 모델과 연동된 ESG 활동이 수반되어야 기업 가치도 상승한다. 5장 말미에는 소니Sony, 노보노디스크NovoNordisk, 엔비디아NVIDIA 등 차별화된 ESG 경영으로 높은 평가를 받은 5개 기업의 사례를 담았다.

6장은 ICT와 ESG를 결합한 ESG DX(디지털 트랜스포메이션)의 개념과 다양한 사례들에 대해 살펴보았다. ESG 평가와 ESG 활동에서 인공지능AI, 클라우드, 사물인터넷IoT 등 ICT 기술을 접목시키는 기업들이 늘어나면서, ESG도 보다 정확하고 체계적으로 운영되기 시작했다. 특히 ESG 도입에 어려움을 느끼는 중소기업들에게 ICT는 든든한 지원군 역할을 할 것이다.

마지막 7장은 개인의 관점에서 바라본 ESG이다. 지금은 기업과 투자자들을 중심으로 ESG가 얘기되고 있지만, 앞으로 ESG가 사회 전반으로 확대되면 소비를 비롯한 일상생활에서 ESG가 실천될 것이다. 또한 기업의 ESG 경영에 진정성이 있는지를 파악하려면 소비자들도 ESG에 대해 이해하고 그런 기업의 제품을 선택할 수 있는 안목을 길러야 한다. 더 나아가 개인의 삶에 있어서도 ESG를 실천함으로써 돌발 상황이 닥치더라도 슬기롭게 대처할 수 있는 위기 대응 및 자기관리의 도구로서 활용될 수 있을 것이다.

모든 책이 그렇지만 이번 책 역시 많은 분의 도움으로 발간될 수 있었다. 부족한 역량이지만 책을 집필하도록 격려해주시고 지원해주신 한스미디어의 모민원 팀장님께 먼저 감사의 말씀을 드리고 싶다. 모팀장님이 아니었으면 이 책은 세상에 나오지 못했을 것이다. 다양한 정보와 인사이트를 제공해주신 동료와 선후배분들에게도 감사드리는 바이다. 아들의 능력을 무한 신뢰해주신 아버지와 어머니께도 고맙다는 말씀을 드리고 싶다. 이 책이 두 분께 자랑스런 아들이 될 수 있는 작은 선물이 되었으면 좋겠다.

그리고 세상에서 가장 사랑하는 나의 동반자인 아내와 하나뿐인 보물, 아들 서진이에게 이 책을 쓸 수 있는 힘과 용기를 주어 사랑하고 고맙다는 말을 전하고 싶다. 매일 새벽 2시에 일어나 졸린 눈으로 키보드를 두드리며 버틸 수 있었던 것도 아내와 아들이라는 버팀목이 있기에 가능했다. 이 책을 사랑하는 아내와 아들 서진이에게 전한다.

끝으로 《ESG 혁명이 온다》를 읽으시는 모든 분이 투자든 경영이든 일상생활에서든 조금이나마 도움이 되었으면 하는 바람이다. 이 책에 관심을 가져주신 독자분들께 진심으로 감사드린다.

Contents

Special Chapter

ESG 혁명은 계속된다

Chapter 1

ESG란 무엇인가

ESG 혁명은 계속된다

Environmental
Social
Governance

ESG 혁명 2년 후, 무엇이 변했나

대중들의 인식이 변하다

2021년은 한국의 ESG 원년으로 불릴 정도로 투자에서부터 경영에 이르기까지 사회 전반에 걸쳐 ESG가 큰 이슈가 되었다. ESG는 기업 경영전략의 핵심으로 급부상하였고, 기업 광고에까지 ESG가 등장하면서 대중들은 ESG라는 생소한 용어에 관심을 갖기 시작했다.

ESG가 국내에 상륙한 지 2년이 지난 지금, 기업과 대중들의 인식은 얼마나 달라졌을까? 데이터 전문 기업 데이타몬드가 2022년 12월에 발표한 'ESG에 대한 나의 생각' 조사 결과에 따르면 "평소 ESG에 대해 알고 있었는가"라는 질문에 대해 '알고 있었다', '매우 잘 알고 있었다' 등 긍정적으로 답한 응답자가 31%를 차지했다. 특히 연령대가 올라갈수록 ESG에 대한 인식이 높은 것으로 나타났다. 또한 "자주 사용

자료: SK이노베이션, 우리금융그룹

하는 제품보다 환경에 더 나은 제품이 있다면 바꿀 것인가"라는 질문에 대해서도 응답자의 75%가 '바꾸겠다'고 응답해 환경에 대한 관심이 높아졌음을 파악할 수 있었다. "자주 쓰는 제품을 만드는 회사가 어떠한 문제를 일으키면, 제품을 바꿀 것인가"라는 질문에는 '비윤리적·비위생적 제품 생산과 관련된 문제'가 83%로 가장 높은 응답률을 보였고, '횡령, 부정부패, 비리와 관련된 문제', '비정규직 차별 및 갑질과 관련된 문제', '성차별과 관련된 문제'도 각각 77%, 76%, 68%로 나타나 ESG 개념이 이제는 대중들에게 어느 정도 자리가 잡혔음을 알 수 있었다.

ESG 경영에 대한 인식도 이전과 비교해 많이 달라졌다. 매일경제와 전국경제인연합회가 2022년 9월에 발표한 기업호감지수CFI: Corporate Favorite Index 설문조사에 따르면, 응답자 10명 중 7명은 기업의 ESG 경영을 긍정적으로 평가했다. ESG 경영이 기업 호감도 개선에 영향을 미치느냐는 질문에 75.9%가 '그렇다'고 응답했다. "어떤 ESG 활동이 호감도 개선에 영향을 끼쳤는가"라는 질문에는 '기후변화 대응(31.2%)'에 이어 '윤리·준법경영(21.0%)', '사업장 안전·보건 관리 강화(16.6%)', '인권경영 확대(15.7%)' 등이 뒤를 이었다.

대한상공회의소가 실시한 'ESG 경영과 기업 역할에 대한 인식' 조사에서도 응답자의 63%가 기업의 ESG 활동이 제품 구매에 영향을 준다고 답했다. 70.3%는 ESG 경영에 부정적인 기업의 제품을 의도적으로 구매하지 않은 경험이 있다고 응답했다. 소비 트렌드를 주도하는 MZ세대가 '가치소비'에 중점을 두면서 ESG 경영이 활발한 기업 제품에 대한 구매가 증가하였고, 이는 반기업 정서 완화에도 영향을 미치고 있는 것으로 나타났다. 과거 기업들이 사회공헌을 비롯해 단순한 보여주기식 활동에 치중했었다면, 이제는 많은 기업이 ESG 경영을 체계적으로 실천하고 이해관계자들은 그런 노력을 긍정적으로 평가하게 되었다.

ESG 경영은 시대의 흐름

한국딜로이트그룹 ESG센터가 분석한 '2021년 국내 산업별 ESG 경영 추진 현황'을 살펴보면, 금융(25.6%), 석유화학(9.7%), 유통·물류(8.5%), ICT(7.5%), 건설·기계(7.1%), 소비재(5.7%) 산업 순으로 높은 ESG 경영 추진 성과를 보였다. 금융산업의 경우, 112개 국내 금융기관이 2050 탄소중립 달성을 위한 기후 금융 지지 선언을 한 것에 이어 책임 투자 및 임팩트 투자 등 다양한 지속가능 금융 활동을 추진했다.

ESG 경영을 위한 활동 측면에서는 '사업 혁신(전체 비중의 22.8%)',

'CSR 활동(12.7%)', 'ESG 투자(11.9%)', 'ESG 정책 수립(10.0%)' 등이 추진되었다. 전반적으로 많은 기업이 신규 연구개발R&D을 통한 제품과 서비스, 공정상의 '사업 혁신'을 활발히 추진하고 있는 가운데, 과거부터 이어온 'CSR 활동'에도 상당 부분 의존하고 있었다. 체계적인 준비와 계획을 필요로 하는 '인증 획득(1.9%)', '이니셔티브 참여(2.2%)', 'ESG 목표 설정(3.8%)', '외부 공시·평가(4.0%)' 등의 경우 상대적으로 낮은 추진 실적을 보였다.

2022년 기준 국내 시가총액 상위 100대 기업 중 ESG 경영 담당 별도 조직을 운영하는 곳은 전체의 89%로, 2021년의 54%에 비해 크게 늘었다. 또한 전체 기업 중 68%는 이사회 내 별도의 ESG위원회를 두고 있는데, 가장 중점을 두는 분야는 환경(76%)으로, 사회(12%)나 지배구조(11%)에 비해 그 격차가 컸다.

ESG 활동이 현재 진행형이긴 하지만, ESG 경영이 전 산업군에서 추진되고 있다는 것은 틀림없는 사실이다. 기업의 경영 체계 및 사업 구조에 ESG 요소를 통합하는 작업이 쉽지는 않지만, ESG 경영 패러다임으로의 전환은 거스를 수 없는 흐름이라는 것을 데이터로 다시 한번 명확하게 보여주었다.

한편 소비자들의 ESG 인식이 강화되면서 기업들은 신뢰할 수 있는 인증 제도를 통해 진정한 ESG 경영을 실천하고 있는지 확인할 필요가 있게 되었다. ESG 경영에 대한 압박이 커지면서 그린워싱green washing(위장환경주의)도 성행하는데, 이러한 상황에서 소비자들은 비콥B-Corp 인증과 같은 신뢰성 있는 인증 제도를 확인함으로써 기업의

2021년 국내 산업별 ESG 경영 추진 현황

(단위: 건)

구분	ESG목표설정	ESG정책수립	전담조직설치	사업혁신	업무협약체결	ESG투자	이니셔티브참여	인증획득	외부공시/평가	협력사상생	CSR활동	기타	합계
ICT	2	15	8	36	19	6	2	6	7	14	35	15	165
미디어		2	4	2	1		1			2	4	2	18
반도체/디스플레이		7	5	5		6	4	5	3	3	4	3	45
전기전자	8	13	9	22	6	5	4	2	3	10	10	11	103
발전/에너지	2	1	1	5	3	6	1		1		2	3	25
광물/금속	1	3		17	10	8	1		3	5	7	11	70
석유화학	11	22	3	77	31	25	1	2	10	9	12	12	215
항공/조선			2	3	2	5		1			1	3	17
건설/기계	8	11	7	47	24	21	3	2	7	9	13	6	158
섬유/제지				4	1								5
바이오/헬스케어	3	1	9	3	1			2	3		3	2	27
소비재	9	13	13	39	7	5	2	2	4	7	17	9	127
유통/물류	2	11	10	61	13	9		8	4	16	48	6	188
자동차	2	3	2	6	3	4	1	2	1	2	2	3	31
여행/레저	1	5	4	12	6	3	4	1		1	12		49
금융	25	60	56	91	49	107	22	6	17	31	78	25	567
공공	1			3				1			2	1	8
공통	8	51	42	65	18	53		2	24	21	27	60	375
서비스및기타	1	3	2	7	1					1	3	2	20
합계	84	221	181	505	195	263	48	43	88	131	280	174	2213

자료: 한국딜로이트그룹 ESG센터 분석

ESG 경영을 판단하는 데 도움을 받을 수 있다.

비콥 인증은 환경, 지역사회, 지배구조, 고객 영향, 기업 구성원 등 항목에서 각각 80점 이상을 받아야 하며 증빙이 필요하다. 전 세계 4508개 기업 중 한국 기업은 19개 인증을 받았다. 대표적인 예로, 커피 업계 최초 비콥 인증을 받은 일리카페illycaffè가 있다. 일리카페는 에티스피어 인스티튜트Ethisphere Institute의 세계 최고 윤리 기업에 11년 연속 꼽혀, 사회에 긍정적인 영향을 미치고 있다. 아라비카 커피 재배 농가를 직접 선정하고, 일리커피대학UDC: Università del Caffé에서 생산자들을 전문적으로 교육한다. 또 우수한 커피를 생산할 경우 생산자에게 시장 평균보다 높은 가격에 구매한다. 이 밖에 재생농업, 순환경제 등 커피 생산의 모든 과정에 탄소중립을 실천하고 있다.

ESG 경영은 전 세계 기업들에게 필수적인 가치로 자리 잡았다. 이러한 배경에서 기업들은 그린워싱을 넘어 진정한 ESG 경영을 실천하기 위해 노력하고 있다. 소비자들은 비콥 인증과 같은 신뢰성 있는 인증 제도를 통해 기업들의 ESG 경영을 판단할 수 있으며, 기업들은 이를 통해 소비자들의 신뢰를 얻을 수 있다. 이와 같은 노력을 통해 기업들은 환경Environment, 사회Social, 지배구조Governance 세 가지를 중심으로 한 지속가능한 경영을 펼치게 되며, 이를 통해 기업의 가치를 높이고 소비자들과의 신뢰 관계를 강화할 것으로 기대된다.

2022년 새로운 위기와
ESG의 변화

2022년이 되면서 전 세계를 공포에 떨게 했던 코로나 팬데믹은 서서히 종식 단계로 접어들었다. 그러나 러시아-우크라이나 전쟁이 터지면서 글로벌 공급망은 불안해졌고, 미중 갈등은 더욱 심화되었다. 동시에 시장 금리와 물가가 상승하면서 세계는 경기 침체라는 새로운 위기를 맞이하게 되었다. 특히 대외의존도가 높은 한국 경제는 불안한 글로벌 경제 상황과 함께 신3고(고물가·고금리·고환율)의 영향으로 그 어느 때보다 심각한 위기 상황에 직면하였다. 불확실성이 증대된 상황에서 투자자 및 기업들의 관심을 모았던 ESG 역시 변화가 불가피해졌다.

ESG 투자의 일시적 위축

2020년 기업 CEO들에게 보낸 연례 서한으로 ESG 붐의 도화선 역할을 한 글로벌 자산운용사인 블랙록이 2022년 들어서는 그 행보가 대폭 축소되었다. 러시아−우크라이나 전쟁으로 인한 에너지 위기, 코로나19 이후 이어진 공급망 불안, ESG 투자를 이끌던 기술주의 하락 등 다양한 요소가 겹치면서 ESG 투자가 위축되었기 때문이다. 블랙록은 2022년 상반기 투자 기업의 연례 주주총회에서 환경E과 사회S 관련 주주제안 중 24%에만 찬성표를 던졌는데, 이는 2021년 43%에 비해 절반가량 줄어든 것이다.

또한 미국 공화당의 '안티 ESG' 공격도 부담이었다. 공화당의 세력 기반인 미국 중남부 지역은 화석연료 산업이 많아 '탈화석연료' 흐름이 이어지면 가장 중요한 표밭의 세수 감소와 경제 위축 등 다양한 문제에 봉착하게 된다. 그 때문에 루이지애나, 유타, 사우스캐롤라이나, 텍사스, 플로리다 등 공화당 주정부로부터 "ESG에 투자하면 주정부 자금을 빼겠다"라는 협박과 관련 법안 통과로 난관에 봉착했다. 플로리다주는 "블랙록 같은 자산운용사가 사회를 바꾸려는 건 비민주적"이라며 블랙록에 투자한 20억 달러를 빼겠다고까지 밝혔다. 2023년에는 미국 내 최소 15개 주에서 반ESG 법안이 예정된 가운데 공화당 의원들은 의회에서 반ESG 운동을 지속한다고 표명했다.

한편에서는 대형 자산운용사들의 그린워싱 문제가 불거졌다. 행동주의 헤지펀드인 블루벨 캐피털 파트너스Bluebell Capital Partners는 블랙록의 래리 핑크 CEO가 ESG 경영을 앞세우면서도 표리부동한 행동을 하고 있다며 사임을 요구하였다. 블랙록이 석탄 생산업체 엑사로 리소시스Exxaro Resources 등의 주요 주주로 남아 있고, 석유·가스 기업에 수백억 달러를 쏟아붓고 있다는 것이다. 리클레임 파이낸스Reclaim Finance가 내놓은 연구 결과를 보면, 자산운용 규모 상위 30개 자산운용사들은 여전히 석탄·석유·가스 기업에 총 5500억 달러를 투자한 상태인 것으로 나타났다.

상황이 이렇게 되자 투자자들은 2022년 11월 말까지 ESG 주식과 혼합형 자산펀드에서 132억 달러(약 17조 원)의 투자금을 순유출하였는데, 이는 2011년 이후 처음 일어난 순유출이다. 같은 기간 비ESG 펀드에서도 4200억 달러의 자금이 순유출됐지만, ESG 펀드가 운용하는 전체 순자산이 29% 감소할 때 비ESG 펀드의 순자산은 21% 감소해 줄어든 비율이 더 높았다.

ESG 채권시장도 얼어붙었다. ESG 채권은 2021년에 발행액 1조 5000억 달러를 넘어설 만큼 시장이 커졌으나 2022년 들어서는 급격히 냉각됐다. 블룸버그에 따르면 2022년 1~11월의 ESG 채권 발행액은 1조 2000억 달러에도 미치지 못했다.

ESG 테마의 상장지수펀드ETF 투자액도 급감했다. 2021년 ESG ETF는 1300억 달러 이상의 투자가 유입됐으나 2022년 신규 투자금은 500억 달러도 되지 않았다. 이 액수는 2020년보다도 줄어든 수준이다.

다만 이러한 ESG 투자의 위축은 외부 환경 요인에 따른 일시적 현상으로 추정된다. ESG에 대한 세계적인 관심은 계속 확대되고 있고, 기업들의 노력도 점점 구체화되고 다양해지고 있다. 대중들의 관심 역시 높아지고 있는 추세이다. 세계적으로 탈탄소 노력 역시 확산될 전망이어서 소요자금 마련을 위한 ESG 채권 발행은 늘 수밖에 없다. 지금은 ESG 투자가 잠시 쉬어 가는 타이밍이라 생각한다. 외부 환경이 나아지면 다시 ESG로 돈은 몰려들 것이고, 장기적 관점에서 ESG 시장 전망은 나쁘지 않을 것으로 내다보고 있다.

기후 관련 제도의 강화

블랙록을 비롯한 글로벌 ESG 투자의 흐름이 전반적으로 다소 약화되었지만, 미국 바이든 행정부와 유럽연합EU은 2050년까지 탄소중립(넷제로Net Zero)을 선언하고 기업의 ESG를 강화하는 법안을 제도화하였다.

ESG 관련하여 도입된 주요 제도들을 살펴보면 다음과 같다.

(1) ISSB의 ESG 공시기준 공개

국제회계기준재단IFRS은 국제적으로 통용될 ESG 공시기준을 만들어달라는 G20(주요 20개국)과 국제증권관리위원회기구IOSCO 등의 요청을 받아 2021년 11월 국제지속가능성기준위원회ISSB를 설립했다. 그리고 ISSB는 2022년 3월 일반적인 지속가능성 관련 재무정보 공시 요구안과 기후 관련 재무정보 공시안 초안을 공개했다.

ISSB는 다양한 이해관계자의 의견 수렴을 마치고 2023년 6월 최종안을 내놓는다. ISSB는 이후에도 생물다양성 보호 등 타 분야에 관한 공시기준을 추가로 내놓을 전망이다.

(2) 미국 SEC, 기후공시안 공개

미국 증권거래위원회SEC는 2022년 3월 기후공시 초안을 공개했다. ISSB 기준과는 달리 기업의 영업 활동이나 재무제표에 영향을 미치는 기후 관련 리스크만 공시하도록 한다. ISSB 기준이 원칙적으로 '스코프 3' 온실가스 배출량 공시를 의무화한 것과는 달리, 스코프 3 배출량을 포함해 온실가스 감축 목표를 설정한 기업 등에 한해 공시하도록 하였다. 다만 미 공화당이 SEC의 기후공시안을 달갑지 않게 여겨 시행이 쉽지 않을 전망이다. 또한 미국과 EU가 ISSB 제정 ESG 공시기준을 사용하지 않고 별도 기준을 제정함에 따라 각 기준 간의 상호운영성interoperability 확보 역시 해결해야 할 과제이다.

(3) EU, 공급망 실사법안 공개

EU는 2022년 2월 공급망 실사법안을 공개했다. EU에서 영업 활동을 하는 기업이 협력업체나 납품업체의 인권 현황과 환경오염, 온실가스 배출량 등을 스스로 조사해 문제 있는 곳은 해결하도록 의무화했다. 2024년 발표될 예정인데, 우선 1단계로 직원 500명 초과, 매출 1억 5000만 유로 초과 대기업에 적용된다.

해당 기업은 파리협약의 기후 목표를 준수하고 제품의 생산 및 유통 등 공급망에 속한 기업에서 노예노동이나 아동노동, 임금 착취, 온실가스 배출, 환경오염, 생물다양성 및 생태계 훼손, 산업재해, 직원 건강 위협 등이 발생하지 않도록 해야 한다.

(4) 미국, 인플레이션 감축법 제정

미국은 2022년 8월 3700만 달러의 기후변화 대응 지출을 포함해 총 4300억 달러를 지출하는 인플레이션 감축법IRA: Inflation Reduction Act을 제정했다. 태양광과 풍력발전, 지열발전, 전력망 대응 배터리 설치, 그린수소 생산 등에 세액공제 혜택을 주는 제도이다. 전기차 구매에도 세액공제가 적용되나, 미국에서 조립 생산되고 배터리와 핵심 광물의 일정 비율 이상을 미국에서 생산한 경우에만 세액공제를 받도록 해 EU와 한국 등 관련 제품 생산국들이 반발하고 있다.

미국은 인플레이션 감축법을 통해 그린수소 생산에 130억 달러(약 16조 4700억 원)의 세액공제를 주는 등 수소산업 육성에 총 225억 달러를 지출할 계획이다.

글로벌 공조를 통해 심각해지는 기후 위기를 극복

해마다 4억 톤 가까운 플라스틱 쓰레기가 배출되고 있다. 2040년이면 배출량이 두 배 수준으로 늘어날 전망이다. 재활용되는 쓰레기는 극소량에 불과하고 대부분은 바다로 흘러들어 환경을 오염시킨다. 미세플라스틱으로 분해돼 인간과 동물에 심각한 피해를 준다. 2022년에는 이처럼 심각해져 가는 기후 위기를 극복하고자 다양한 글로벌 차원의 협약, 회의들이 이루어졌다.

먼저 2022년 3월, 세계 각국은 플라스틱 오염 종식을 위해 법적 구속력을 지닌 국제 협약 체결 협상에 돌입했다. 케냐 수도 나이로비에서 열린 유엔환경계획UNEP 총회 격인 UNEAUnited National Environment

Assembly에서 플라스틱 오염 종식 결의안에 서명하고, 2024년 말까지 합의문 초안을 마련하기로 했다.

2022년 6월, 세계 첫 환경 국제회의인 유엔인간환경회의UN Conference on the Human Environment 50주년을 기념하는 '스톡홀름 50주년 기념 국제회의Stockholm+50'가 스웨덴 수도 스톡홀름에서 열렸다. 1972년 스톡홀름에서 처음 개최된 유엔인간환경회의에서 환경문제를 해결하는 데 세계가 협력해야 한다는 '인간 환경에 관한 스톡홀름 선언Stockholm Declaration on the Human Environment'을 채택한 바 있다. 그리고 50년 후 열린 스톡홀름 50주년 기념 국제회의에서는 '모두의 번영을 위한 건강한 지구 – 우리의 책임, 우리의 기회a healthy planet for the prosperity of all - our responsibility, our opportunity'라는 주제로 열렸다.

2022년 7월에는 유엔총회가 지구상의 전 인류가 깨끗하고 건강한 환경에서 살 권리가 있다고 선언하며, 각국이 자연보호 노력을 강화할 것을 촉구하는 결의안이 채택되었다. 결의안의 법적 구속력은 없지만, 결의안을 통해 각국이 건강한 환경에 대한 권리를 법제화할 동력을 얻고 환경 파괴적 정책과 프로젝트를 막을 수 있을 것으로 유엔은 기대했다.

2022년 11월에는 이집트 샤름 엘 셰이크에서 제27차 유엔기후변화협약 당사국총회COP27가 열렸다. COP27에서 참가국들은 가뭄, 홍수, 해수면 상승 등 기후변화로 손실을 본 취약 개발도상국들을 지원할 '손실과 피해Loss and Damage' 기금 조성안에 합의했다. 오랫동안 난항을 겪던 기금 조성 문제가 마침내 합의를 이룬 것이다.

2022년에 이루어진 기후 관련 글로벌 협약

주요 이슈 및 회의	개요 및 성과
플라스틱 오염 종식 약속	2022년 3월, 세계 각국이 플라스틱 오염 종식을 위해 법적 구속력을 지닌 국제 협약 체결 협상에 돌입. 2024년 말까지 합의문 초안을 마련하기로 함
UNEP 50주년 특별세션 회의 개최	2022년 2월 28일부터 3월 4일까지, 나이로비에서 열린 회의에서 UNEP의 성과를 기념하고 새로운 전진을 결의
스톡홀름 선언 50주년 기념 국제회의 개최	2022년 6월, 스웨덴 스톡홀름에서 환경문제 해결을 위한 협력을 기념하는 회의 개최
유엔 "건강한 환경은 인간의 권리" 선언	2022년 7월, 유엔 총회에서 건강한 환경에 대한 인간의 권리를 선언하는 결의안 채택
COP27, 손실과 피해 기금 조성	2022년 11월, 이집트에서 열린 COP27에서 기후변화로 인한 손실을 본 개발도상국들을 지원할 기금 조성안에 합의
COP15, 생물다양성 보호 위한 실천목표 합의	2022년 12월, 캐나다 몬트리올에서 열린 COP15에서 전 지구적 생물다양성 전략계획인 쿤밍-몬트리올 GBF를 채택하고 폐막. 23개 실천목표 담겨 있음

 2022년 12월 캐나다 몬트리올에서 열린 제15차 생물다양성협약 당사국총회COP15에서는 전 지구적 생물다양성 전략계획인 '쿤밍-몬트리올 글로벌 생물다양성 프레임워크GBF'가 채택되었다. 프레임워크에는 육상 및 해양의 최소 30%를 보호지역 등으로 보전·관리하고, 공공·민간 등 다양한 재원을 통해 매년 2000억 달러(약 260조 원) 이상을 동원하기로 하는 등 23개 실천목표와 이의 이행 및 평가 관련 사항이 담겼다.

2023년 이후에도
ESG는 계속된다

2023년 이후 시행되는 ESG 관련 일정

2020년부터 사회적 이슈로 대두되면서 많은 관심을 받아온 ESG는 2022년에 접어들면서 러시아-우크라이나 전쟁, 인플레이션, 금리 인상, 주가 및 부동산 가격 하락 등 여러 경제 관련 문제에 밀려 잠시 소강상태에 접어들었다. 하지만 그렇다고 해서 세계 각국이 ESG 이슈에 대해 손을 놓고 있을 수만은 없다.

2023년 이후에도 ESG와 관련된 일정이 많다. 독일에서는 근로자 3000명 이상인 기업을 대상으로 2023년부터 '공급망 실사의무화법'이 시행되었다. 2024년부터는 1000명 이상인 기업에 적용되는데, 공급망 실사 의무를 위반한 기업에 대하여는 최대 800만 유로 또는 연매출 2%의 과징금이 부과된다.

독일의 공급망 실사의무화법은 2021년 7월에 제정된 법으로, 종업원 3000명 이상을 고용한 기업은 자사와 1차 협력사 등을 대상으로 매년 인권 실사를 진행한 뒤 결과보고서를 제출해야 한다. 이 법은 인권 보호와 더불어 기업의 공급망에 환경 관련 기준들을 적용시키고자 기업에 새로운 실사 의무를 부과하는 내용으로 고안되었다.

탄소배출과 관련된 관세인 탄소국경조정제도CBAM는 2024년 1월부터 유럽연합EU에서 시행된다. CBAM은 EU에서 고탄소 수입품에 추가 관세 등 비용을 부과하는 제도로, 탄소배출량이 많은 국가에서 생산된 제품에 대해 수입자에게 EU 탄소배출권거래제도ETS: Emissions Trading System와 연계된 탄소 가격을 부과하는 것이다. 이는 탄소배출 감축에 적극적으로 나서는 국가와 그렇지 않은 국가 사이의 불균형을 해소하고자 하는 취지에서 마련된 것이다.

CBAM이 적용될 대상 품목은 탄소 집약도가 높은 철강·시멘트·비료·알루미늄·전기의 5개 분야 상품이었는데, 여기에 수소·유기화학품·플라스틱·암모니아 등 4개 품목을 추가해야 한다는 수정안이 발의되기도 하였다. CBAM은 유럽연합에서 시작되었지만 미국, 영국, 일본, 캐나다 등 주요 국가에서도 이미 CBAM과 유사한 제도 도입을 검토하고 있다.

한편 기업들의 ESG 관련 공시가 단계적으로 의무화된다. 환경E·사회S 정보에 대해서는 2025년부터 자산 2조 원 이상 등 일정 규모 이상의 코스피 상장사부터 의무적으로 공시해야 하며, 2030년부터는 모든 코스피 상장사로 확대된다.

2030년까지 예정된 ESG 관련 일정

	한국	유럽연합(EU)	미국	국제
2021	• 지속가능보고서 자율공시 시행	• 지속가능금융 공시규제(SFDR) 시행 및 유럽재무 보고자문그룹을 ESG 정보 공시 제정기관으로 지정		• IFRS 국제지속 가능성기준위원회 (ISSB) 설립
2022	• 자산총액 1조 원 이상 기업지배 구조보고서 공시	• 유럽 진출 기업 'EU 택소노미 대상' 경제활동 공시	• 증권거래위원회 '기후 관련 공시 강화·표준화방안' 발표	• IFRS, TCFD (기후 관련 재무 정보 공개 태스크 포스) 공시기준에 기반한 IFRS S1 (일반 요구사항) 및 S2(기후 관련 공시)초안 발표 • CDP(탄소정보 공개프로젝트) IFRS S2(기후 관련 공시) 사용 계획 발표
2023	• 금융위원회, 한국 회계기준원 내 '지속가능성기준 위원회(KSSB)' 운영 시작	• 유럽연합 금융기 관으로부터 자금 조달 기업, 택소노 미 적합 경제활동 공시 • 탄소국경조정제도 시범 적용 • '기업의 지속가능 한 공급망 실사 지침(CSDDD)' 법안 상정 예정	• 증권거래위 '기후 정보 공시기준'에 따른 단계적 공시 의무화	• IFRS S1 및 S2 최종 기준 공표
2024	• 자산총액 5000억 원 이상 기업지배구조 보고서 공시	• 기업의 ESG 공시 의무를 강화한 CSRD(기업 지속 가능성보고서 지침) 시행 • 유럽 진출 기업 및 금융기관의 'EU 택소노미 적합' 경제활동 및 금융 행위 공시	• 청정경쟁법안 (CCA) 시행 시 석유화학제품 등 수입품에 관세 부과 계획 의회 논의 중	

	한국	유럽연합(EU)	미국	국제
2026	• 전 코스피 상장사 기업지배구조 보고서 공시	• 유럽연합 소속 상장 중소기업 CSRD 지침에 따른 공시 (2025회계연도) • CBAM 본격도입시 철강·알루미늄· 비료·시멘트· 전력·수소 품목에 탄소국경세 부과 계획		
2029		• 비EU 기업 중 유럽 내 매출 및 자금 회전이 일정 기준 이상인 기업 및 EU 지점, CSRD 지침에 따른 공시 의무화(2028회계 연도)		
2030	• 전 코스피 상장사 지속가능보고서 공시			

자료: 비즈니스포스트

ISSB는 S1으로 불리는 일반적 지속가능성 관련 재무정보 공시 요구안General Requirements for Disclosure of Sustainability-related Financial Information과 'S2'로 불리는 기후 관련 재무정보 공시안Climate-related Disclosure을 확정했는데, 이 두 가지 공시기준은 2024년 1월 1일부터 적용되고 2025년에 첫 공시가 이루어질 예정이다.

자율에서 규제 중심으로 변화하는
ESG 트렌드

가속화되는 글로벌 ESG 규제

앞으로의 ESG 트렌드는 '규제' 중심으로 변할 전망이다. 지금까지의 ESG는 기업의 자율적 경영 방침에 의해 운영되었지만, 이제부터는 세계 각국이 내세운 ESG 규제와 정책에 따라 기업들의 명암이 갈릴 것으로 예상된다.

글로벌 규제 중 가장 강력한 규제는 아마도 EU의 탄소국경조정제도(탄소세)일 것이다. 철강, 전력 등 5가지 품목에 대해 2023년 1월부터 시작되었고, 본 제도 시행은 2025년 1월로 앞당겨졌다. 특히 수출 비중이 큰 한국은 탄소세를 신경 써야만 하는 입장에 놓였다. 유럽 시장을 중점으로 둔 기업은 ESG 관련 법령을 지키지 않는다면 타격을 피할 수 없기 때문이다. 기업 입장에서도 ESG는 이제 통상 이슈로 다뤄져야만 한다. 가격과 퀄리티에만 신경 썼던 과거와 달리 미래에는 ESG 리스크에 신경 쓰는 기업만이 세계 시장에서 살아남고 성장할 수 있다.

전 세계는 ESG 규제를 가속화하고 있다. 탄소국경조정제도CBAM, 탄소배출권거래제도ETS 등 규제안이 시행 중이거나 시행을 앞둔 상황에서 꼭 챙겨봐야 할 ESG 규제 이슈들을 살펴보았다.

또 다른 무역장벽, 탄소국경조정제도

탄소국경조정제도CBAM: Carbon Border Adjustment Mechanism는 탄소 가격과 연계된 탄소국경세를 말한다. 수입업체는 수입상품 생산 시 발생하는 배출량에 해당하는 CBAM 인증서를 구매해야 한다. 유럽에서 탄소배출권 가격은 1톤당 한화로 10만 원 수준이다. 미국의 1만 원, 중국의 5000원, 한국의 2만 원과 큰 차이가 난다. CBAM 인증서는 거래나 은행 거래가 불가능하며 구매일로부터 2년간 유효하다. 수입업체는 전년도에 구매한 총 인증서의 최대 3분의 1까지 인증서를 재판매할 수 있다.

CBAM은 2023년 1월부터 적용되었지만, 전환 기간 3년 동안은 대상 품목에 대한 보고 의무만 요구된다. 이 기간 동안 수입업체는 인증서를 구입할 필요가 없지만 수입된 상품에 포함된 실제 배출량을 분기별로 보고해야 한다.

유럽이 CBAM에 더 적극적인 것은 2020년 기준 독일, 영국, 이탈리아, 스페인 등의 발전 전량에서 재생에너지 비중이 모두 40%를 넘는

다는 데 있다. 한국은 7.2%에 불과하고 미국(20.6%), 일본(21.7%)보다 크게 앞선다.

CBAM가 시행되면 대對EU 수출 기업들은 제품 제조 과정에서 발생하는 탄소배출량을 보고해야 한다. 2026년부터는 EU 일정 기준을 초과하는 배출량에 대해 기업은 배출권을 구매해야 한다. 2021년 제도 발표 이후 2022년 12월 EU 집행위원회, 유럽 의회, 이사회가 최종 법안에 합의하면서 10월부터 6가지 품목(철강·알루미늄·시멘트·비료·전력·수소 등)에 대해 시범 시행에 들어간다.

주목할 부분은 제조 과정에서의 직접 배출뿐만 아니라 외부에서 구매한 열과 전기를 쓸 때 생기는 탄소배출인 간접 배출도 배출 범위에 포함한 점이다. 외신들은 CBAM 시행으로 EU 수입이 10% 이상 감소할 것으로 내다보고 있다. 전 세계가 큰 타격을 입을 것으로 보인다.

국내에서는 철강·알루미늄 업계들이 CBAM 시행의 직격탄을 맞을 것으로 예상된다. 한국은 제조업 비중이 높고 탄소 다배출 업종(철강·석유화학·반도체·디스플레이 등)이 주력산업인 산업구조를 보유하고 있어서다. 특히 수출 의존도가 높은 경제구조상 무역에 내재된 탄소 함량이 높아 중국, 러시아, 인도 등과 함께 탄소 순수출국으로 분류되고 있다.

여기에 EU와 한국의 탄소배출권 가격 차가 크다는 점도 풀어야 할 과제이다. 현재 EU 탄소배출권은 1톤당 100유로 수준이다. 국내 1만 3000원 안팎에서 형성되는 국내 탄소배출권의 10배가 넘는다. EU 배출권을 구매할 경우 기업이 부담해야 할 비용이 크게 늘어나는 것이다. 이에 타 기업, 국가들보다 금액 경쟁력이 떨어질 수밖에 없다.

정부는 다양한 통로로 CBAM 대응반을 꾸려 운영 중이다. 여기에 제도도 정비하면서 안팎에서 기업들의 타격을 줄일 수 있는 방안을 찾고 있다. 한편에선 국내 탄소배출량 측정값을 국제적으로 인정받기 위해 제도 정비에도 나섰다. 산업부 국가기술표준원은 국내 제품 탄소배출 측정값의 해외 통용을 위해 '제품 탄소배출량 국제공인 검증기관 인정제도'를 국내 처음 도입했다.

기업이 국내에서 측정·검증받은 탄소배출량이 EU 등 다른 국가에서 인정받지 못할 경우, 해당 국가가 지정한 업체를 통해 배출량을 다시 측정·검증받아야 한다. 이 중 비용 발생과 함께 국내 기술이 국외로 유출될 가능성도 있다. 이에 국표원은 국내 측정제도를 국제적으로 인증받아 비용 낭비와 기술 유출을 최소화하겠다는 계획이다.

중국, 인도, 러시아 등의 신흥국들은 CBAM 도입 자체가 EU 역내 기업을 보호하지만 역외국 제품을 차별함으로써 배출 감축 비용을 선진국에서 개도국으로 이전할 가능성이 있다고 문제 제기했다. 이 제도를 통해 개도국에 벌금을 부과하는 격으로 불공평을 확대할 뿐만 아니라 또 다른 형태의 보호무역주의로 번질 위험이 있기 때문이다.

미국은 CBAM 발표 이후 탄소국정조정CBA 시행 카드를 만지작거리며 대응 방안을 찾았다. 반면 전문가들은 언론을 통해 문제를 꾸준히 제기했다. 블룸버그 사설에는 CABM 시행을 우려하는 내용이 실렸다. 블룸버그는 "CBAM의 의도는 좋고 근본적인 논리는 옳지만 이 조치가 경제 분열을 악화시킬 경우 큰 대가를 치르게 될 것"이라며 "이를 방지하는 가장 좋은 방법은 진정한 글로벌 조정을 우선순위로 만드는 것이다. 단계적으로 가능한 한 많은 무역이 다자간 탄소 가격 시스템의 조건 하에 이뤄져야 한다"라고 조언했다.

위기이자 기회, 탄소배출권거래제도

탄소배출권거래제도ETS: Emission Trading System는 온실가스의 배출 감축을 위한 수단이다. ETS는 배출총량거래Cap and Trade 원칙에 기초해 운영된다. 정부는 기업·기관들을 대상으로 배출 허용 총량Cap을 설정하고, 기업·기관별 과거 배출량 기준으로 각 기업·기관에 배출권 CEA: Chinese Emission Allowance을 무상할당 또는 판매한다.

대상 기관이나 기업은 정해진 배출 허용 할당량(배출권) 내에서만 온실가스 배출할 수 있는 권리, 즉 배출권CEA을 부여받게 된다. 이들은 배출권을 교환할 수 있으며, 배출 한도를 초과할 경우 배출량이 적은 회사로부터 잉여 배출권(=사용하지 않은 할당량)을 구입할 수 있다.

전 세계 온실가스 배출량의 21.5%(1만 1700만 톤)는 탄소 가격제로 관리 중이다. 대표적으로 온실가스 배출량의 단위당 세금을 내는 '탄소세'와 온실가스 배출량만큼 배출권을 구입해 제출 의무가 있는 ETS가 있다. 현재 EU와 중국, 미국 캘리포니아, 북동부 탄소배출권 시장 RGGI, 캐나다 퀘백 등 35곳에서 ETS를 시행하고 있다.

세계 최초 ETS를 시행한 EU는 회원국 27개국과 노르웨이 등 30여 개국이 참여, 가장 큰 거래시장을 운영 중이다. EU는 CBAM 발표와 함께 ETS 개편으로 탄소배출량 규제를 더욱 강화했다. 2030년 탄소배출 감축 목표를 2005년(43%) 대비 19% 늘어난 62%로 높였다. 해양 배출과 폐기물 소각 산업도 적용 대상에 포함됐다.

개편에서 가장 눈에 띄는 부분은 '무료할당제 단계 폐지'이다. EU는 철강·화학 등 업계에 일정 수준까지 탄소배출권을 면제하는 무료할당제를 시행 중이다. 이를 CBAM이 본격 시행되는 2026년부터 단계적으로 폐지하기로 했다. 2026년 2.5% 감축을 시작으로 2034년에는 완전 폐지하기로 했다.

이는 역외 수출 기업의 형평성에 어긋난다는 지적 때문이다. 환경보호그룹 WWF 보고서에 따르면, EU는 지난 2013년부터 2021년까지 철강·시멘트·화학·항공 등의 부문에서 1000억 유로(약 140조 390억 원)가량의 탄소배출권을 무료로 제공했다. 이로 인해 일부 기업들은 사용하지 않은 배출권을 판매해 수십억 달러의 이익을 얻을 수 있게 되었다. 무상 허용량이 ETS를 약화시켰고, 중공업 배출량은 줄어들지 않았다.

그럼에도 불구하고 ETS가 적용된 2005년 이후 탄소배출량은 37%가량 감소했다. 이는 에너지 전환으로, 재생에너지 성장이 있었기 때문이다. 유럽위원회도 ETS를 기후변화 대처를 위한 EU 정책의 초석이자 온실가스 배출 비용을 효율적으로 줄이기 위한 핵심 도구라고 강조했다.

한국도 ETS를 시행 중인 국가 중 하나이다. 2015년부터 시행 중으로, 2021년부터 5년간 제3차 계획 기간에 진입했다. 이번 기간의 주요 사항은 ① 업체 지정 취소, ② 권리 의무승계 조항, ③ 할당 단위를 사업장으로 확대, ④ 유상할당 비율을 3%에서 10% 확대 등이다.

　세계 탄소 시장에서, 특히 EU 시장에서 K-EST가 인정받기 위해 유상할당 비율 확대와 배출 허용 총량 강화가 필요하다. 현재 탄소배출이 많은 철강이나 제조업 등에도 탄소 가격 부담을 낮추기 위해 무상할당제를 시행 중이다. 최근 환경부 소속 온실가스 종합정보센터에서 발표한 〈2020 배출권거래제 운영결과보고서〉에 따르면 국내 무상할당량은 최종 할당량의 99.4%인 55억 9300만 톤이다. 유상할당량은 0.6%인 3200만 톤에 불과했다.

　철강과 제조업뿐만 아니라 다른 업종들도 ETS 적용이 가시화되고 있다. 당장 2024년부터 해운 관련 분야에 ETS가 적용된다. 이 경우 EU 역내 운항 선박은 온실가스 배출량의 100%, 타 지역에서 EU 입출항 선박은 50%에 해당되는 탄소배출권을 구매해야 한다.

　한국해양수산개발원이 발표한 〈IMO 시장기반조치 도입이 국내 해운기업에 미치는 영향〉에 따르면, 2021년 기준 국내 해운사 95개사의 선박 1094척의 연간 탄소배출량은 2850만 톤으로 추산된다. EU의 ETS 가격 톤당 49.8달러(약 6만 5372원) 기준으로 국내 해운사들이 2024년부터 2027년까지 총 2조 7096억 원의 추가 비용이 발생할 것으로 예측했다. 톤당 15.9달러(약 2만 872원)를 적용해도 8651억 원을 부담해야 할 것으로 봤다.

　미국에서 ETS 관리 대상은 캘리포니아 기준으로 전체 온실가스 배출량의 75% 수준이며, 연간 배출량 2만 5000톤 이상인 발전·산업·건물 부문 등의 시설을 대상으로 하고 있다. 대상 업체는 이산화탄소·

메탄 등 7대 온실가스와 기타 불소계 온실가스에 대해 산정·보고하고 있다.

캐나다 퀘벡주의 경우 전체 배출량의 78% 정도를 ETS로 관리 중이다. 연간 배출량이 2만 5000톤을 초과하거나 200리터 이상의 연료를 공급하는 시설들이 대상이다.

중국은 2013년부터 2020년까지 8개 지역(선전, 상하이, 베이징, 광둥, 텐진, 후베이, 충칭, 푸젠)에 순차적으로 탄소배출권거래소를 설립해 시범사업 이후, 2021년 7월부터 전국 단위로 ETS를 실시하고 있다. 현재 발전 부문에서 연간 배출량이 2만 6000톤 이상인 시설을 대상으로 전체 배출량의 40%를 관리 중이고, 이산화탄소CO_2 배출량에 한정해 산정·보고한다.

에너지 독립과 친환경 모두를 잡는 리파워EU

리파워EU$REPower EU$는 러시아 화석연료 수입을 3분의 2로 줄이고 녹색 전환을 가속화해 2030년까지 러시아산 화석연료 의존도를 단계적으로 줄여나가겠다는 유럽연합EU의 정책이다. 2030년까지 해상풍력 설비 60기가와트GW로 확대, 2025년까지 태양광 320GW 증설 및 히트펌프 2배 확대 등이 주요 내용이다. 리파워EU는 러시아의 우크라이나 침공에 대응해 2030년 이전까지 러시아 화석연료 의존을 아예 끝내겠다는, 에너지 독립과 친환경 두 마리 토끼를 잡겠다는 EU 집행위의 전략이자 의지인 셈이다.

EU는 2050년 탄소중립 달성을 위해 2019년 12월 그린딜 정책을 발표했다. ① 깨끗하고 안전한 에너지 공급, ② 청정·순환경제를 위한 산업 재편, ③ 지속가능한 스마트 모빌리티 전환, ④ 에너지 자원 효율적인 건물 보수 및 수리, ⑤ 친환경 식품 시스템, ⑥ 생태계와 생물다양성 보존 등 6대 정책 분야별 세부 사항을 담고 있다.

리파워EU는 이런 그린딜 정책의 확장판이다. EU는 러시아의 우크라이나 침공을 계기로 그린딜에 기반한 리파워EU를 발표했기 때문이다. 전쟁으로 인한 에너지 위기를 대응하기 위해 ① 재생에너지 사용 확대, ② 에너지 소비 절감, ③ 에너지 공급원 다변화 등을 목표로 삼았다.

EU는 2027년까지 러시아산 화석연료 사용을 중단할 방침이다. EU는 2021년 기준 러시아에서 천연가스의 40%를, 원유의 27%를 공급받았고, 이와 관련해 연간 1000억 유로(약 139조 5250억 원)를 지출했다. 그러나 앞으로 러시아 관련 지출을 단계적으로 줄이고 재생에너지 투자에 힘을 싣겠다는 것이다.

전쟁자금으로 나가는 돈도 막고 러시아의 의존도도 낮추자는 것이 정책의 큰 틀이다. EU 집행위는 2030년 재생에너지 비중을 40%에서 45%로 높이는 것을 목표로 했다. 다만 프랑스와 폴란드의 반대로 재생에너지 비중의 45% 상향은 불발됐다.

에너지 소비 절감도 9%에서 13%로 높이기로 했다. 이는 주거용과 산업용 수송 서비스 등에 맞춰 에너지 효율화를 추진하겠다는 뜻이다. 다만 절감하겠다는 양에서도 이견이 있다. EU 의회는 14.5%로 강화를, EU 이사회는 9%로 목표를 고수하고 있다.

자료: EBA 홈페이지

에너지 감축과 함께 태양광과 수소 개발에도 힘을 쏟고 있다. EU 태양광 전력에 따라 2025년 태양광발전 용량을 2020년 대비 2배 이상인 320GW로 늘리고, 2030년까지 600GW로 확대할 예정이다. 또한 2030년까지 EU 역내 1000만 톤의 수소 생산 역량 및 추가 1000만 톤의 수소 수입원을 확보해 운송 부문 등 탈탄소화가 어려운 산업의 친환경 전환을 지원할 예정이다.

리파워EU 정책 시행으로 태양광과 히트펌프 시장에서 국내 기업들은 수혜를 받을 것으로 보인다. 유럽 국가들이 태양광의 의존도가 높은 중국을 벗어나려 하고 있어, 이는 국내 기업에 기회가 될 것으로 전망된다.

ESG 공시 의무,
더 이상 미룰 수 없다

2030년, 공시 의무화가 온다

ESG에서 정확하고 투명한 공개 정보, 즉 공시는 매우 중요하다. ESG 평가의 기준이 되는 동시에 ESG 경영 수행에 있어 나침반과 같은 역할을 하기 때문이다. 현재 국내 기업들은 TCFD나 GRI, SASB와 같은 다양한 국제 ESG 공시기준을 활용해 자율적으로 ESG 공시를 하고 있다. 하지만 2025년부터는 자산 규모 2조 원 이상의 코스피 상장사들을 대상으로 ESG 공시가 의무화된다. 그리고 2030년부터는 코스피 상장사 전체가 ESG 공시 의무화 대상에 해당되어 지속가능보고서를 작성해 공시해야 한다.

아울러 지배구조보고서는 2026년부터, 환경정보공개보고서는 2030년부터 모든 상장사가 의무적으로 작성해야 한다. ESG 공시기준

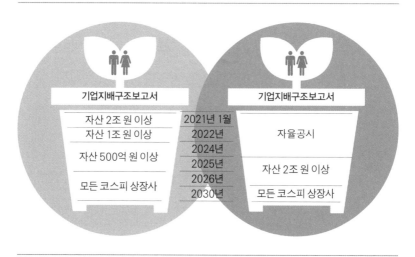

기업지배구조보고서		기업지배구조보고서
자산 2조 원 이상	2021년 1월	자율공시
자산 1조 원 이상	2022년	
	2024년	
자산 500억 원 이상	2025년	자산 2조 원 이상
	2026년	
모든 코스피 상장사	2030년	모든 코스피 상장사

자료: 금융감독원

에는 공시 항목과 공시 시기, 산업별 기준, 온실가스 배출량 공시 범위 등이 포함된다.

ESG행복경제연구소가 2021년 말 기준 국내 시가총액 200대에 속한 기업들을 조사해서 발표한 결과에 따르면, 2022년 10월까지 지속가능경영보고서를 발간한 기업은 조사 대상의 71.5%에 해당하는 143개사(코스피 133개사, 코스닥 10개사)로 나타났다. 코스피, 코스닥 기업의 공시율은 각각 83.1%, 25.0%로 코스피 상장사들의 공시 참여도가 상대적으로 높았다. 참고로 2020년과 2021년의 코스피 전체 상장사 중 보고서 발행 기업 수는 각각 38개, 78개였다. 업종별로 살펴보면 가장 많은 업종은 자동차 부품업(100%)이고, 비금융지주·물류업(88.2%), 은행·증권·카드업(87.5%) 등도 돋보였다.

지속가능경영보고서 발간 현황

구분	코스피 기업	코스닥 기업	계
대상 기업(수)	160	40	200
공시 기업(수)	133	10	143
공시율	83.1%	25.0%	71.5%

자료: ESG행복경제연구소

한편 기업의 온실가스 배출 감축이 공급망 차원에서 강조됨에 따라 시총 200대 기업 가운데 스코프 3 배출량을 공시한 기업은 70개사로, 공시율은 35%였다. 스코프 3는 기업의 가치사슬 전체에 걸쳐 발생되는 온실가스 배출량이다. 일부 기업에서는 스코프 3가 전체 온실가스 배출량의 70~80%를 차지하기도 한다.

그래도 부담스러운 ESG 공시 의무

이렇게 ESG 경영을 수행하는 많은 기업들은 공시 의무의 필요성을 인정하면서도 동시에 부담을 느끼고 있는 것으로 나타났다.

대한상공회의소가 조사한 '기업 공시의무 부담실태 및 개선과제 조사' 결과에 따르면, 기업 공시 의무에 81.6%의 기업들이 부담이 증가한 것으로 응답했다. 29.0%의 기업이 부담이 '매우 증가했다'고 응답했으며, 52.6%의 기업은 부담이 '다소 증가했다'고 응답한 것으로 나타났다.

2020년 공정거래법에 따른 국외 계열사 공시 의무, 공익법인 공시 의무, 2022년 하도급법에 따른 하도대금 공시 의무 등이 신설, 시행됨에 따라 기업들의 공시 부담이 급격히 증가하고 있는 상황이다.

문제는 이러한 기업의 공시 의무화에 대한 부담이 갈수록 증가할 것이라는 전망이다. 특히 가장 부담되는 공시 의무에 대해서는 대규모 내부거래 공시(31.6%), 기업집단 현황 공시(25.0%), 하도급 대금 공시(14.5%), 자본시장법상 공시(13.1%), 국외 계열사 공시(7.9%), ESG 공시(7.9%) 순으로 꼽았다.

이에 대한상의는 기업의 공시 부담을 줄이기 위해서는 현행법상 공시가 이뤄지고 있는 부문에서 불필요하거나 불합리한 부문을 폐기하는 등 개선하고, 유연한 제도 운영이 이뤄져야 한다고 설명했다.

기업의 투명성 제고와 준법경영 강화 차원에서 공시제도가 순기능을 하는 면도 있지만, 사업 규제보다 부작용이 적다는 이유로 각종 공시 의무가 무분별하게 도입되고 있어 불필요하거나 중복된 공시 의무를 개선해 기업의 부담을 줄여나갈 필요가 있다.

강화되는 해외의 공시 의무, 눈치 보는 한국 기업들

EU의 경우, 2021년 4월에 기업의 ESG 공시 의무를 강화하기 위해 기존의 '비재무정보 공개지침NFRD: Non-Financial Reporting Directive'을 개정한 '기업 지속가능성 보고지침CSRD: Corporate Sustainability Reporting Directive'을 발표한 바 있다. 이 지침에 따르면 ESG 공시 의무 대상 기업을 기존 EU 역내 대형 상장·금융·공익 기업 중심에서 상장·비상장 대기업, 상장 중소기업뿐만 아니라 EU 역내에서 활동하는 글로벌 기업까지 확대한다.

공시기준에서도 기존에는 GRIGlobal Reporting Initiative와 같은 다양

한 글로벌 이니셔티브 중에서 기업이 선택해 공시하도록 했던 것을 유럽재무보고자문그룹EFRAG에서 제정한 공시기준으로 단일화하는 등 규제를 대폭 강화했다.

그동안 기업의 자율적인 ESG 공시 규제 체제를 유지해왔던 미국도 관련 규제를 강화하고 있다. 미국의 증권거래위원회SEC는 기후변화에 대응하기 위해 미국 상장기업을 주요 대상으로 하는 '기후 분야 공시 의무화 방안'을 발표했다. 이 방안에서는 상장기업이 증권신고서와 사업보고서를 제출할 때 온실가스 배출량과 같은 정량적 지표뿐 아니라 기업이 직면하고 있는 기후변화 리스크 관련 정보 등도 공시하도록 하고 있다. 또한 온실가스 배출량의 경우 2024년부터 2026년까지 기업 규모와 상장 여부에 따라 공시의 범위와 내용에 대한 검증 수준을 단계적으로 강화하는 방안을 포함하고 있다. 그 외 영국, 홍콩, 일본 등 주요국도 상장기업을 중심으로 ESG 공시를 강화하고 있는 추세이다.

EU의 ESG 공시 관련 규정 변화

	비재무정보 공개지침(NFRD) (2018년~)	기업 지속가능성 보고지침(CSRD) (2024년~)
대상	EU 역내 대형 상장·금융·공익 기업	EU 상장·비상장 대기업, EU 상장 중소기업, 일부 비EU 기업
채널	사업보고서 또는 별도 보고서	사업보고서(별도 보고서 불허)
기준	글로벌 표준 중 선택 (GRI, SASB 등)	유럽재무보고자문그룹(EFRAG)이 제정하는 표준(ESRS)
검증	회원국 자율에 위임	제3자 검증 의무화

자료: KDI, 2023년 4월호

미국, EU 등 주요국의 ESG 강화 움직임은 한국에도 큰 영향을 미칠 전망이다. 수출 대기업이 EU 등의 강화된 ESG 공시 규제에 직접적인 영향을 받을 것으로 예상되는 것은 물론 글로벌 가치사슬에 편입된 국내 중소기업도 간접적인 영향을 받을 것이다.

또한 국내 ESG 공시기준(안) 검토를 위해 회계기준원에 지속가능성 기준위원회KSSB를 설립했는데, 정부 차원에서도 'ESG 금융 추진단(금융위원회 부위원장 주재)'과 '민관 합동 ESG 정책협의회(기획재정부 1차관 주재)' 등을 통해 ESG 공시 관련 정책을 만들 계획이다.

투자자들은 여전히 기업들의 ESG 정보가 고프다

ESG 경영에 대한 높아진 관심만큼 관련 분야 투자 열기도 뜨겁지만 투자자들은 아직도 자신들이 투자하는 기업들로부터 ESG 이슈와 관련해 충분한 정보를 얻지 못하고 있다.

글로벌 투자운용사인 누빈자산운용Nuveen이 미국 투자자들을 대상으로 실시한 조사 결과에 따르면, 투자자의 80% 이상은 투자 기업이 '책임 투자RI: Responsible Investing'와 관련된 위험과 기회에 대한 정보를 더 많이 공개해주기를 바랐다. 또 투자자의 73%는 그런 요소들을 효과적으로 관리하려는 계획을 공유해주는 기업에 투자할 의사가 더 강했다.

조사 대상 투자자의 73%는 시장의 변동성이 커지자 위험 완화에 더 많은 신경을 썼다고 답했고, 투자자의 80%는 운용 포트폴리오의 위험 완화에 어떤 식으로 도움을 줄 수 있는지 알 수 있다면 책임 투자RI에 더 적극적으로 나설 것이라는 데 공감했다.

경영학의 대가인 피터 드러커의 명언 중에 "측정할 수 없으면 관리할 수 없다"라는 말이 있다. 이해관계자 자본주의의 핵심 지표인 ESG 또한 더 나은 성과를 만들기 위해서는 데이터 측정이 중요한 근간이 돼야 한다는 의미다.

스탠퍼드대학의 《소셜임팩트리뷰SSIR》 2023년도 봄호에 실린 〈측정 정보를 공개하는 것만으로도 ESG 성과를 높이는 데 기여한다〉라는 논문에 따르면, 대기오염에 대한 정보를 제공하는 것만으로도 오염물질을 줄일 수 있다. 중국 베이징 소재 미국 대사관은 2008년부터 베이징의 대기오염 수준을 지속 모니터링하고 그 결과를 트위터로 알리기 시작했는데, 분석 결과에 따르면 제곱미터(㎡)당 미세먼지 농도 수준이 통계적으로 유의미하게 2~4mg 감소했다는 것이다.

'측정 결과' 공개도 의미 있지만 측정 수치의 '신뢰성'이 행동 변화의 중요 원인이라는 분석이다. 미국 정부가 수치를 조작하지 않을 것이란 주민들의 신뢰가 있었고, 이 측정치를 근거로 주민들은 정부에 환경정책의 변화를 요구한 결과이다. 대기오염 정보가 부족했던 저소득 국가의 경우 이런 측정 활동만으로도 효과적인 대기질 개선을 유도할 수 있다는 점에서 미 국무부는 해당 프로그램을 전 세계로 확대할 예정이라고 한다.

피터 드러커 교수의 말처럼 '측정', 즉 ESG 공시를 할 수 없으면 ESG를 관리할 수 없다. 이것이 ESG 공시가 갖는 중요한 의미다.

배터리 산업과
ESG

이차전지 문제로 소송당한 글로벌 빅테크 기업들

2019년 애플, 테슬라, 알파벳, 마이크로소프트 등 주요 글로벌 기업들이 국제권리변호사회IRA로부터 일제히 소송을 당하는 일이 발생했다. IRA는 해당 기업들의 제품, 서비스 등을 생산하는 과정에서 인권과 관련된 문제가 일어났다고 주장했다.

애플, 테슬라, 알파벳, 마이크로소프트 소송의 원인은 다름 아닌 이차전지의 핵심 원료인 코발트 때문이었다. 코발트의 경우 아프리카의 콩고민주공화국에서 세계 생산량의 70%가량이 생산되는데, 생산과정에서 콩고의 근로자들은 심각한 노동 착취와 아동노동, 구타, 폭행 등 제대로 된 대우를 받지 못했다는 것이다. 이러한 과정을 통해 생산된 코발트로 만들어진 배터리를 사용한 제품을 판매하는 글로벌 대기

콩고민주공화국 코발트 이동 경로

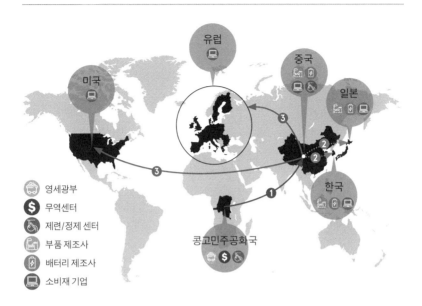

- 🚃 영세광부
- 💲 무역센터
- 🧪 제련/정제 센터
- 🏭 부품 제조사
- 🔋 배터리 제조사
- 💻 소비재 기업

❶ 콩고민주공화국 영세광부가 중국으로 수출. 전 세계 코발트의 절반 이상이 콩고민주공화국에서 나오고, 이 중 20%가 영세광부들로부터 얻는 것
❷ 충전용 배터리를 만들기 위해 아시아에 있는 공장에 공급
❸ 세계 IT와 자동차 회사에 배터리 공급

자료: 언론 종합

업들이 공급망의 ESG 관리를 제대로 하지 않았다고 IRA는 소송을 건 것이다.

IRA는 "아동 노동자의 죽음이나 심각한 부상으로 이어지는 노동 착취와 연계된 공급망 배터리사 혹은 관련된 여러 글로벌 기업이 제품의 판매에만 집중하고 생산과정에서 발생하는 부당한 일을 제대로 관리하지 못했다"라며 사태의 심각성을 강조했다.

ESG를 도입한 '착한 배터리'가 미래 경쟁력

공급망은 상품을 생산하고 유통하는 일련의 프로세스인데, 이처럼 공급망 내에서 ESG 이슈로 인해 법적 제재, 수입금지 조치가 발생하는 일이 기업들에게 있어 중요한 화두로 급부상하고 있다. 국내 배터리 기업들 역시 공급망 관리 대응에 촉각을 기울이고 있다. 일부 업체들은 신장산 탄산리튬이나 콩고산 코발트를 수입하고 있어, 해당 지역에서 생산된 원료를 사용하는 배터리 기업들은 자신의 원료 공급 과정에서 강제 노동이 없었음을 입증해야 하는 부담을 떠안게 되었다. 삼성SDI는 '에스파트너S-Partner' 제도를 통해 파트너사의 ESG 리스크를 심사하고 있다. 아동노동이나 강제노동, 오염물질 배출, 환경 인허가 등 주요 사항에 대해서는 무관용 원칙을 적용한다. LG에너지솔루션과 SK온도 책임 있는 공급망 관리 정책을 도입, 시행하고 있다.

공급망 내 인권, 윤리 등에 대해 글로벌 기업들은 더욱 책임 있게 행동해야만 한다. 그렇지 못할 시 해당 기업에게는 직접적인 피해가 발생한다. 그간 ESG에서는 환경E 문제가 가장 중점적으로 다뤄져 왔는데, 이제는 사회S나 지배구조G에 대해서도 더욱 철저한 관리가 필요해진 것이다.

특히 EU와 미국을 중심으로 사회Social 영역의 공급망 근로자 정책에 대한 정보 공개 요구가 커지고 있다. 기업의 납품·협력 업체에서 인권 문제가 발견되면 기업은 이를 해결해야 하고 불이행 시 벌금, 공공조달 사업 참여 자격 박탈, 수입금지 조치 등의 조처가 내려진다.

그러다 보니 배터리 산업에서도 ESG가 최대 이슈로 부상하였고, 소

주요국 공급망 실사법 현황 및 EU의 배터리 재활용 관련 추진 법안

국가	법안명	시행연도
EU	기업지배구조 및 공급망 실사에 관한 법률	2024
독일	공급망 실사 의무화법(Act on Corporate Due Diligence)	2023
영국	현대노예법(UK Modern Slavery Act)	2015
프랑스	기업경계법(Corporate Duty of Vigilance Law)	2017
네덜란드	아동노동실사법(Child Labor Due Diligence)	2022
미국	노예제근절기업인증법(Slave-Free Business Certification Act)	2022 발의
캘리포니아	공급망 투명성법(California Transparency in Supply Chains Act)	2012

재활용 원료 비율 강화	2030년부터 코발트 12%, 납 85%, 리튬 4%, 니켈 4%
	2035년부터 코발트 20%, 납 85%, 리튬 10%, 니켈 12%
라벨링	2027년부터 수명, 충전용량, 위험물질 포함 여부, 수거 정보 등 표기
배터리 수거	카드뮴·납 포함 배터리는 2023년 7월부터 해당 화학기호 표기 및 별도 수거 처리 여부도 명시
탄소 발자국	2026년부터 배터리 제조·소비·폐기 과정에서 직간접 배출되는 이산화탄소 정보를 담은 탄소 발자국 라벨 부착
공급망 실사	배터리 원자재의 공급망 추적 및 관리 시스템
배터리 여권 시스템	제품 및 처리·재활용 정도 등 담은 여권 시스템 도입 예정

자료: 언론 종합

재 발굴에서 폐배터리 등의 활용까지 ESG 도입이 이루어지고 있다. 즉 ESG를 도입한 '착한 배터리'가 미래 경쟁력인 것이다.

배터리도 해외 갈 때 여권이 필요하다

2026년부터는 유럽연합EU에서는 배터리 여권 제도가 시행될 예정이다. '배터리 여권Battery Passport'은 세계배터리동맹GBA: Global Battery Alliance이 2020년 세계경제포럼에서 처음 제안한 디지털 플랫폼이다. 배터리의 생산, 이용, 폐기, 재사용, 재활용 등 모든 생애주기 정보를 실시간으로 기록하는 일종의 디지털 이력 추적 시스템으로 누구나 언제 어디서든 접근할 수 있는 개방형 플랫폼이다.

대상은 용량이 2kWh 이상인 모든 산업용·자동차용 배터리로 재료 원산지, 탄소 발자국, 재활용 원료 사용 비율, 배터리 내구성, 용도 변경 및 재활용 이력 등이 기재되어야 한다. 이를 통해 EU는 배터리 재활용을 촉진해 안정적인 순환경제를 구축하는 동시에 EU의 환경 규제에 부합하는 배터리가 역내에서 거래되도록 유도한다는 계획이다.

배터리 여권은 ESG 경영에도 기여할 수 있다. 배터리의 생산, 사용 및 폐기 과정에서의 환경 영향을 최소화하기 위한 정보를 제공하여 기업은 지속가능한 자원 사용과 환경친화적인 기술 개발을 추진할 수 있다.

또한 배터리 여권은 공급망의 투명성을 증대시키고 이를 통해 배터리 원료의 채굴, 생산과정에서의 인권침해와 같은 사회적 문제를 줄이는 데 도움을 준다. 소비자들 역시 배터리 여권을 통해 제품의 지속가능성에 대한 정보를 얻어 더 책임감 있는 소비 결정을 내릴 수 있다.

배터리 여권은 2차 배터리와도 밀접한 관계가 있다. 2차 배터리 secondary battery는 충전 가능한 전지로서, 전기 에너지를 저장하고 필

배터리 여권 구성 내용과 정보 공개 대상

공개적으로 접근	배터리 제조업체·제조 장소 및 날짜, 배터리 종류, 중요 원료를 포함한 배터리 재료, 탄소 발자국 정보, 신뢰성 있는 소싱처 정보, 재활용품 정보
공인된 재제조업체, 재사용 업체 및 재활용 업체	양극재·음극재·전해질에 사용된 재료의 상세 내역, 개별 요소의 부품 번호 및 향후 교환될 재료의 세부 정보, 해체 정보, 안전조치 내역
통보기관, 감시 당국 및 위원회	요건 및 이행 여부, 위임조치의 준수 여부

자료: 한국무역협회

요할 때 사용할 수 있다. 리튬이온Li-ion 배터리는 가장 일반적으로 사용되는 2차 배터리로 스마트폰, 노트북, 전기자동차 등에 사용된다. 높은 에너지 밀도와 충전 효율, 긴 수명이 특징이다.

배터리 여권은 2차 배터리에서도 생산, 사용, 재활용, 폐기 등 전 과정에 걸쳐 정보를 추적하고 기록한다. 배터리 여권은 2차 배터리의 공급망에서 사용되는 원료와 생산과정의 정보를 제공하여 기업이 환경에 미치는 영향을 줄이는 데 도움이 된다. 또한 재활용과 폐기 과정의 정보를 추적함으로써 자원 사용의 효율성을 높이고 환경오염을 줄인다.

또한 배터리 여권은 2차 배터리의 원료 채굴부터 제조, 사용, 재활용, 폐기에 이르는 전 과정의 정보를 제공하고, 이를 통해 공급망의 투명성을 증대시킨다. 이로 인해 기업은 지속가능한 원료 채굴과 생산방식을 도입하고, 사회적 문제와 인권침해를 예방할 수 있다.

독일은 국가급 지원 프로젝트인 'Battery Pass 프로젝트'를 진행 중으로 '배터리 여권'에 가장 적극적이다. EU 회원국 중 가장 먼저 국가 주도로 배터리 여권 플랫폼을 개발했다. 제품의 이력 정보를 클라우드 기반으로 인공지능AI 기술과 접목하는 프로젝트 'The ReCircE'를 시행 중으로 BMW, 유미코어Umicore, 바스프BASF 등 총 11개 배터리 관련 업체들이 참여하여 배터리 가치사슬 참여자 간 정보 및 데이터 공유가 가능한 포괄적인 솔루션을 개발하였다.

중국 역시 국가가 주도하여 배터리 추적 플랫폼 'EVMAM-TBRAT'를 운영하고 있다. 2018년 발효된 '신에너지차 배터리 재활용 관리 잠정 방법'에 의거해 전기차 배터리 관련 정보를 수집·관리하는 플랫

배터리 여권을 제안한 GBA

자료: GBA 홈페이지

폼인 'EVMAM-TBRAT'를 개발하였다. 중국 정부는 해당 플랫폼을 통해 전기차 배터리의 재활용 책임 및 이행 여부를 감독한다. 406만 7000대 이상의 신에너지 차량이 등록돼 있고, 배터리 재사용 관련 기업의 배터리 정보 입력이 의무화되어 있다.

일본은 '일본식 배터리 공급망 디지털 플랫폼'을 운영 중이다. 민간 주도의 배터리공급망협의회BASC가 EU 배터리의 여권과의 호환성 및 확장성을 살린 '일본식 배터리 공급망 디지털 플랫폼'을 설계·제안하였다. 일본 기업들은 이를 토대로 EU 배터리 여권 제도 도입에 대응한다.

한국은 아직 배터리 이력을 관리하는 플랫폼이 부재한 상황이다. 정부는 '한국식 배터리 이력 추적관리 시스템' 구축을 적극 검토하고 있는데, 배터리 이력 관리 시스템은 배터리뿐 아니라 향후 모든 물리적 제품에 대해 확대될 EU의 배터리 여권 제도에 대한 대응, 나아가 국내 공급망 관리 시스템의 초석이 되므로 매우 중요하다. 정부는 전기차 배터리를 전기차와 별도로 등록해 배터리 전 생애주기 이력을 공공 데이터베이스에 담아 관리할 수 있도록 자동차관리법 개정 추진 계획을 발표하였다.

챗GPT와
ESG

엄청난 지능의 챗GPT, 탄소배출량도 압도적

2022년 11월 말에 등장한 챗GPTChatGPT는 오픈AI라는 연구기관에서 만든 초거대 인공지능AI 모델인 'GPT-3'를 사용하여 이용자와 실시간으로 대화가 가능한 AI 챗봇의 일종이다. 2023년 3월 14일에는 더 똑똑해진 진화된 버전의 GPT-4가 출시되어 세상을 놀라게 했다. 그런데 스마트폰 혁명에 버금가는 화제성으로 세상을 들썩이게 한 챗GPT는 ESG 관점에서도 논란을 불러일으키고 있다.

우선, 챗GPT 이용에 있어 엄청난 양의 전기를 소모한다는 점이 문제로 지적됐다. 2021년 발표된 〈탄소배출과 대규모 신경망 훈련Carbon Emissions and Large Neural Network Training〉 논문은 챗GPT의 거대 언어 모델LLM인 GPT-3의 학습 과정에서 발생하는 탄소배출량에 주목했

AI 모델 훈련 중 발생되는 탄소배출량 결과

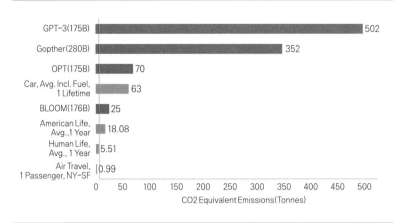

자료: "The AI Index 2023 Annual Report", AI Index Steering Committee, Institute for Human-Centered AI, Stanford University, Stanford, CA

다. 논문에 따르면 GPT3 학습에 1287메가와트시MWh가 쓰이는데, 이는 미국 120개 가정이 10년간 소비하는 전력과 맞먹는다.

2023년 4월에 스탠퍼드 인간 중심 인공지능 연구소Stanford Institute for Human-Centered Artificial Intelligence가 발표한 AI 지수index 연구에서는 딥마인드DeepMind의 Gopher, 빅사이언스 이니셔티브스BigScience Inititiatives의 BLOOM, 메타Meta의 OPT, 그리고 오픈AI의 GPT-3 등 4가지 AI 모델 훈련과 관련된 탄소배출량을 측정하였다. 그 결과 오픈 AI의 모델이 AI 훈련 중 502톤의 탄소를 배출한 것으로 나타났다. 이는 Gopher의 1.4배, BLOOM보다 무려 20.1배 더 많은 탄소배출량이었다. 에너지 소모에서도 오픈AI의 시스템이 가장 많은 에너지를 소모했다.

블룸버그는 "AI는 다른 형태의 컴퓨팅보다 더 많은 에너지를 사용하며, 단일 모델을 교육하면 미국 가정 100가구가 1년 동안 사용하는 것보다 더 많은 전기를 소모할 수 있다"라며 "그러나 투명성이 제한적이기에 아무도 전기 사용량과 탄소배출량을 정확히 알지 못한다"라고 지적했다. 즉 알려진 것보다 더 많은 전기 사용과 탄소배출이 이뤄질 수 있지만 명확히 알 수 없는 상황이다.

전기 소모가 많다는 것은 전력 생산을 위해 지구온난화의 주범이 되는 탄소를 그만큼 많이 배출할 수 있다는 뜻이다. 재생에너지 생산이 늘고 있긴 하지만 지구촌 전력 생산의 절반 이상은 여전히 화석연료에 의존한다.

챗GPT 제조사인 오픈AI뿐만 아니라 마이크로소프트, 구글 모두 작업 수행에 필요한 '학습'을 시키기 위해 데이터를 분석하는 한편, AI 모델(알고리즘)을 훈련하는 용도로 전 세계 데이터센터 내에 설치된 서버에서 수천 개의 반도체에 의존하는 클라우드 컴퓨팅을 활용해야 한다. AI 모델을 훈련시키기 위해서는 다른 어떤 형태의 컴퓨팅 모델보다 더 많은 에너지가 소모된다. 단 하나의 AI 모델을 훈련시키는 데도 미국의 100개 가구가 1년 동안 써야 하는 전기보다 더 많은 전기가 필요하다.

챗GPT의 성공으로 다른 기업들 역시 자체적인 AI 챗봇이나 시스템을 준비 중이라 경쟁이 치열해지고 있다. 생성형 AI 분야에서 지금보다 훨씬 더 많은 전기가 사용되고 그로 인해 탄소배출량은 늘어날 수밖에 없다.

AI가 똑똑해질수록 탄소배출도 늘어난다?

더 큰 문제는 사용자들에게 더 풍부하고 정확한 검색 경험을 제공하기 위해 생성형 AI를 검색엔진에 통합시키려는 구글과 마이크로소프트 등의 노력도 결국 탄소배출량 증가로 이어질 수밖에 없다는 점이다. 컴퓨팅 파워(처리 능력)를 훨씬 더 많이 써야 하니 결국 필요한 전기 사용량만큼이나 탄소배출량도 같이 늘어나게 된다.

이 같은 문제에 대해 기술 전문지인 《와이어드Wired》는 '생성형 AI 경쟁 뒤의 더러운 비밀The Generative AI Race Has a Dirty Secret'이라는 제목의 기사에서 생성형 AI를 접목한 검색 과정의 환경 부작용을 기술 기업들이 생성형 AI의 성과 뒤에 숨겨놓고 드러내고 싶지 않은 '더러운 비밀'이라고 비판했다.

생성형 AI 같은 대형 언어 모델을 검색엔진에 통합할 경우 검색 1건당 지금보다 컴퓨팅 파워가 최대 5배 더 늘어나면서 엄청난 양의 탄소배출이 불가피하다.

다만 아직까지 생성형 AI가 얼마나 많은 양의 탄소를 배출함으로써 환경에 악영향을 줄지 정확한 판단이 힘들다는 분석도 있다. 블룸버그는 "업계의 발전 속도가 너무나 빠르지만 이런 환경적 영향에 대한 자료가 거의 없어 이 분야에서 정확히 얼마나 많은 전기를 사용하고 탄소를 배출하며, 또 이 배출된 탄소 중 얼마만큼을 AI 탓으로 돌릴 수 있을지 제대로 알 수 없다"라고 지적했다. 하나의 AI 모델에서 나올 수 있는 배출량은 집계가 가능하고, 일부 기업들이 자신들의 에너지 사용량에 대한 데이터를 제공하기도 하지만 이 분야의 에너지 사용 총량을 추정하기는 힘들다.

어떤 종류의 발전소를 사용하느냐에 따라서도 탄소배출량에 큰 차이가 날 수 있다. 예를 들어 석탄이나 천연가스 공장에서 생산된 전기를 끌어다가 쓰는 데이터센터는 태양광이나 풍력을 통해 얻은 전기를 쓰는 데이터센터보다 탄소배출량이 훨씬 적다.

생성형 AI 개발에 뛰어든 마이크로소프트와 구글뿐만 아니라 미국 최대 클라우드 기업인 아마존 모두 탄소 네거티브carbon negative(이산화탄소를 배출량 이상으로 흡수해 실질적 배출량을 마이너스로 만드는 것)나 탄소중립을 약속하며 ESG 경영을 실천하는 기업들이다. 챗GPT 같은 생성형 AI를 둘러싼 환경적 영향을 제대로 파악하려면 이를 개발하는 기업들이 AI 모델의 에너지 사용량과 탄소배출량에 대해 더 투명한 정보를 공개해줘야 한다.

챗GPT가 생수 한 통을 마신다

챗GPT는 '물 먹는 하마'이다. 챗GPT와 20~50개 문답을 주고받을 때마다 생수 한 통(500ml) 분량의 물이 사용된다는 연구 결과가 나왔다. 미국 콜로라도대학과 텍사스대학 연구진은 챗GPT와 같은 거대 언어 모델을 가동할 때 발생하는 데이터센터 열을 식히는 데 쓰는 냉각수의 양을 추정해 발표했다. 연구진은 "물 500ml는 무척 적은 양처럼 들리지만 수억 명의 챗GPT 사용자 수를 고려하면 총소비량은 적지 않다"라고 지적했다.

AI를 훈련하고 서비스하기 위해선 데이터센터 내 방대한 규모의 서버를 24시간 내내 작동해야 하는데, 장비 오작동을 막기 위해 10~27도 사이로 유지하는 냉각탑이 반드시 필요하다. 냉각탑에 사용되는 물은 서버를 식히는 과정에서 증발하기 때문에 계속 보충해줘야 하고, 서버 부식이나 박테리아 증식 문제가 있어 순수한 물을 써야 한다.

GPT-3 모델 훈련을 위해 1만 개의 그래픽 카드와 28만 5000개 이상의 처리 장치를 작동하는 마이크로소프트의 데이터센터를 가정해 물 사용량을 추정했다. 그 결과 마이크로소프트가 GPT-3 훈련에만 70만 리터를 사용했다는 결과가 나왔다. 이는 370대의 BMW 차량 또는 320대의 테슬라 전기차 생산에 필요한 물의 양과 비슷한 수준이다. 챗GPT 3.0 버전을 마이크로소프트의 미국 데이터센터에서 개발할 때 직간접적으로 350만 리터 분량의 냉각수가 사용됐을 것으로 추정했다.

전력 공급이 불안정한 지역에서는 발열이 더 늘어나는 만큼 냉각수 사용량도 증가할 수 있다. 특히 전력 인프라가 불안정한 중동 국가들이 인공지능 기술 육성 계획을 세우면서 중동 지역의 부족한 수자원에 위협 요인이 된다고 우려했다.

아랍에미리트UAE 두바이 전력수자원청DEWA은 챗GPT를 소비자 질의응답 처리와 회사 운영 프로그램 코딩 작업 등에 도입하겠다는 계획을 세웠다. 두바이 DEWA는 자회사 모로허브가 건설한 태양광발전 기반 데이터센터를 AI 기술 연산에 사용한다.

모로허브의 데이터센터는 기네스 세계기록 기준으로 가장 거대한 규모의 태양광 데이터센터인 만큼 수자원 소모량도 상당할 것으로 추정된다. 이외에 사우디아라비아 등에서도 AI 기술을 위한 데이터센터 건설이 활발히 이뤄지고 있어 중동 국가들이 수자원 관리에 어려움을 겪을 것으로 예상된다.

연구진은 구글의 언어 모델인 '람다LaMDa'의 물 소비량도 살펴봤다. 이 회사의 미국 내 데이터센터 4곳의 물 이용 효율과 과거 1년간 각 지역의 시간당 기온 데이터를 토대로 했다. 그 결과 GPT-3보다 훨씬 더 많은 수백만 리터 수준이 될 것으로 추정됐다. 구글의 미국 내 데이터센터는 텍사스 등 기온이 높은 지역에 분포돼 있어 '물 이용 효율WUE'이 상대적으로 낮기 때문이다.

AI로 예측한 지구 온도가 2065년 이전에 산업화 이전보다 2% 상승할 가능성이 70%를 넘는 것으로 나타났다고 발표한 바 있다. 학계에서는 지구 온도가 1.5% 상승하면 극심한 홍수나 가뭄, 산불 및 식량 부족 등의 가능성이 극적으로 증가하고, 2% 상승하면 전 세계 30억 명이 만성적인 물 부족 상태에 놓이게 될 것으로 우려하고 있다.

챗GPT의 엄청난 성능 뒤에 가려진 노동 착취의 현실

챗GPT가 보여주는 뛰어난 성능의 이면에 노동 착취가 있었다는 지적이 제기됐다.

미국 시사주간지 《타임Time》은 오픈AI에서 챗GPT의 유해성을 줄이기 위해 케냐 노동자들을 시간당 2달러 미만으로 고용해 일을 시켰다고 보도했다. 챗GPT의 기반이 되는 GPT-3는 문장을 자연스럽게 연결하는 데 뛰어난 능력을 보였지만 성차별·인종차별 발언을 여과 없이 내보내는 등의 문제점을 노출했다. 챗GPT를 만든 오픈AI는 이것을 해

자료: TIme

결하기 위해 폭력, 증오 표현, 성적 학대 등의 표현이 담긴 문장을 별
도로 분류해 AI에 학습하도록 했다.

오픈AI는 분류 작업을 위해 2021년 11월부터 수만 개의 말뭉치를
케냐의 아웃소싱 회사 사마Sama에 보냈다. 말뭉치 대부분은 인터넷상
에서 찾을 수 있는 유해한 것들이었다. 샌프란시스코에 본사를 둔 오
픈AI의 아웃소싱 파트너 사마는 구글, 메타, 마이크로소프트 등에도
데이터 레이블을 만들어주기 위해 케냐, 우간다, 인도 등에서 직원을
고용했다. 고용된 직원들은 숙련도 등에 따라 시간당 1.32~2달러를
받았다.

오픈AI는 "유해한 콘텐츠를 제한하는 안전하고 유용한 AI 시스템을

구축하기 위해 노력하고 있다"라고 강조했다. 문제는 분류 작업을 하는 노동자들의 열악한 처우이다. 이들은 낮은 임금을 받는 데다 트라우마를 유발할 수 있는 콘텐츠를 여과 없이 접했다. 정신적 충격을 호소하는 직원들 때문에 이 업체는 당초 예정보다 8개월 앞당겨서 오픈AI와의 작업을 중단했다. 《타임》은 "케냐 근로자들의 근무 조건은 AI 산업의 어두운 면을 보여준다"라고 지적했다.

《비즈니스인사이더》도 '인공지능의 더러운 비밀' 칼럼을 통해 AI 뒤에 감춰진 노동에 주목했다. 기사는 케냐 사례를 언급한 뒤 "페이스북은 자체 콘텐츠 조정을 위해 케냐의 같은 하청업체와 계약했다"는 사실을 언급했다.

챗GPT가 인간의 도구로 남기 위해 필요한 것은 '윤리성'

2023년 4월 18일, 캐나다 밴쿠버에서 열린 '테드TED 2023'에 오픈AI의 공동 창업자이자 회장인 그렉 브로크만이 연사로 등장했다. 그는 챗GPT에 대해 "역사적 시기에 진입하고 있다. 앞으로 사회에 매우 중요한 의미를 차지할 기술"이라고 평가했다. 챗GPT가 업무, 여가생활 등 일상에 상당한 변화를 끌어낼 것이라고 강조하면서, 다만 AI가 '인간의 도구'로 남아야 한다는 윤리성도 제시했다. 인간이 AI를 관리하고 감독해야만 진정한 AI 시대가 온다는 주장이다.

브로크만 회장은 생성형 AI가 잘 작동하려면 '인간의 피드백'이 중요하다고 지적했다. 답변을 팩트체크하고, 어떻게 챗GPT가 결과물을 만들어냈는지 과정을 세심하게 들여다봐야만 AI가 올바른 학습을 할

주요 국가의 AI 윤리 규범 및 가이드라인 현황

2016년	미국, 〈AI의 미래를 위한 준비〉 보고서
2018년	일본, AI 활용 원칙안
2019년 2월	미국, AI 이니셔티브에 관한 행정명령
4월	EU, '신뢰할 수 있는 AI를 위한 윤리 지침' 제시
5월	경제협력개발기구(OECD) 'AI 원칙' 권고안 합의
6월	한국, 인간 중심 AI 원칙 합의 G20 제안
2020년	한국, AI 윤리 기준 심의 의결
	미국, AI 이니셔티브법 제정
2021년	EU, 인공지능 법안 발표
2022년	한국, AI 법·제도 정립 추진

자료: 언론 종합

수 있다는 것이다. 잘못된 정보 확산, 프라이버시 침해 같은 생성형 AI의 문제점을 시인하고 인간 개입으로 해결해야 한다는 방향성을 제시한 것이다. 그는 "AI를 올바르게 다루려면 모두의 참여가 필요하다. AI를 어떻게 활용해야 하는지, AI가 할 일과 해서는 안 되는 일에 대한 규칙을 설정해야 한다"라고 말했다.

ESG란 무엇인가

Environmental
Social
Governance

애플카보다 더 중요한
인종차별 문제

　2021년 새해가 시작되자마자 시장에 흥미로운 소식이 들려왔다. 애플이 자율주행이 가능한 전기차인 '애플카(가칭)' 생산을 목표로 국내 완성차 업체를 포함한 여러 글로벌 완성차 제조사들과 협의 중이라는 뉴스였다. 이 소식이 전해지면서 자동차업계와 주식시장은 크게 술렁였다.

　애플은 2014년부터 자율주행차 개발을 위한 비밀 프로젝트 '타이탄'을 추진, 2017년에는 미국 캘리포니아 주에서 시범 차량의 주행 허가를 받았다. 다만, 연 10만 대 이상 생산 역량을 갖춰야 하는 애플로서는 차량 사업이 부담스러울 수밖에 없었다. 그래서 애플은 자율주행 시스템과 소프트웨어 등에 집중하고, 자동차 제조와 관련된 나머지는 기존 완성차 업체와 협력하는 방법을 모색하게 된 것이다.

애플과의 협력설이 거론되자 해당 국내 완성차 업체 주가는 요동치기 시작했다. 애플카 협력 소식이 나온 당일, 해당 자동차 기업의 주가는 20%나 폭등하는 등 이틀 동안 급등세가 이어졌고, 시총 순위는 4위까지 상승했다.

그리고 며칠 뒤, 미국 CBS 방송에서 "애플이 중대 발표big announcement를 할 것"이라고 예고하자 시장의 기대감은 절정에 달했다. 게다가 애플의 중대 발표 날짜는 삼성전자의 '갤럭시 언팩'을 하루 앞둔 시점이어서 많은 사람들은 당연히 애플카와 관련한 핵심 사업 뉴스가 나올 것이라 예상했다.

하지만 발표 당일 애플의 최고경영자CEO 팀 쿡의 입에서 나온 말은 뜻밖에도 '인종차별 해소'였다. 팀 쿡은 CBS 방송에 나와 "흑인대학과

대중은 이런 팀 쿡의 애플카 발표 모습을 기대했지만, 애플에게 더 중요한 것은 'ESG'였다

자료: https://9to5mac.com/2021/01/07/hyundai-motor-confirms-talks-with-apple-for-potential-apple-car-production

협력해 전국에 학습 허브 100여 곳을 설립하는 등 인종차별 해소를 위해 1억 달러(약 1098억 원)를 투자하는 '인종평등 및 정의 이니셔티브' 프로젝트를 단행하겠다"고 밝혔다. 팀 쿡이 선포한 중대 발표란, '애플카'가 아닌 바로 'ESG 경영'이었던 것이다. 대체 팀 쿡이 애플카를 제쳐두고 연초부터 발표한 'ESG'란 무엇일까? (이후 애플카 협력업체 후보로 일본의 닛산 등이 거론됐지만, 애플과의 이해관계 차이로 현재 완성차 업체들과의 협업 논의는 중단된 상태이다.)

ESG란
무엇인가

ESG가 뜨고 있다. 2~3년 전부터 투자자 및 금융, 컨설팅 업계에서 주목을 받기 시작하다가 2021년 들어서부터는 신문, 잡지, 뉴스 등 각종 언론 매체에서 거의 하루도 빠지지 않고 ESG라는 용어가 등장하고 있다. 구글 트렌드 분석을 통해 보면 확연히 알 수 있다. ESG라는 키워드로 2020년 3월부터 2021년 1월까지의 국내 관심도 변화를 보면, 최근 몇 개월 사이에 ESG에 대한 대중들의 관심도가 급증했음을 알 수 있다.

ESG는 환경Environmental · 사회Social · 지배구조Governance의 앞 글자를 딴 용어로 기업의 비非재무적 성과를 측정하는 지표이다. 투자 대상을 선정할 때 재무제표나 현금흐름과 같은 금전적 이익뿐만 아니라, 기업의 지속가능성과 사회적으로 미치는 영향까지 고려해 투자하겠다

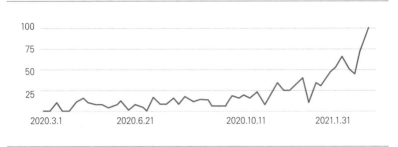

구글 트렌드 분석을 통해 본 ESG 관심도 변화(2020년 3월~2021년 1월)

자료: 구글 트렌드

고 만든 기준이 바로 ESG이다.

ESG는 투자자들 사이에서 먼저 등장한 개념이다. 과거 투자자들에게 최고의 기업은 방법이야 어떻든 많은 돈을 벌고 높은 투자수익을 창출하는 기업이었다. CEO가 사회적 물의를 일으키든, 공장에서 폐수를 흘려 환경을 오염시키든, 직장 내에서 성희롱 문제가 발생하든 매출이 계속해서 증가하고 만족할 만한 투자수익만 내준다면 투자자들은 개의치 않았다. 그들이 관심을 가지고 보는 것은 오로지 재무제표상의 실적이었다.

그런데 세계 금융 위기를 초래한 리먼 쇼크 이후 기업을 바라보는 시각이 조금씩 변하기 시작했다. 여기에 지구온난화, 대기오염 등의 기후 이슈와 인종차별, 인권보호 등의 사회적 이슈까지 대두되면서 기업의 사회적 책임이 점차 강조됐다. 실적을 최우선으로 해왔던 기업 환경은 주주의 이익, 직원 복지에 대한 책임, 공공선에 대한 기여까지 고려해야 하는 상황으로 변화했고, 소비자는 사회적 공헌도가 높은 기업의 제품을 우선적으로 찾기 시작했다.

투자자들도 변화했다. 2020년 1월 초 세계 최대 규모의 자산운용사 블랙록의 최고경영자 래리 핑크는 "ESG 성과가 나쁜 기업에는 투자하지 않겠다"고 폭탄 선언했다. 자사의 상장지수펀드ETF: Exchanged Traded Fund에 대한 투자는 가치 평가 방식에 ESG를 접목시킨 'ESG 통합Integration'을 통해 결정하겠다는 것이다. 그는 공개 서신을 통해 "앞으로 투자 결정 시 지속가능성을 기준으로 삼겠다"라고 밝히면서 ESG 투자는 급물살을 타게 된다.

이제 투자자들은 투자결정 과정에 있어 재무정보뿐만 아니라 환경·사회·지배구조 등 비재무적 요소까지 포괄적으로 고려하게 됐다.

환경 항목에는 탄소 발자국, 에너지 효율, 재생에너지 사용 등이 포함되는데, 특히 중요한 이슈는 자원 사용과 오염물질 배출을 최소화해 기업의 영업 활동이 지구에 미치는 영향을 줄이는 것이다. 자원 사용과 관련해 에너지 사용량, 수자원 사용량, 재생에너지 사용 등이 핵심이다. 오염물질 배출은 온실가스, 대기오염물질 배출량과 폐기물 배출량, 폐기물 재활용 비율이 주요 평가요소다. 평가 대상 기업의 에너지 효율 사용 정책, 자원소비 감축 정책, 배출량 감축 목표제 등과 같은 제도 도입 여부도 중요한 사항이다. 환경 항목의 성과 평가는 평가 대상 기업의 규모와 기업이 속한 업종의 특성을 고려해 판단된다. 오염물질 배출량 절대치보다 에너지 사용량, 온실가스 배출량 수치를 매출액 대비 비율로 판단하거나, 전체 폐기물 배출량 대비 측정한 폐기물 재활용 비율 등의 수치로 업종 내 다른 기업들과 비교해 평가 대상 기업의 환경 성과를 측정한다.

사회 항목에는 근로환경, 노사관계, 지역사회 기여와 같은 이슈 등이 속한다. 기업 내부 이슈와 외부 이슈로 구분할 수 있는데, 내부 이슈 중에서는 직원 만족도, 노동조합 가입률, 직원당 평균 교육시간과 같은 근로 여건과 여성직원 비율, 장애보유직원 비율과 같은 다양성 관련 항목이 핵심이다. 외부 이슈의 핵심은 지역사회 기여, 제품 책임, 고객 만족 등을 꼽을 수 있다.

지배구조 항목에서는 이사회 구조 및 다양성, 경영진 보수, 주주권리 보장과 같은 이슈들이 중점적으로 다뤄진다. 최근에는 사회적 이슈를 다루는 사회적 논쟁Controversy 항목도 비재무 요인 평가에 포함되고 있다.

ESG 투자의 주된 목적은 장기적 관점에서 투자 성과의 기회와 위험 요인을 식별해 위험조정 수익률을 개선하기 위함이다. 기존 사회책임투자와는 다르게 윤리적 혹은 철학적 요소가 아닌 재무 연관성 여부에 따라 ESG 항목을 평가하고, 공익적 가치 실현이 아닌 고객 혹은 수익자의 투자수익 극대화를 목적으로 두고 있다. 단순히 사회적 공헌도가 높은 '착한 행위'만으로는 ESG 평가를 높일 수 없다. 불확실성이 높아져만 가는 오늘날의 상황에서 환경·사회·지배구조라는 전방위적인 리스크에 얼마나 잘 대응하고 지속적으로 경영을 이어갈 수 있는지가 ESG 평가의 핵심이다.

투자자들의 기준이 바뀌면서 기업들에게 ESG는 선택이 아닌 필수가 됐다. 제조업 기반 기업들은 친환경 에너지 정책을 내세웠고, ICT

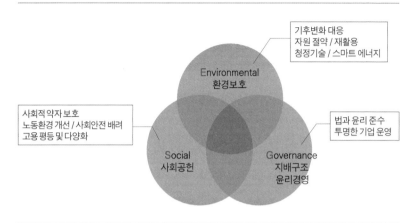

기후변화 대응
자원 절약 / 재활용
청정기술 / 스마트 에너지

Environmental
환경보호

사회적약자 보호
노동환경 개선 / 사회안전 배려
고용 평등 및 다양화

법과 윤리 준수
투명한 기업 운영

Social
사회공헌

Governance
지배구조
윤리경영

자료: 언론 종합, 재구성

기업들은 인권을 비롯해 사회적 책임에 대한 논의를 본격화하면서 ESG를 경영 아젠다로 끌고 가겠다는 의지를 드러냈다. 기업들은 사업 실적뿐만 아니라 환경E·사회S·지배구조G의 비재무적 요소를 사용해 환경에 미치는 영향, 노동자의 건강, 안전, 다양성을 비롯한 사회적 임팩트, 기업 윤리, 주주의 권리, 임원 성과 보상 정책 같은 지배구조 특성 등에 도전하고 변화를 꾀해야 한다. 애플의 이번 ESG 경영 선언도 이러한 배경에서 비롯된 것이다.

애플, 혁신의 대명사에서
ESG의 선도자로 거듭나다

애플카 대신 ESG를 들고 나온 팀 쿡은 인종평등 및 정의 이니셔티브에 대해 "우리 모두는 보다 정의롭고, 보다 평등한 세계를 만들어야 하는 시급한 과제에 대한 책임을 가지고 있으며 이러한 새로운 프로젝트는 애플의 지속적인 노력을 알리는 명확한 신호이다. 우리는 학생과 교사, 개발자와 기업인, 그리고 커뮤니티 창시자부터 평등 지지자에 이르기까지 다양한 종류의 산업 및 배경을 지닌 파트너들과 함께 인종평등 및 정의REJI: Racial Equity and Justice Initiative의 최신 프로젝트를 출범할 예정으로, 이들과 협력해 인종차별주의와 차별주의에 큰 타격을 받아온 커뮤니티에 힘을 주고자 한다"라고 강력한 메시지를 던졌다.

애플은 메시지에서 그치지 않고 구체적인 실행안까지 발표했다. 우선 흑인대학HBCU: Historically Black Colleges and Universities과 함께

2500만 달러를 프로펠 센터propel center에 기부한다. 프로펠 센터는 다양한 분야의 차세대 지도자를 지원하고자 마련된 기관으로, 혁신적인 교육 커리큘럼, 기술 지원, 취업 기회 및 펠로우십 프로그램을 제공한다.

또한 애플은 HBCU 엔지니어링 프로그램을 지원하기 위해 두 개의 새로운 보조금을 조성한다. 혁신 보조금Innovation Grants은 HBCU 공대들이 애플 전문가들과의 파트너십을 통해 실리콘 및 하드웨어 엔지니어링 커리큘럼을 개발하도록 지원할 예정이다. 또 하나, 교수진 지원 프로그램Faculty Fellows Program은 멘토십 프로그램, 커리큘럼 개발 지원 및 연구실 기자재 마련 기금을 통해 R&D를 연구하는 HBCU 교육가들을 지원한다.

애플은 미국 내 흑인 인구비율이 가장 높은 곳인 디트로이트에 미국 최초의 애플 디벨로퍼 아카데미Apple Developer Academy도 오픈할 예정이다. 여기서는 앱 개발자의 의미를 제대로 이해하려는 이들을 위한 30일 과정 입문 프로그램과 고강도의 10~12개월 프로그램의 2개 과정을 마련해 앱 개발자를 꿈꾸는 이들이 iOS 앱 경제에 참여하고 창업하는 데 필요한 스킬들을 익힐 수 있도록 지원한다.

중소 벤처들을 위한 지원도 있다. 애플은 향후 20년간 1000개 스타트업에 대한 투자를 지원하기 위해 뉴욕의 벤처캐피털 회사인 할렘 캐피털Harlem Capital에 1000만 달러를 투자한다. 또한 유색인종 소유 중소기업을 중심으로 자본을 제공하는 시버트 윌리엄스 생크Siebert Williams Shank의 'Clear Vision Impact Fund'에 2500만 달러를 투자하겠다고 밝혔다.

애플이 디트로이트에 설립할 '애플 디벨로퍼 아카데미' 구상도

자료: Apple HP

　많은 사람들은 팀 쿡이 애플카를 타고 나오는 근사한 장면을 기대했겠지만, 사실 애플카는 애플에게 있어 여러 사업 아이템 중 하나에 불과하다. 아무리 애플카를 잘 만들어도 애플카를 사줄 고객이 외면하면 아무 의미가 없다. 글로벌 투자자들 역시 애플카보다 애플이 앞으로 ESG 경영을 어떻게 해나갈 것이냐에 더 많이 주목하고 있다. 애플에 투자를 해온 글로벌 '큰손'들도 애플의 ESG 평가가 낮아지면 투자 대상에서 제외시킬 수 있다. 애플의 미래는 애플카에 있는 것이 아니라 ESG에 달려 있는 것이다. 애플이 주목하고 있는 인종차별 해소는 애플카 이상으로 중요한 과제이고, 그 중심에서 애플이 핵심적인 역할을 맡겠다고 선언한 것 자체가 큰 의미가 있다고 볼 수 있다. 시장의 반응만 봐도 애플의 ESG 발표가 결코 틀리지 않았음을 알 수 있

다. 기대와 다른 발표로 애플의 주가가 급락하지 않을까 우려됐지만, 큰 폭의 하락세 없이 발표 이후 애플 주가는 지속적으로 상승해 역대 최고 수준인 140달러대까지 진입했다(2021년 1월 26일 기준).

일각에서는 애플의 이번 발표가 트럼프 전 대통령과의 밀월 관계를 청산하고 새로 취임한 바이든 대통령의 기조에 발맞추겠다는 의지를 선제적으로 보여준 것이라고도 평가했다. 트럼프 대통령 시절, 많은 실리콘밸리 기업들이 트럼프와 대립각을 세웠으나 애플은 비교적 좋은 관계를 유지했다. 미·중 무역 전쟁에서 피해를 입을 수 있다는 애플의 주장에 트럼프는 핀셋 정책으로 애플의 편의를 봐주었고, 화답하듯 애플은 미국 오스틴 공장의 중국 이전 계획을 취소해 트럼프 대통령을 기쁘게 한 바 있다. 하지만 트럼프의 시대가 끝나면서 애플은 기습적으로 인종차별 해소를 위한 광범위한 지원책을 발표했다. 배경이야 어떻든 애플의 ESG 경영 선언은 현재 전 세계 기업들이 어디에 방점을 찍고 있는지를 단적으로 보여주었다. 세계는 지금 ESG라는 거대한 변화에 직면하고 있다.

전 세계 돈이
ESG로 몰리고 있다

　시장에서 ESG가 주목받고 있는 이유는 ESG에 투자가 집중되고 있기 때문이다. 2020년, 코로나로 세계 경제가 어려워지면서 전체 주식형 펀드로 유입되는 돈이 줄어드는 상황에서도 ESG 펀드만은 승승장구했다. ESG를 지표로 삼은 ETF는 2015년 60개에서 2020년에는 400개 이상 늘어났다. ESG를 투자 지표로 활용하는 ESG 관련 글로벌 투자금액은 2016년 21.4조에서 2020년에는 2배 규모인 40.5조 달러로 증가했다. 세계적인 투자은행 도이치뱅크Deutsche Bank는 글로벌 ESG 투자 규모가 2030년까지 100조 달러가 넘을 것으로 예상했다. 세계의 모든 돈이 ESG로 향하고 있다는 의미다.

　2020년 12월 20일 국제금융협회IIF가 발표한 자료에 따르면, 2020년 11월 말 기준으로 전 세계 ESG 관련 펀드 총자산이 1조 3000억 달러까지 불어난 것으로 집계됐다. 이는 2019년 말 8600억 달러와 비교하면 불과 11개월 만에 4400억 달러(약 483조 8000억 원), 51%나 늘어난 것이다. ESG 펀드 유형 가운데 65%로 압도적인 비중을 차지하는 ESG 주식형펀드에 가장 많이 돈이 몰렸다. 주식형펀드의 총자산만 8000억 달러를 넘어섰고, 채권형과 혼합형, 실물자산형 모두 증가한 것으로 나타났다.

　수익률 측면에서도 ESG가 '돈이 된다'는 것을 보여주고 있다. 단순히 '착한 투자'가 아니라 수익률 측면에서도 증명이 된 투자 방식으로 인식되고 있어 투자금도 몰리고 있는 것이다. ESG ETF(상장지수펀드) 수익률은 사상 첫 3000선을 돌파한 코스피 상승률을 앞질렀다. 2021년 1월 한 달간 국내 증시에 상장된 8개 ESG ETF의 수익률은 최소 7%에

글로벌 ESG 관련 투자자산 추이

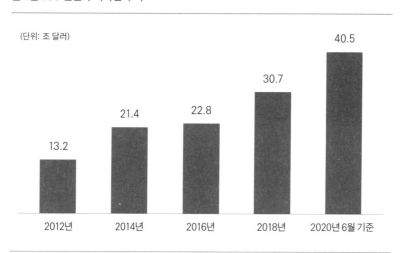

(단위: 조 달러)

2012년	2014년	2016년	2018년	2020년 6월 기준
13.2	21.4	22.8	30.7	40.5

자료: GSIA, OPIMAS

서 최대 15%를 기록했는데, 이 중 6개 ETF의 수익률이 12%를 넘어서면서 코스피지수 상승률인 11.68%를 넘어섰다(2021년 1월 25일 기준).

펀드평가업체 에프앤가이드FnGuide에 따르면 2020년 12월 18일 기준 국내 설정액 10억 원 이상 사회투자책임펀드(SRI 펀드)는 총 48개로 한 달간 1687억 원 달하는 돈이 들어왔다. 3개월 기준으로 보면 3222억 원이 유입됐다. 같은 기간 국내 전체 주식형펀드(950개)에서는 3조 4683억 원의 투자금이 빠져나간 것에 비하면 두드러지는 유입세라 할 수 있다.(자료 : 매일경제, '착한 기업에 투자해야 대박 난다'. 2020.12.28)

수익률을 살펴보면 전체 SRI펀드의 1·3·6개월 평균 수익률은 각각 5.2%, 8.3%, 16.7%, 2020년 1년간은 21.4%라는 높은 수익률을 기록했다. 이는 국내 주식형펀드의 연간 수익률(29.9%)에는 미치지 못한 수치

2021년 1월 한 달간 국내 ESG ETF 수익률 및 시가총액 규모

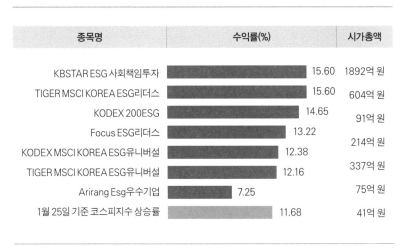

종목명	수익률(%)	시가총액
KBSTAR ESG 사회책임투자	15.60	1892억 원
TIGER MSCI KOREA ESG리더스	15.60	604억 원
KODEX 200ESG	14.65	91억 원
Focus ESG리더스	13.22	214억 원
KODEX MSCI KOREA ESG유니버설	12.38	337억 원
TIGER MSCI KOREA ESG유니버설	12.16	75억 원
Arirang Esg우수기업	7.25	41억 원
1월 25일 기준 코스피지수 상승률	11.68	

자료: FnGuide, 언론 종합

이지만 다른 테마펀드인 가치주(수익률 14.93%), 공모주펀드(8.69%), 금펀드(20.13%) 등보다 높은 수준이다. 더욱 눈여겨볼 것은 장기 수익률이다. 1·2·3·5년 수익률은 각각 22.0%, 27.1%, 16.7%, 42.0%를 기록하며 장기 수익률이 안정적으로 나타났다.

다만 국내 ESG 투자 규모를 보면 글로벌 투자와 비교해 아직 미미한 수준이다. 지역별 ESG 투자 규모를 보면 유럽과 미국이 전체 ESG 투자의 85%를, 그리고 일본이 최근 몇 년 사이에 ESG 투자를 늘리면서 약 7%를 차지하고 있다. 일본 재무성에 따르면, 일본의 ESG 투자자산 잔액은 2.2조 달러, 한화로 약 2700조 원에 달한다(2018년 기준).

글로벌 지속가능 투자 규모를 발표하는 GSIA Global Sustainable Investment Alliance에 따르면, 2018년 기준 조사 대상 국가 중 일본의 투자 규모 증가폭이 가장 컸다. 일본의 성장률은 358.9%로 같은 시기 미국이 37.5%, 유럽이 16.9% 성장한 것에 비해 엄청난 증가세인데, 그 중심에는 기관 투자자와 기업이 있었다. 일본 공적연금펀드GPIF는 2017년을 기준으로 총 운용자산 1조 4000억 달러(약 1702조 원) 중 약 100억 달러(12조 원)를 ESG 펀드에 투자했고, 일본 기업의 ESG 채권 발행액도 2017년 이후 꾸준히 급상승해 작년 8454억 엔(약 9조 4575억 원)에 달했다. 일본 정부 역시 기관 투자자와 기업들이 ESG를 고려하도록 스튜어드십 코드 및 기업지배구조 코드를 개정해 ESG 투자를 지원했다.

반면 국내 전체 ESG 투자 규모는 약 28조 원, 전체 운용자산 대비 ESG 투자 비중은 4.18%에 불과하고, 이 중 96% 이상은 국민연금이 차지하고 있다. 국민연금은 2020년까지 기업의 비재무적 정보, 즉 ESG를 반영한 자산을 전체 자산의 50%로 확대한다는 계획을 발표하고, ESG 요소를 반영한 책임 투자를 기금 전체 자산군에 적용하는 '책임 투자 활성화 방안'을 의결하는 ESG 투자 도입을 적극적으로 검토하고 나섰다. 이에 따라 국내 주식 일부와 채권, 해외 주식과 채권 등 400조 원에 가까운 투자 포트폴리오 구성에 있어 ESG 데이터를 반영하는 책임 투자가 확대될 전망이다.

국내 ESG 시장 규모가 작다는 것은 이제 시작 단계로 앞으로 성장의 여지가 크다고 볼 수 있다. 투자의 기준이 재무제표상의 수치에서 비재무적 지표인 ESG로 옮겨가면서 기업들은 ESG 경영에 총력을 기울일 것이고, 투자자들은 투자 의사결정에 활용하기 위해 더 적극적으

전 세계 지역별 ESG 투자 비중(2012년, 2018년 기준)

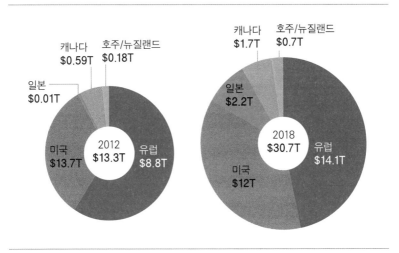

자료: Global Sustainable Investment Alliance(2019.3)

로 ESG 정보 공개 요구에 나설 것으로 전망된다. 이제 투자를 하기 위해서는 해당 기업의 매출, 영업이익률 등 재무제표상의 정보뿐만 아니라 ESG 등급이나 사회적 이슈에도 관심을 기울여야 한다.

기업의 생사를 좌지우지하는
ESG

"2020년, ESG가 스테로이드를 맞은 듯 폭증하고 있다."

이 문장은 영국의 《파이낸셜타임즈》가 발표한 2020년 9월 14일 'Opinion ESG investing' 기사에서 나왔던 표현으로, 국내 언론들은 이 문장을 대부분 ESG 투자 증가와 결부시켜 얘기하고 있다. 완전히 틀린 얘기는 아니지만, 사실 이 표현이 등장한 《파이낸셜타임즈》의 ESG 기사는 투자에 대한 이야기가 아니다.

브룩 마스터스Brooke Masters라는 기자가 쓴 〈Rio Tinto's failures show how hard it is to balance competing interests(리오 틴토의 실패에서 배우는 경쟁적 이해관계의 균형 찾기)〉에서 등장한 이 문장의 정확한 표현은 "2020 has injected steroids into the ESG movement and multiplied the issues that companies must conside(2020년, ESG의

움직임은 스테로이드를 맞은 듯 들끓었고, 이로 인해 기업들이 반드시 고려해야할 사안은 배로 늘어났다)"이다. ESG를 고려하지 않은 CEO의 어리석은 판단으로 전통 있는 기업이 존폐의 위기에 놓이게 됐다는 이야기가 기사의 중심 내용이다.

호주의 세계적인 광산업체 리오 틴토Rio Tinto는 2020년 5월 철광석을 탐사한다며 서부 필버라 지역의 4만 6000년이 된 '주칸 고지The Juukan Gorge' 원주민 동굴을 파괴했다. 동굴 안에 매장돼 있는 800만 톤의 철광석을 캐내기 위해서다. 이곳의 철광석은 다른 곳보다 품질이 좋기 때문인데, 약 7500만 파운드(1142억 원)에 달하는 가치가 있을 것으로 추산됐다. 하지만 이곳은 4만 6000년 된 동굴로, 호주에서도 가장 중요한 유적지 중 하나이다. 호주 원주민인 푸투 쿤티 쿠라마와 피니쿠라 부족이 전통적으로 신성시 여겨온 곳이고, 원주민이 거주한 흔적이 남아 있어 고고학적 가치가 매우 큰 장소이기도 하다.

그러나 리오 틴토의 경영진은 수익을 위해 동굴 폭파를 지시했고, 원주민들은 분노하며 리오 틴토에 거세게 항의했다. 리오 틴토 측은 동굴의 역사적 가치에 대해 파악하지 못했다고 변명했지만, 수년 전부터 회사 차원에서 동굴의 역사와 가치를 알고 있었다는 내부 폭로가 나오면서 리오 틴토에 대한 사람들의 분노는 더욱 커졌다. 논란이 커지자 투자자들도 회사의 결정을 비판하기 시작했고, 결국 동굴 폭파 결정에 책임이 있는 리오 틴토의 CEO 장−세바스찬 자크Jean-Sebastian Jacques와 고위 임원 2명은 사임을 표명했다. 새 CEO로는 야콥 스타우스홀름Jakob Stausholm 최고재무책임자CFO를 임명했다. 장 세바스찬

4만 6000년 된 원주민 동굴이 리오 틴토 회사에 의해 훼손되기 전(왼쪽)과 후(오른쪽)

자료: BBC

자크 대표가 사임했지만 원주민들의 반발이 수그러들지 않자 호주 의
회는 진상조사에 착수했고, 결과 보고서에서 "리오 틴토의 동굴 파괴
는 '용서할 수 없는 행위'이다. 원주민들에게 보상해야 한다"고 주장했
다. 호주 의회는 지역 내 모든 채굴에 대한 잠정 유예와 유산보호법 변
경 등 7건의 권고안을 발표했고, 리오 틴토 측은 원주민 사회와의 관
계를 회복하려는 시도를 하면서 사과를 반복하고 관행을 바꾸겠다고
약속했다.

리오 틴토는 1873년에 설립된 오랜 전통을 지닌 글로벌 광산 그룹이
다. 이런 기업이 수익 우선이라는 경영진의 잘못된 판단으로 사회적 비
난을 받고 경영과 기업 가치에도 막대한 손해를 입게 됐다. 과거 같았
으면 원주민들의 반발은 찻잔 속의 태풍 정도로 끝나거나 기업들이 그
냥 무시해버렸을 수도 있었을 것이다. 하지만 코로나 팬데믹으로 환경
에 대한 대중들의 관심이 높아지고, 미투 운동 등 사회적 이슈에 대해

자발적으로 행동하기 시작하면서 ESG에 대한 움직임도 그 어느 때보다 강해졌다. 이런 모습을 《파이낸셜타임즈》에서는 스테로이드를 맞은 듯하다고 표현했고, 기업들은 지속적 경영을 위해 반드시 ESG를 고려해야 한다고 경고한 것이다.

마블, 스타워즈, 픽사 애니메이션으로 세계 미디어 시장을 장악한 천하의 디즈니Disney도 ESG에서 자유로울 수 없었다. 디즈니가 2020년에 선보인 블록버스터 영화 〈뮬란〉은 1억 달러 이상의 투자비가 들어갔지만 전 세계 수입은 고작 6600만 달러에 그치고 말았다. 물론 코로나 영향으로 미국 및 주요 국가에서의 개봉이 어려웠던 점도 있었지만, 관객이 영화를 외면한 이유는 인권 문제 때문이었다. 〈뮬란〉의 주인공 유역비는 영화 개봉 전부터 홍콩 경찰 시위 진압 지지 발언으로 대중들로부터 많은 비판을 받아왔다. 촬영 장소도 중국의 많은 지역 가운데 하필 신장 위구르 지역을 택해 논란이 일었다. 위구르는 중국 소수민족 탄압이 가장 심각한 곳으로 알려졌다. 여러 악재 속에서도 영화는 개봉됐는데, 엔딩 크레디트에 넣은 '촬영에 협조해준 중국 신장 위구르 자치구 투루판 공안국에 감사를 표한다'는 문구가 결정타였다. 홍콩 민주화 운동을 주도한 조슈아 웡은 트위터를 통해 "〈뮬란〉을 보는 건 중국이 신장 지역의 무슬림 위구르족에 가하는 감금행위와 인종차별을 묵인하는 것"이라고 〈뮬란〉 불매운동을 이끌었다. 영화 팬들은 "인권에 민감하게 반응해온 디즈니가 유독 거대 시장인 중국에 대해선 침묵한다"고 비판하며 '〈뮬란〉 안 보기 운동'을 확산시켰고, 이는 박스오피스 수치로 고스란히 나타났다. 국내에서도 〈뮬란〉 반대

운동의 여파로 최종 관객 수는 23만 명에 그치고 말았다.

미국의 유명 브랜드 화장품 회사 에스티 로더Estée Lauder는 인종차별 문제로 국내 소비자들의 분노를 사 불매운동으로 확산됐다. 온라인으로 파운데이션 세트를 주문했는데 증정품 옵션으로 선택한 제품의 색상이 '동양인에게 어울리지 않는 호불호가 분명한 특정 컬러'라면서 회사 측에서 마음대로 다른 색상의 제품을 보낸 것이다. 회사 측의 일방적인 제품 변경도 문제이지만, 그 사유가 '동양인에게 어울리지 않는 컬러'라는 인종차별적인 이유를 써서 고객에게 보낸 것은 그냥 넘어가기에는 너무 큰 이슈였다.

온라인 커뮤니티와 해당 기업 인스타그램 등에는 "인종차별 안 삽니다. 불매!!", "동양인에게 맞는 컬러랍시고 고객 주문 바꿔서 임의로 물건 주는 인종차별적이고 기본도 안 된 회사 손절이요", "동양인이라면 피부색이 어두울 것이라는 생각은 언제적 인종차별이냐" 등의 항의글이 쇄도했고, 이는 해당 기업 제품에 대한 불매운동으로 이어졌다. 결국 이 기업은 SNS을 통해 내부 교육 및 업무 절차를 강화하겠다는 내용을 담은 사과문을 발표했지만, 공식 홈페이지가 아닌 SNS를 통한 사과로 다시 한 번 소비자들의 뭇매를 맞았다.

글로벌 시장을 타깃으로 하고 있는 유명 브랜드 화장품 회사들의 경우, 이렇게 인종차별 이슈 등으로 불매운동이 벌어진다면 매출에 심각한 타격을 받을 수 있으므로 선제적 조치를 취하는 기업들도 있다. 프랑스 로레알그룹은 스킨케어 제품에 대해 미백이라는 홍보문구 사용을 중단하면서, SNS를 통해 "파리는 흑인 커뮤니티와 함께 어떤 형태의 불공정도 반대한다"고 흑인 커뮤니티를 응원했다. 유니레버는 인도와 방글라데시에서 판매되는 스킨케어 제품에 대해 '모든 피부색에 적용'이라는 제품명을 붙이기로 했다. 존슨앤존슨은 아예 화이트닝 제품을 생산하지 않겠다고 선언했다.

일본의 수출규제로 시작된 '일본 불매운동' 여파로 한국을 떠나는 일본 기업들도 있다. 일본 닛산 자동차는 2004년 국내 시장에 진출한 지 15년 만에 한국 시장에서 철수했다. 카메라로 유명한 올림푸스도 한국에서의 카메라 사업을 종료했고, 유니클로의 서브 브랜드인 GU도 국내 오프라인 매장 영업을 중단했다. 'No Japan' 불매운동에 코로나 사태까지 겹치면서 한국 시장에서 더 이상의 성장을 지속할 수 없기 때문이다.

이상의 사례들은 비재무적 요소인 'ESG'가 재무적 요소인 실적과 주가에 직접적인 영향을 미치고 더 나아가 기업의 생사까지 결정지을 수 있음을 여실히 보여주고 있다. ESG는 이제 기업 경영에 있어 선택지가 아닌 필수 항목이 된 것이다.

코로나 팬데믹 이후
더욱 중요해지는 ESG

2020년, 전 세계는 코로나19 사태로 인해 지금껏 한 번도 겪어본 적 없었던 새로운 세상을 맞이하게 됐다. 언택트untact(비대면) 및 사회적 거리 두기social distancing가 새로운 표준, '뉴노멀new normal'로 자리 잡기 시작했고 코로나19 사태가 장기화되면서 항공, 여행, 외식을 비롯한 여러 산업 분야에서의 경기 침체로 세계 경제도 둔화됐다. 특히 기업들이 이번 코로나 사태를 겪으면서 뼈저리게 느낀 것은 경영 환경을 둘러싼 위기의 전개 방향이 향후 어떻게 될지 가늠하기조차 힘들어졌다는 점이다. 이번 코로나 사태는 그 영향력이 특정 지역이나 산업에 국한되지 않고 전방위적으로 발생하고 확산됐다는 점에서 기존의 경영 환경 변화와 그 정도가 다르다. 예측이 어렵다 보니 기업들은 코로나19가 초래한 새로운 경영 환경 변화에 적응하기가 쉽지 않다. 이렇게 되면 기업의 성장은 물론 지속가능성조차 기대하기 어렵다.

이에 대한 해법으로 제시되고 있는 것이 기업과 기업을 둘러싼 이해
관계자들 간 관계를 중시하는 이해관계자 이론stakeholder theory이다.

에드워드 프리만R. Edward Freeman 교수가 내세운 이해관계자 이론
은 기업의 사회적 책임CSR: Corporate Social Responsibility 이론 중에서 기
업 이해관계자들의 이익을 증가시키는 긍정적인 활동으로 이해한다.
주주가 기업의 이해관계를 가진 유일한 집단이 아니라 기업의 구성원
으로 채권자, 종업원, 소비자 그리고 사회와 환경을 모두 포함한다. 그
렇기에 기업의 사회·환경에 대한 지출은 모든 이해관계자들의 이익을
고려한 바람직한 활동으로 이해한다. 이러한 이해관계자들에 대한 이
익 추구는 기업의 지속가능경영과 맞물려 경영의 의무로 받아들여지
고 있다.

이해관계자들과 기업은 끊임없이 소통하고 이해관계자들은 해당 기
업의 지속가능성에 관심을 기울인다. 기업의 지속가능성은 기업이 하
고 있는 활동, 즉 경영 활동을 미래에도 지속적으로 할 수 있는지로
판단될 수 있는데, 과거에는 그 판단 근거가 매출이나 영업이익 같은
재무제표상의 실적이었다. 일정 수준 이상의 경제적 성과가 달성됐다
면 그 기업은 지속적인 경영 활동 수행이 가능하다고 판단했었다.

하지만 최근에는 재무성과뿐만 아니라 그 재무성과를 달성하기까지
의 '과정'에 더 많은 관심이 기울여지고 있다. 이윤 창출 과정에서 사회
에 대해 부정적 영향을 미치는 기업 관행을 이해관계자들이 더 이상
간과하지 않는 상황에서 그런 기업의 지속가능성은 확신할 수 없기 때

문이다. 앞에서 설명한 광산업체 리오 틴토가 그런 경우이다.

경제적 가치 창출만을 염두에 두고 4만 6000년 된 동굴을 훼손하는 악행을 저지른 리오 틴토의 지속가능성은 결코 높을 수 없다. 경제적 가치 창출 과정에서 절차적 공정성을 준수하고, 사회로부터 정당성 social legitimacy을 확보한 기업만이 지속가능성을 높일 수 있다.

지난 10여 년 동안 기업을 둘러싼 글로벌한 경영 환경은 불확실성의 연속이었다. 그리고 그 불확실성은 코로나로 가속화되고 극대화됐다. 기업들은 지속가능한 경영을 위해 그 어느 때보다 이해관계자들과 소통하고 이해하려고 노력해야 했다. 그 결과 기업의 비재무적 요소인 환경Environmental·사회Social·지배구조Governance, 즉 ESG와 관련한 고려가 지속가능한 가치 창출에 더 많은 영향을 미치게 됐다.

4차 산업혁명을 세상에 알린 세계경제포럼 창립자 클라우스 슈밥 Klaus Schwab 회장도 최근 발간한 저서 《위대한 리셋The great reset》에서 "코로나19는 기후변화 행동주의와 불평등 확대에서부터 성 다양성과 미투에 이르기까지 여러 많은 문제들로 인해 오늘날의 상호 의존적인 세계 속에서 이해관계자 자본주의와 ESG 고려 사항의 중요성에 대한 관심이 높아지기 시작한 때에 창궐했다"라고 언급하면서, 포스트 코로나 시대에서의 ESG 중요성에 대해 강조했다.

슈밥 회장은 포스트 코로나 시대에 ESG에 대한 긍정적 전망을 3가지 측면에서 설명했다.

하나는 코로나로 인해 ESG 전략과 관련된 대부분의 문제에 대한 책임감이 강해진다는 것이다. 기후변화는 가장 중요한 문제이고, 소비자

행동이나 공급망supply chain 책임 등의 문제들은 투자 과정 전면으로 이동해서 기업 실사에 있어 필수적 요소가 된다고 전망했다.

또 하나는 코로나 사태를 겪으면서 임원들로 하여금 ESG를 고려하지 않으면 기업의 실질적 가치는 물론 기업 존폐까지도 위협받을 수 있다고 깨닫게 했다는 점이다. 그 결과 ESG는 기업의 핵심 전략과 지배구조에 더 완전하게 통합되고 내재화될 것이라고 슈밥 회장은 설명했다.

끝으로 직원과 지역사회의 친목 도모가 브랜드 평판 제고의 핵심이 될 것이라고 강조했다. 이는 기업이 '선해서' 직원과 지역사회를 잘 대우해준다기보다는 그렇게 하지 않았을 때 행동주의 투자자와 사회 행동가들로부터 치러야 할 '대가'가 너무 커서 어쩔 수 없기 때문이라는 것이다.

백신이 확산되고 시간이 지나면 코로나는 종식될 것이다. 하지만 ESG의 영향력은 코로나 종식 후에도 계속되고 더 강해질 것이다. 글로벌 자산운용사인 블랙록은 보고서를 통해 ESG 준수 기업들, 즉 이해관계자 자본주의 원칙을 고수하는 기업들은 위험 관리에 대한 전반적인 이해 때문에 회복력이 더 좋은 경향이 있다고 했다. 코로나 사태 이후에도 닥칠 수 있는 광범위한 거시적 위험과 이슈에 민감해질수록 기업들은 더욱 ESG 전략을 적극적으로 수용하고 전개해야 할 것이다. 그래야만 여기에서 새로운 성장 기회를 찾아내고 존경받는 기업, 사랑받는 기업으로 거듭날 수 있다.

ESG와 사람·사회 중심의 자본주의

환경E·사회S·지배구조G, 얼핏 보면 연관성이 없어 보이는 이 각각의 항목들이 ESG라는 하나의 키워드로 묶이게 된 배경에는 자본주의資本主義, capitalism가 있다. 자본주의는 자본이 지배하는 경제체제로, 사유재산제에 바탕을 두고 이윤 획득을 위해 상품의 생산과 소비가 이루어지는 경제체제를 의미한다. 자본주의에 입각하면 기업의 존재 이유는 이윤 획득이고, 기업의 모든 경영 활동은 '이윤 획득'을 최우선으로 해야 한다. 심하게 표현하면 수단과 방법을 가리지 않고 돈만 벌면 되는 게 기업의 본분이다. 자본주의 사회에서 기업의 주인이라 할 수 있는 주주나 투자자들도 기업에게 요구한 것은 오로지 '매출'과 '이익' 그리고 그로 인해 높아지는 '기업 가치(주가)'였다.

그런데 그렇게 무분별하게 기업이 돈을 버는 과정에서 부작용이 발생하기 시작했다. 환경을 고려하지 않은 공장 운영으로 탄소배출량이 늘어나면서 대기가 오염되고 환경이 파괴됐다. 빙하가 녹고 이상기후가 발생하면서 자연재해도 증가했다. 환경 위기의 심각성을 느낀 세계 정부는 앞다투어 환경보호 선언을 발표하고 관련 규제를 제정하는 등 환경오염의 주범이 되는 기업들에게 철퇴를 가하기 시작했다.

사회적 문제도 발생했다. 수익을 우선시한다는 명분으로 지역사회의 유적지를 맘대로 훼손하는가 하면, 직장 내 성차별, 인종차별 문제에 대해서도 기업의 이익을 위해서라는 이유로 흐지부지 무마시키기 일쑤였다. CEO가 사회적 물의를 일으켜도 이익만 잘 나오면 모든 것이 용서됐다. 하지만 달라진 소비자들은 용서하지 않았다. 사회적으로 문제가 있는 기업에 대해서는 불매운동과 SNS를 통한 연대 행동으로 대항했다. 당연히 기업 매출에도 영향을 미쳤다.

가장 큰 문제는 기업의 도덕성과 신뢰성, 투명성의 실종이었다. 엔론 사태가 대표적이다. 이익 창출을 위해 무분별하게 투자했다가 실패하고, 다시 이를 감추기 위해 분식회계(회사 실적을 좋게 보이게 하려고 회계장부를 조작하는 것)를 아무 거리낌 없이 고위 경영진들은 실행했다. 그리고 이 과정을 지켜본 사외이사들은 역시 자신들의 이익을 위해 입을 다물었다. 결과는 파산이었다. 그 피해는 엔론에 투자한 개인 투자자들에게 고스란히 돌아갔다.

이 과정을 지켜본 투자자들은 자신들에게 수익을 안겨주는 기업이 지속적으로 유지되기 위해서는 지금과 같은 방식으로는 한계가 있음을 깨달았다. 지금까지는 기업이 무슨 행동을 하건 수익만 보장해주면

가만히 보고만 있었지만, 이제는 여러 리스크 요인들로 인해 기업 실적은 물론 기업 가치, 더 나아가 기업 생존까지도 위험에 처할 수 있게 된 것이다. 그러자 투자자들은 '돈을 버는 방식'에 제동을 걸었다. 기업의 지속경영에 가장 크게 영향을 주는 세 가지 요인 환경, 사회, 지배구조에 대해 기준을 제시하고 평가를 하기 시작했다. 이것이 바로 'ESG 투자'이다.

투자자들이 ESG 활동을 잘하는 기업에 대해 투자를 하겠다고 선언하자, 지금껏 수단과 방법을 가리지 않고 돈을 벌던 기업들은 발등에 불이 떨어졌다. 블랙록의 래리 핑크 CEO를 필두로 한 투자자들의 'ESG 투자' 폭탄선언을 하자 기업들은 앞다투어 'ESG 경영'을 선언하기 시작했다. 2019년 8월, 미국의 200대 대기업 모임인 '비즈니스라운드테이블BRT'에서 애플의 팀 쿡, 아마존의 제프 베조스Jeff Bezos, JP모건의 제이미 다이먼Jamie Dimon, GM의 메리 베라Mary Barra, 보잉의 데니스 뮬런버그Dennis Muilenburg 등 181명의 CEO는 기업의 목적을 변경해 '주주 가치의 극대화'라는 단일 문구를 삭제하기로 하고 대신 5개 목적을 새로 제시했다.

① 고객에게 가치를 전달한다.
② 종업원에게 투자한다.
③ 협력업체를 공정하고 윤리적으로 대우한다.
④ 지역사회를 지원한다.
⑤ 주주를 위해 장기적 가치를 창출한다.

이처럼 자본주의 종주국인 미국의 기업들을 중심으로 'ESG 경영'은 확산됐고, 이 영향은 한국을 비롯한 전 세계로 확대돼 유행처럼 번지기 시작했다. 이제 최고의 기업은 돈을 많이 버는 기업이 아니라 ESG 활동을 통해 사회적 문제 해결에 앞장서면서 기업 가치도 높이는 기업이 됐다.

이런 ESG 경영을 유심히 지켜보는 이들이 있는데, 바로 MZ세대 (1980년대 초~2000년대 초 출생한 밀레니얼 세대와 Z세대의 통칭)이다. 자신의 신념과 가치에 기준해 구매를 하는 MZ세대는 기업의 ESG 경영에 진정성이 있는지, 이중적인 행동은 하고 있지 않은지를 매의 눈으로 지켜본다. 진정성이 있는 기업에 대해서는 적극적인 구매와 홍보로 응원하지만 '쇼잉'에 불과한 기업에 대해서는 불매운동으로 저항한다. 이것이 바로 ESG 기준에 근거해 구매 활동을 하는 'ESG 소비'이다.

ESG 소비가 늘어나면 해당 기업의 실적과 주가는 상승하고, 이 기

ESG 투자-ESG 경영-ESG 소비의 선순환 구조

업에 대해서는 높은 등급의 ESG 평가가 내려지면서 그만큼 투자도 늘어나게 된다. 투자가 늘어난 만큼 ESG 경영 활동은 활발해지고 이는 다시 ESG 소비 증대의 기폭제가 된다. ESG '투자-경영-소비'의 선순환 체제가 구축되는 것이다. ESG는 자본주의의 중심이 '돈'에서 '사람'으로, 그리고 '사회', '지구'로 이동하고 있음을 보여주는 지표이자 기준이다.

이 책에서는 ESG의 역사와 ESG 확산의 계기가 된 'ESG 투자'에 대해 먼저 살펴보고, 다음으로 ESG 각 분야의 리스크에 대응하는 기업의 'ESG 경영'에 대해 설명하고자 한다. 그리고 ESG 경영을 효율적이면서 성공적으로 수행할 수 있도록 ICT가 지원하는 'ESG DX'에 대해 설명하고, 끝으로 소비자 개개인들이 생활 속에서 'ESG 소비'를 어떻게 실천하고 기업을 바라봐야 하는지에 대해 살펴본다.

ESG의 시작과 진화

Environmental
Social
Governance

ESG의 출발점이 된
UN의 사회책임투자원칙(PRI)

ESG의 역사는 2000년 영국을 시작으로 스웨덴, 독일, 캐나다, 벨기에, 프랑스 등 여러 나라에서 연기금을 중심으로 ESG 정보공시 의무제를 차례로 도입하면서 개념이 정립된 것을 시초로 볼 수 있다. ESG라는 용어가 처음 사용된 것은 2004년 UNGC_{UN Global Compact}와 20여 개의 금융기관이 공동으로 작성한 〈Who Cares Wins〉 보고서로, 기업의 ESG 성과가 중장기적 가치 창출 능력을 효과적으로 나타낼 수 있다고 언급했다. 이에 따라 기업의 ESG 성과 평가에 대한 관심과 필요성이 지속적으로 확대됐고, 이후 2006년 세계연합_{UN}이 제정한 '사회책임투자원칙_{PRI: Principles for Responsible Investment}'에 ESG라는 용어가 반영되면서 확산되기 시작했다.

PRI는 코피 아난 UN 사무총장이 주도적으로 설립한 기구로, 기업의 비재무적 성과를 반영하는 금융기관들의 사회책임투자를 촉진하고자 만들어졌다. 20세기 중반, 미국 종교계를 중심으로 사회책임투자가 확산되기 시작해 기업의 사회책임과 지속가능성을 고려한 투자가 점차 늘어났다. 특히 2000년대 들어서 기업의 사회책임 핵심 요소인 환경·사회·기업지배구조 이슈가 주가에 직간접적인 영향을 미치게 됨에 따라 유엔과 대형 금융기관들을 중심으로 이전까지는 투자 시 비재무적인 이슈로 미비하게 고려했던 기업의 지속가능성을 이제는 체계적으로 고려하는 것이 '수탁자 책무Fiduciary Duty'에 책임을 다하는 Responsible 투자라고 재정의하게 됐다.

예를 들어 2001년 소니는 게임기인 플레이스테이션2를 유럽 시장에 수출하고자 했으나, 제품 내 환경오염물질인 중금속 카드뮴이 있다는 이유로 네덜란드 세관으로부터 수입 불가 판정을 받아 직접적인 피해액만 2000억 원에 달하는 손실을 입는 일이 발생했다. 나이키는 파키스탄과 캄보디아에서 아동노동 스캔들에 휘말려 영업이익이 37% 급락했고, 엔론Enron이나 월드컴WorldCom은 부정회계와 나쁜 기업지배구조로 인해 파산하는 지경에 이르렀다.

이러한 배경 하에서 2005년에 코피 아난Kofi Annan 사무총장은 세계의 대형 기관 투자자 그룹들에게 '책임투자를 위한 원칙'의 개발 과정에 참여하도록 요청해 12개 국가 20개의 기관 투자자 대표들로부터 동의를 이끌어냈다. 이후 투자 산업, 정부 조직, 시민사회 조직, 학계 등의 참여로 확대돼 전문가 그룹이 구성됐고, 2005년 4월부터 2006년 1월 사이에 행해진 일련의 긴 토론과 논의를 걸쳐 책임투자 원칙을 탄생시켰다. 그리고 2006년 4월 코피 아난 사무총장은 미국 뉴욕증권거래소에서 30여 개 금융기관장들과 PRI를 출범했다.

PRI는 유엔환경계획/금융이니셔티브UNEP/FI와 금융기관, 다양한 전문가 그룹이 4차례의 대규모 미팅을 통해 제정된 세계 최초의 사회책임투자원칙이라는 점에서 의미가 있다. 원칙에 서명한 기관 투자자들은 30여 개로, 네덜란드공무원연금ABP, 캘리포니아공무원연금CalPERS, 뉴욕공무원연금NYCERS, 영국대학교원연금USS, 미쯔비시UFJ신탁은행, 노르웨이 정부연금, 아일랜드 정부연금, 태국 정부연금, 영국 통신연금 BT Pension Scheme 등 각종 연기금과 기업연금 등이 PRI에 서명했다.

PRI는 6개의 투자 원칙과 35개의 세부 실천 프로그램으로 구성돼있는데 이 투자 원칙에 ESG라는 용어가 등장한다.

유엔의 사회책임투자원칙

① 우리는 ESG 이슈들을 투자 의사결정 시 적극적으로 반영한다.

② 우리는 투자 철학 및 운용 원칙에 ESG 이슈를 통합하는 적극적인 투자가가 된다.

③ 우리는 우리의 투자 대상에게 ESG 이슈들의 정보 공개를 요구한다.

④ 우리는 금융산업의 PRI 준수와 이행을 위해 노력한다.

⑤ 우리는 PRI 이행에 있어서 그 효과를 증진시킬 수 있도록 상호협력한다.

⑥ 우리는 PRI 이행에 대한 세부 활동과 진행 상황을 외부에 보고한다.

PRI의 주요 골자는 투자 의사결정 시 ESG 이슈 반영, 투자 대상 기업의 ESG 이슈 정보 공개 요구, PRI의 충실한 이행이다. PRI의 35개 세부 실천 프로그램은 금융기관들로 하여금 사회책임투자 방침을 만들도록 요구하고 있으며, 투자 대상 기업에 대한 지속적인 대화와 모니터링, 적극적인 의결권 행사, 자산운용과 관련된 용역제안요청서RFP 조건 반영, 투자 프로세스의 개선, 사회책임투자와 관련된 모든 활동들에 대한 정보공개(보고)를 요구하고 있다.

PRI의 업무는 비영리단체인 책임투자원칙협회PRI Association에서 대부분의 PRI 운영 활동을 수행한다. 책임투자원칙협회는 자산 소유주 가맹조직 대표 11명과 UN 대표 2명으로 선출된 자문 의회에 의해 운영된다.

PRI는 법적 구속력이 없는 임의의 원칙이지만, 최소한의 원칙을 지키지 못한 기관에 대해서는 탈락시킬 수 있다. 현재 PRI 서명기관은 약 3000개에 달하며 이들의 자산을 합치면 100조 달러(약 11경 6000조 원)가 넘는다. 캘리포니아공무원연금, 네덜란드공무원연금, 캐나다연금CPP 등 세계 최대 연금들과 HSBC, JP모건, BNP파리바, 골드만삭스 등이 모두 서명기관으로 가입해 있다. 한국은 국민연금을 포함해 대신경제연구소, 프락시스 캐피털파트너스, 브이아이자산운용, ESG모네타, 안다자산운용, 후즈굿, 서스틴베스트 등 8곳이 가입했다.

그런데 최근 책임투자에 관한 최소한의 원칙을 지키지 못한 5개 기관이 PRI에서 탈락했다. 이번에 탈락한 5개 기관 중 가장 규모가 큰 곳은 BPE로, 프랑스의 우체국의 금융 자회사인 '라방크 포스탈레La banc postale'의 민간은행 부문이다. 5억 달러(약 5800억 원)의 자산을 보유한 곳이다. 이 밖에도 탈락한 4개 기관인 네덜란드 최대 노동조합 기금 'GFB', 인도네시아의 '코르피나 캐피털Corfina Capital', 미국의 '프라이머리 웨이브Primary Wave IP 투자운용', 프랑스의 '델타 대체 운용Delta Alternative management' 등은 자산이 40억~310억 달러(약 4조 6000억~36조 원)에 달한다.

이들 기관이 탈락한 이유는 최근 몇 년 동안 유엔 PRI에 쏟아진 요구와 지적 때문이다. PRI 서명기관들 중 일부가 투자 의사결정에 ESG 요소를 포함시키지 않는 등 책임투자원칙에 부합하는 노력을 하지 않았다는 것이다. PRI 대표인 피오나 레이놀즈는 "일부 서명기관들은 PRI 브랜드에 올라타서 다른 서명기관들이 하는 일의 혜택을 입고 있었다"고 말했다.

PRI에 서명하면 매년 1~3월의 기간 동안 지난해 원칙 이행에 대한 현황을 PRI에 보고해야 한다. 보고에 따라 PRI는 A+부터 E까지 6단계로 점수를 매겨 책임투자 이행 수준을 평가한다. 만약 해당 보고가 불성실하거나 충분하지 못한 경우 UN PRI는 서명자에게 2년간의 재평가 기회를 준다. 이 과정에서도 다시 보고 내용이 부족하다고 판단하면 PRI는 해당 기관을 서명자 리스트에서 탈락시킨다.

PRI의 새로운 기준에 따르면, 서명기관들은 모든 관리 자산의 최소 절반 이상에 대해 책임투자 정책을 시행해야 하며, 이를 이행할 담당 직원 및 임원 레벨의 감독 책임자가 있어야 한다고 요구하고 있다. PRI에 따르면, 165개 기관이 최근 2년 동안 많이 개선됐지만 새로운 기준을 충족하지 못한다는 경고를 받았다. 경고를 받았던 기업 중 23곳은 서명기관 가입에서 빠지는 것을 택했고, 나머지 4곳은 이의를 적극 제기해 서명기관 요건을 충족했다. PRI는 향후 서명기관 자격 요건을 더욱 강화할 방침인데, 변경 사항에는 서명기관의 책임투자 정책이 전체 자산의 90%를 차지하도록 요구하고 그 정책을 공개하도록 하는 내용이 포함된다. 자산운용 과정에서 관여Engagement와 투표Voting를 실시하는 것 또한 의무화될 것으로 보인다.

ESG의 기폭제가 된
래리 핑크 회장의 폭탄 서신

UN의 PRI가 ESG의 출발점이었다면, ESG를 산업 및 사회 전반에 확산시킨 기폭제 역할을 한 것은 2020년 초 공개한 글로벌 자산운용사 블랙록 CEO 래리 핑크 회장의 연례 서신letter이다.

7조 달러(약 8120조 원)가 넘는 자산을 운용하는 블랙록은 세계 최대 자산운용사이다. 블랙록의 공동 창업자인 래리 핑크Larry Fink 회장은 해마다 투자 기업들의 최고경영자에게 서신을 보내는데, 글로벌 금융시장 최대 '큰손'이 보내는 편지 내용에 따라 전 세계 돈의 흐름이 변하므로 많은 기업과 투자자들은 래리 핑크 회장의 서신에 많은 관심을 보인다.

2020년 1월, 래리 핑크 회장은 연례 서신을 통해 '환경 지속가능성environmental sustainability'을 향후 회사 운용의 핵심 전략으로 삼겠

자료: Blackrock HP

다며 "석탄 개발업체나 화석연료 생산 기업 등엔 투자하지 않겠다"고
'ESG 우선주의'를 천명했는데, 이를 기점으로 전 세계 ESG 투자가 급
물살을 타게 됐다. 사실 지속가능성 화두를 꺼낸 건 2017년부터인데,
ESG에 대한 투자자들의 압박이 강해지면서 블랙록도 이에 대응하는
투자 지침을 마련한 것이다.

래리 핑크 회장의 2020 CEO 서신의 핵심 내용을 정리하면 다음의
7가지 사항이다.

(1) 금융의 근본적인 재구성

기후변화는 금융의 근본적인 재편에 기여한다. 수많은 다른 요인들
중에서도 소비자 행동주의는 이러한 진화 방향에 영향을 미친다.

(2) 기후 리스크는 투자 리스크

30년 모기지와 같은 금융상품의 경우, 기후변화가 장기 투자 및 경제성장 예측 가능성에 큰 영향을 미치면서 발전할 것이다. 투자자가 위험과 자산 가치를 재평가하면서 상당한 자본 재할당이 예상된다. 연례 서신 중에서 기후 리스크와 관련된 내용만 따로 발췌해보았다.

"향후 몇 년간 우리가 직면하게 될 가장 중요한 화두 중 하나는 기후변화에 대한 각국 정부의 정책 규모와 범위가 될 것입니다. 이는 세계가 저탄소 경제로 얼마나 빠르게 전환할 수 있는지를 결정하기 때문이며, 각국 정부가 파리기후협약의 목표와 연동해 긴밀히 협력해야만 해결할 수 있는 문제이기 때문입니다.

에너지 전환은 여전히 수십 년이 걸릴 것으로 전망합니다. 빠른 기술 발전에도 불구하고, 현존하는 탄화수소 수요를 경제적으로 대체할 수 있는 기술이 아직 제한적이기 때문입니다. 우리는 에너지 전환의 경제적·과학적·사회적·정치적 현실에 유념해야 합니다. 정부와 민간 부문은 반드시 협업을 통해 올바르고 공정한 전환 방법을 찾아내야 하며 저탄소 세상으로 나아가는 과정에서 사회의 특정 계층이나 신흥시장의 특정 국가가 제외돼서는 안 되기 때문입니다.

블랙록은 프랑스, 독일, 및 다양한 글로벌 재단들과 함께 'Climate Finance Partnership'을 설립한 바 있으며, 이는 인프라 투자를 위한 자금 조달 메커니즘을 개선하기 위한 다양한 민·관 협력 프로그램 중 하나입니다. (중략) 기후변화에 대한 다양한 예측치 중 어떤 것이 가장 정확한지 아직 알 수 없으며, 우리가 지금 놓치고 있는 것이 무엇인지조차 정확히 알 수 없습니다. 그러나 우리가 나아가야 할 방향은 부정할 수 없습니다. 전 세계 정부, 기업 그리고 주주들은 반드시 기후변화에 대처해야 합니다."(래리 핑크 회장의 2020 연례 서신 중 발췌 번역)

(3) 지속가능성 공개에 대한 요구 증가

투자자 및 기타 이해관계자는 투자 전략을 재구성하기 위해 기후 및 기타 지속가능성 중점 영역에 대한 정보 공개를 회사에 더 많이 요구할 것이다. 지속가능 투자가 향후 고객 포트폴리오를 위한 가장 강력한 기반이라는 믿음에 따라 블랙록은 지속가능성을 투자 접근 방식의 중심에 둘 것이다.

(4) 자본 조달에 있어 ESG 공개는 중요

투명성 확보 및 이해관계자들에 대한 적절한 대응을 수행하는 기업과 국가에 대해서는 보다 효과적인 투자 유치가 기대될 것이다.

(5) SASB 및 TCFD의 중요성

블랙록은 기업에게 연말까지 산업별 지속가능회계기준위원회SASB: Sustainability Accounting Standards Board 지침에 따라 공시를 게시하거나 유사한 데이터셋 공개를 요구한다. 또한 기후변화 관련 재무정보공개협의체TCFD: Task Force on Climate-related Financial Disclosure 정보 공개 권고안 권장 사항에 따라 기후 관련 리스크 내용을 공개해야 한다.

(6) 지속가능경영에 적극적 개입

블랙록은 기업이 지속가능성 관련 공개 및 그에 기반한 사업 계획 등에 대해 충분한 진전을 이루지 못한다고 판단되면, 경영진 및 이사회 이사 결정에 대해 반대 의사를 표명할 것이다.

(7) 투명성과 행동

기후변화는 구조적이고 장기적인 위기다. 기업, 투자자 및 정부는 지속가능 전략에 대한 자본 재분배에 대비해야 한다. 기업은 주주에게 현재 준비 활동에 대한 명확한 상황을 제공해야 할 책임이 있다. 또한 지속가능성에 대한 투명성은 모든 회사의 자본 유치 능력에 있어 매우 중요한 요소가 될 것이다.

연례 서신을 보낸 이후 코로나 사태가 터지면서 래리 핑크 회장은 2020년 3월에 주주들에게 보내는 편지를 통해 코로나 위기를 언급하면서, 위기를 타개하기 위해서는 역시 새로운 투자 표준으로 지속가능 및 ESG가 중요함을 더욱 강조했다. 그리고 코로나 사태가 발생한 지 1년이 지난 2021년에 래리 핑크 회장은 새로운 연례 서한Larry Fink's 2021 letter to CEOs을 공개했다. 이번에는 전 세계 투자 기업들에 대해 넷제로Net Zero 계획을 밝힐 것을 공개적으로 요구했다. 넷제로는 온실가스 배출량(+)과 제거량(-)을 더해 순배출량이 0인 상태를 뜻한다. 래리 핑크 회장은 기업 성장에 대한 전망에 에너지 전환에 대한 정보가 필요하다며, 각 기업이 넷제로를 장기적인 사업 전략에 어떻게 통합하고 있는지, 이사회는 어떻게 검토하는지에 대해 알려달라고 요구했다.

2020년 CEO 연례 서신에서 "지속가능성을 투자의 최우선 순위로 삼겠다. 기후변화를 고려해 투자 포트폴리오를 바꾸겠다. 매출액의 25% 이상을 석탄 발전을 통해 얻는 기업에 대해선 채권과 주식을 매도하겠다"고 밝혔는데, 2021년 서신에서는 포트폴리오 교체를 넘어 투자 의결권 행사를 통해 기업의 ESG 경영에 직접 영향력을 발휘하겠다는 의지를 보여준 것이다.

《뉴욕타임즈》는 2021 연례 서신에서 밝힌 래리 핑크 회장의 요구가 기업들에 엄청난 압박이 될 것이라며, 핑크 회장이 자신의 요청을 거부한 회사의 경영진을 내쫓을 수도 있으며 블랙록의 투자 대상에서 제외할 수 있다고 전했다. 실제로 블랙록은 2020년 69곳의 기업과 64명의 경영진에 대해 주총에서 반대 의견을 제시했고 191개 기업은 감시 대상에 올랐다.

래리 핑크 회장은 코로나 팬데믹을 맞아 경제가 위기를 맞고 불평등이 심해진 상황에서 기업들이 보인 행동을 높이 평가했다. "2020의 혼란 속에서도 기업은 비영리단체를 지원하고, 기록적으로 빠르게 백신을 개발했으며, 기후 위기에 기민하게 대응하는 등 이해관계자들을 위해 힘썼다"고 칭찬했다. 그러면서 여전히 기후 리스크의 중요성에 대해서도 강조했다. "우선순위 목록에서 기후변화보다 높은 것은 없다"며 "지난해 1월 서한을 통해 기후 리스크는 투자 리스크이며 투자 포트폴리오의 조정을 촉발할 것이라고 했는데, 팬데믹 이후 조정이 훨씬 빨라졌다. 기후 위기가 투자에 리스크임은 틀림없지만, 또한 역사적인 투자 기회를 제공한다고 믿는다"고 말했다. 그는 "기술과 데이터의 발달로 인해 점점 더 많은 투자자들이 기후 리스크에 잘 준비된 기업들을 묶어 맞춤형 인덱스 투자를 할 수 있게 됐다"고 덧붙였다. 넷제로 전환에 대해서는 "넷제로가 경제 전체의 변혁을 요구한다"며 "블랙록에 돈을 넣은 투자자들도 기후변화의 위협과 넷제로 전환에 관한 데이터 분석 능력을 키워달라고 강력히 요청하고 있다"고 말했다.

2021년 연례 서신에서는 블랙록의 넷제로 실천계획Net-Zero Commitment 5가지를 밝혔다.

① 주식과 채권 펀드에 '온도 정렬 매트릭스temperature alignment metric'를 표시
② 위험과 수익의 장기 추정치에 기후변화를 반영
③ '액티브' 포트폴리오에 기후 리스크를 관리하기 위한 '강화 정밀 조사 모델heightened-scrutiny model'을 사용
④ 지구 온도 조정 목표를 명시적으로 갖춘 투자상품을 출시
⑤ 넷제로를 위해 투자 기업들에 의결권 적극 행사

또한 데이터 및 정보 공시의 중요성을 강조하면서, 기업들에게 "비즈니스 모델이 넷제로 경제와 어떻게 보조를 맞출지 계획을 공개하고, 2050 넷제로 달성 목표를 기업의 장기 전략에 통합해 공개하라"고 요구했다.

래리 핑크 회장은 "2020년 한 해 세계의 대표적 지속가능지수의 81%

가 벤치마크 수익을 앞질렀다. 지속가능 투자의 회복탄력성resilience을 보여주는 좋은 사례"라고 하면서, 지속가능성 및 ESG 대상의 투자수익도 크게 난다며 ESG가 트렌드성 구호가 아님을 강조했다. 물론 자동차, 은행, 에너지 등 산업별 차이도 있고 모든 ESG 지수들이 일반 지수들보다 수익률이 높은 것은 아니지만, 어쨌든 ESG 성과가 우수한 기업들이 지속가능성 프리미엄을 누리며, 동종 기업들보다 더 나은 성과를 내고 있는 것은 사실이다.

2021 CEO 연례 서신의 마지막은 인재 채용 전략과 다양성 등 '이해관계자와의 연결성'을 강조한 이야기로 마무리 지었다. "인종적 정의, 경제적 불평등, 지역사회 공헌 등은 종종 ESG 중에 S(사회) 문제로 분류되지만, 실상 ESG 범주들을 명확히 선 긋는 것은 잘못"이라며 "기후변화는 이미 전 세계 저소득 지역사회에 불균등하게 영향을 미치고 있는데, 이는 E(환경)인가 S(사회)인가? 결국 환경문제와 사회문제는 깊은 상호 의존성을 지니고 있다는 것이다"라며 ESG는 각각 별개 요소가 아닌 유기적으로 연결된 하나의 개념임을 강조했다.

닮은 듯 다른
ESG와 CSR

ESG를 보다 보면 유사한 단어가 하나 떠오른다. 바로 CSRCorporate Social Responsibility(기업의 사회적 책임)이다. 기업의 이해 당사자들이 기업에 기대하고 요구하는 사회적 의무들을 충족시키기 위해 수행하는 활동인데, 기업이 자발적으로 사업 영역에서 이해관계자들의 사회적 그리고 환경적 관심사들을 분석하고 수용해 기업의 경영 활동에 적극적으로 적용하는 과정을 통해 이해 당사자들과 지속적인 상호작용을 이룬다는 점에서 ESG와 기본 개념은 동일하다고 볼 수 있다.

CSR의 시초는 무려 기원전 2500년으로 거슬러 올라간다. 당시 히브리인들은 십일조 세금 제도를 실시해 소득이 많은 사람이 소득이 적은 사람에게 자원을 나누는 '소득의 재분배'를 실현했다. 기원전 30년경에는 로마제국 초대 아우구스투스 황제가 빈곤층에게 경제적 지원을 풍족하게 제공했는데, 그 혜택을 받은 사람이 20만 명에 달했다고 한다.

1600년대 후반에는 하오시라는 자선 활동도 있었다. 청나라의 지배를 받게 된 한족漢族 상인들은 중국의 주변부로 상권을 옮기게 됐는데, 이 과정에서 사람들에게 경제적인 혜택을 주는 '하오시好施'라고 하는 자선慈善 활동이 큰 역할을 했다. 한족 상인들은 민심을 얻기 위해 하오시 활동을 했는데, 이는 네트워크 형성에 있어서도 중요했다.

이처럼 많이 가진 사람이 가진 것을 가지지 못한 사람과 나누는 것은 문명의 시작과 더불어 권장되고 장려돼온 일이다. 한 사회가 만들어내는 자원의 총량이 정해져 있어, 한쪽이 이득을 보면 다른 한쪽은 손해를 볼 수밖에 없다는 제로섬게임Zero-sum game에 기초해 많은 것을 누리는 사람은 부족한 사람들에 대해 책임을 느껴야 한다는 것이 암묵적 룰이었던 것이다.

그런데 17세기 중엽 이후, 미지의 영역을 개척하면 누구라도 부(富)를 누릴 수 있다는 생각이 확산되면서 새로운 기회를 찾아 큰 성공을 거둔 사람들과 그렇지 못한 사람들의 격차가 벌어졌다. 빈익빈 부익부 현상이 발생한 것이다. 이때부터 경제적 어려움을 겪는 이들을 돕는 도덕적 행위가 '제도'로 정착되기 시작했다. 1600년대 초 영국 의회는 '자선행위법'을 제정했고, 유럽과 신대륙에서 자선행위를 전문으로 하는 단체와 기관이 생겨났다. 19세기 후반에서는 기부가 화두가 됐다. 철강산업으로 최고의 부를 거머쥔 앤드류 카네기는 중년 이후 박애주의에 몰두해 미국 전역에 2811개 도서관을 기증하는 등 사회공헌을 위한 다양한 기부로 자신의 재산 대부분을 사용했다.

이후 산업혁명을 거치면서 기업의 경제개발 자체가 사회에 영향을 미칠 수 있으며, 이에 대해 기업이 책임감을 느끼고, 스스로 바람직한 방향을 찾아야 한다는 오늘날의 CSR 개념을 정리한 이가 미국의 경제학자 하워드 보웬이다. 그는 1950년대부터 기업이 이윤 추구 외에 사회적 책임을 다해야 한다고 강조했고 1953년에 CSR 개념을 정립했다.

하워드 보웬Howard Bowen은 자신의 저서《사업가의 사회적 책임》에서 "오늘날 회사는 사회적 권력의 중심이며, 회사의 행동은 다양한 방식으로 대중의 삶에 영향을 미친다"고 강조했다. 그런 만큼 기업 경영인은 사회 전체에 대해 근본적 책임감을 가져야 한다는 의미다. 지구온난화로 극지방 빙하가 녹고, 무분별한 개발로 하루아침에 숲 하나가 사라지는 지구환경 문제에서 기업은 그 책임을 피할 수 없다. CSR이 일반인에게 익숙해진 것은 1980년대 후반인데, 노동운동가 제프 밸린저Jeff Ballinger가 인도네시아 나이키 공장의 열악한 노동 환경을 고발하면서 CSR을 기업 평가의 잣대로 삼아야 한다는 목소리가 높아졌다.

시대 흐름에 따라 CSR도 변화했다. 1919년 포드 자동차 창업주 헨리 포드Henry Ford는 자동차 가격을 낮추고 판매 수익금으로 공장을 확장했다. 그는 '기업은 사회에 봉사하는 존재'란 생각으로 일자리를 늘리고 보다 많은 사람에게 자동차의 편리함을 제공하려 했다. 그러나 주주들은 자신의 배당금이 줄어든다는 이유로 소송을 제기했고, 결국 미시건 주 대법원은 주주들의 손을 들어줬다. 하지만 80년이 지난 1999년, 헨리 포드의 손자이자 당시 포드 자동차 대표였던 윌리엄 클레이 포드 주니어William Clay Ford Jr.가 자동차 가격을 낮추고 일자리를 늘렸을 때, 주주를 포함해 많은 이해관계자들의 환영을 받았다. 시대의 요구에 따라 CSR 활동에 그에 맞게 변화해야 기업은 지속될 수 있다.

CSR이 ESG와 유사한 것도 바로 이 부분이다. 기업의 행동이 환경과 사회에 영향을 미치고, 이를 위해 끊임없이 이해관계자들과 소통해 기업의 지속적 경영을 가능하게 한다는 점이 닮아 있다. CSR의 전략적 실천을 통해 기업 경쟁력을 끌어올릴 수 있는 점도 ESG가 기업의 가치를 높일 수 있는 부분과 일맥상통한다. 마이클 포터Michael E. Porter 미국 하버드대학 교수는 CSR의 4대 기준으로 도덕적 의무, 지속가능성, 사업적합성, 평판을 각각 제안하면서 "기업이 이 네 기준을 잘 지킨다면 CSR은 단순히 긍정적 기업 이미지를 만드는 수준을 넘어 회사 경영의 전략적 견인차가 될 수 있다"고 설명한다. CSR은 계속 진화해 2010년대에 마이클 포터는 'CSVCreating Shared Value(공유 가치 창출)'라는 개념을 만들었는데, 비즈니스 관점에서 사회문제 해결을 도모함으로써 기업 가치와 사회 가치 향상 모두를 목표로 하는 경영전략이다.

ESG와 CSR의 차이점은 정량화된 지표로 보여주기

하지만 기업의 사회공헌 활동만으로 시장을 근본적으로 바꾸기에는 한계가 있었다. CSR 활동들도 기업 입장에서 '하면 좋은 것' 정도이지 꼭 해야만 하는 것은 아니었다. CSR은 '기업이 사회적 책임을 완수하기 위한 활동을 경영에 통합하는 것'이다. 즉 기업 측 관점에서 기업이 자발적으로 이익의 일부를 사회에 환원함과 동시에 거버넌스에 관한 정보를 정해진 지침에 따라 공개한다.

반면 ESG는 '사회적 책임을 다하는 기업에 투자를 하는 것'을 의미한다. 투자자 관점에서 바라본 사회적 책임이다. 투자를 하기 위해서는 정량적 지표도 필요하다. 그렇기에 ESG 활동은 다양한 방법으로 계량화·정량화된다. 이것이 CSR과 ESG의 결정적 차이다.

2000년대에 만들어진 ESG 개념은 CSR에 그 뿌리를 두고 있다. CSR이 없었다면 ESG도 없었겠지만 그렇다고 이 두 개념이 상호 교환적 존재는 아니다. CSR은 비즈니스를 책임감 있게 만드는 것을 목표로 하지만, ESG는 그 노력을 측정 가능하도록 하게 한다. CSR 활동은 엄청나게 다양하기 때문에 비교 가능한 지표가 부족하다. 반면 ESG 활동은 정성적 내용이라 할지라도 훨씬 더 많이 정량화할 수 있다. 기업이 직원을 대우하고, 공급망을 관리하고, 기후변화에 대응하며, 다양성과 포용성을 높이고, 커뮤니티 연결을 구축하는 모든 활동이 정량화되면서 ESG 등급과 지표로 산출되는 것이다.

CSR이 기부나 봉사 활동, 문화·예술 후원 등 자발적 돕기 수준이었다면 ESG는 기업의 행동이 환경과 사회에 미치는 영향 등을 구체화하고 가능한 수준에서 지표화한 것이 핵심이다. 환경 분야는 청정 기술의 사용이나 탄소배출 저감 활동, 환경오염 및 유독물질 배출 차단, 천연자원 활용 등이 요구된다. 사회 분야에서는 고용·양성평등. 인권 존중, 직원 건강과 안전 보호, 제조물의 안전과 품질 확보, 데이터 보안, 공급망 관리 등이 중시된다. 지배구조는 이사회 구성이나 임원 보수의 적절성, 준법 경영 등 얼마나 기업을 투명하게 운영하는지를 따진다.

ESG와 CSR의 비교

	ESG	CSR
의미, 목적	기업 활동 전반에 친환경, 사회적 책임, 지배구조 개선 등을 도입, 지속 가능한 발전 도모	기업의 사회적 책임을 의미. 사회에 기여하고자 하는 목적으로 진행되는 기업의 부가 활동
실행 방법	기업 경영, 재무 활동에 ESG 요소를 연동	봉사, 기부 및 사회공헌 프로그램 등을 운영하며 가치 실현
단기적 효과	주주, 잠재적 투자자, 투자 매체 등에 영향. ESG 현황을 지수로 발표	소비자, NGO, 임직원 등에 긍정적 이미지 부여. 충성도 및 기업 이미지 상승
장기적 효과	기업의 재무 안정성으로 이어짐	기업의 평판 향상에 도움. 매출 증대에도 기여

자료: 언론 종합, 재구성

CSR과 달리 ESG가 정량화되고 수치로 나타나자 기업들은 생산과 판매, 자금 운용 등 경영 전반에 ESG를 반영하기 시작했다. 애플, 구글, 월마트 등은 2050년 이전에 필요한 전력의 100%를 태양광 풍력 등 재생에너지로만 충당한다는 'RE100Renewable Energy 100 캠페인'에 참여하겠다고 선언했다. 회사 경영에 있어서도 ESG 목표를 설정하고 그 평가 기준 마련과 성과 측정 등을 진행해 매출과 이익이 아무리 많아도 ESG 점수가 낮으면 높은 인사고과를 받을 수 없도록 하고 있다. ESG는 글로벌 규범으로까지 자리 잡을 전망인데, 유럽연합EU은 새로운 국제회계기준IFRS에서 ESG를 기업 경영실적 보고서인 재무제표에 반영하는 방안을 검토하고 있어 ESG를 지키지 않는 기업은 유럽에서 활동하기 어려워질 것이다.

수익성이냐 사회공헌이냐, 그것이 문제로다

ESG가 투자 관점에서 진행되다 보니, 투자자 입장에서는 사회적 책임과 수익성 사이에서 딜레마가 생기는 어려움이 있다. 《파이낸셜타임즈》에 따르면, 최근 ESG에 투자하는 전 세계 자산운용사들이 '투자 회수' 딜레마를 놓고 고민하고 있다고 한다. 2020년 12월 뱅크오브아메리카BoA가 주최한 ESG 컨퍼런스에 600명 이상의 기관 투자자들이 참여했는데, 이 자리에서 가장 큰 화두가 바로 그동안 금융회사들이 거의 고민하지 않았던 '투자 회수' 이슈였다.

블랙록은 CEO 연례 서신을 통해 총매출 가운데 4분의 1 이상이 석탄 발전에 근거한 매출 발생 기업은 액티브 투자 포트폴리오에서 배제하겠다고 선언했다. BNP파리바자산운용도 총매출의 10% 이상을 석탄 발전에 의존하는 기업엔 투자하지 않겠다고 했고, 탄소배출량이 많은 전력회사에도 투자하지 않겠다고 밝혔다.

하지만 이런 투자 회수는 큰 비용을 감수해야 한다. 투자자 입장에서는 합법적이면서도 수익성이 좋은 회사를 사회공헌이라는 이유로 회피한다면 수익을 잃을 수도 있다. 또 지분을 매각함으로써 회사 소유권을 잃을 수도 있다. 이렇다 보니 ESG에 부합하지 않는 기업을 포트폴리오에서 제외할 것인지, 아니면 계속 보유하면서 회사 경영에 적극 개입하는 전략을 쓸 것인지 금융사들에게는 큰 딜레마가 되고 있다. 단적인 예로 2000년에 4440억 달러 규모 연기금인 캘리포니아공무원퇴직연금은 담배회사들의 주식을 모두 처분했는데, 이로 인해 놓친 수익이 30억 달러(약 3조 3100억 원)에 이르는 것으로 추산됐다. 심지어 ESG 리서치 대표조차도 고객인 자산운용사에 "이 같은 투자 회수 전략은 투자자산의 위험이 너무 높아서 도저히 무시할 수 없을 때에나 사용해야 하는 최후의 수단"이라고 조언하기도 했다.

그럼에도 환경을 지키기 위한 ESG 투자는 계속될 전망이다. 1조 달러 규모의 노르웨이 정부연금기금은 기후변화와 싸우기 위해 투자 회수 전략을 연구해 석탄과 석유업체를 투자 리스트에서 자동적으로 배제했는가 하면, 1조 3600억 달러 규모의 일본 후생연금기금GPIF은 비친환경 기업을 배제하기보다는 기후변화에 호의적인 기업들에 적극 투자하는 전략을 실행했다. 2016년에는 영국 런던 자치구인 월텀 포레스트가 전 세계 지방정부 가운데서는 처음으로 연금에서 화석연료 투자를 배제했고, 미국에서도 뉴욕 주 연금기금이 탄소배출을 줄이거나 재생에너지로 전환을 준비하려는 계획이 없는 에너지 기업 주식을 모두 처분키로 했다.

SDG는 목표,
ESG는 수단

ESG와 비슷한 개념으로 CSR 외에도 SDGSustainable Development Goals(SDGs라고도 함, 지속가능발전 목표)가 있는데, 이 용어 역시 유엔 UN에서 나온 것이다. 2015년 9월 25일 UN 지속가능발전 정상회의UN Sustainable Development Summit에서 2030년까지 달성하기로 결의한 의제로, '단 한 사람도 소외되지 않는 것Leave no one behind'이라는 슬로건과 함께 인간, 지구, 번영, 평화, 파트너십이라는 5개 영역에서 인류가 나아가야 할 방향성을 17개 목표와 169개 세부 목표로 제시했다.

SDG는 기존 UN의 달성 과제였던 '새천년개발목표MDGs: Millenium Development Goals'의 후속 의제로 빈곤 퇴치, 불평등 해소, 일자리 창출, 경제성장, 지속가능한 발전, 기후변화 문제 해결 등을 주된 골자로 하고 있다. UN은 SDG를 통해 빈곤, 불평등, 질병 문제 등 주로 개발

유엔이 발표한 SDG의 17개 목표

자료: 유엔 지속가능발전 목표

도상국에 해당하는 국지적인 주제를 일자리 창출, 성평등, 경제성장, 기후변화, 지속가능성, 평화와 안보 등 선진국을 비롯한 모든 국가에 해당하는 보편적인 주제로 확대함으로써 MDGs의 한계점을 보완하고자 했다. 특히 SDG의 17개 목표 중 목표 5(성평등), 목표 8·12(지속가능성), 목표 13(기후변화 대응)은 ESG 활동과 연관성이 높다.

SDG는 특정 기업이나 국가만이 달성해야 할 목표가 아니라 지구상의 모든 사람이 실행하고 지켜야 할 약속에 가깝다. SDG를 기업 평가에 적용하는 기관 투자자도 늘고 있다. 네덜란드공무원연금 ABP는 2025년까지 운용 자산의 20%를 SDG에 기여하는 기업에 투자하겠다고 했고, 일본생명보험도 SDG 친화적인 경영 실행 및 SDG 채권 펀드 투자 등을 추진하겠다고 밝혔다.

SDG와 ESG의 관계를 보면, SDG가 '목표'라면 ESG는 그 목표를 달성하기 위해 기업이 실행하는 '수단', '활동'이라고 할 수 있다. 예를 들어 기업이 플라스틱 빨대를 폐지하고 종이 빨대를 도입하는 ESG 활동을 실시하는 것으로, SDG의 13번째 목표인 '기후변화 대응' 달성에 기여한다.

SDG는 ESG 평가 지수에도 활용된다. 세계 최초 SDG 기반으로 분석된 'UN 지속가능개발목표경영지수UN SDGBI: Sustainable Development Goals Business Index'는 세계적인 공신력을 가진 ESG 분석 글로벌 평가 지수로, UN SDG 협회가 2016년 10월부터 매년 발표해 글로벌 주요 기업 지속가능성 분석, ESG 평가, UN SDG 활동 기준 및 지표 역할을 하고 있다. UN은 글로벌 기업 3000개와 국내 500개 기업을 분석한 뒤 '월드 지수 300', '국내 지수 180' 명단을 발표하는데, 사회와 환경, 경제, 제도 등 4개 분야의 12개 항목, 48개 지표(100점 만점)로 분석해 매년 유엔총회UNGA 기간(9~11월) 중 10월 셋째 주에 발표된다.

2020년 10월에는 '2020 SDGBI 글로벌 지수'가 발표됐는데 국내 기업으로는 2년 연속 KT가 1위 그룹으로 선정됐으며, 최우수 그룹에는 현대백화점, 상위 그룹에는 CJ ENM과 현대자동차 등이 처음으로 이름을 올렸다. 국내 공공기관 중에는 국민연금공단이 유일하게 글로벌 지수에 올랐다. 재미있는 사실은 아카데미 영화제에서 한국 영화 최초로 4관왕에 오른 영화 〈기생충〉이 사회 불평등을 깊게 파고들며 전 세계에 SDG 확산을 위한 주요 역할을 했다는 점에서 고평가를 받았다는 점이다. 특별한 사회공헌 활동이 아니더라도 영화로 ESG를 전파시킬 수 있다는 점이 흥미로우면서 주목할 만하다.

ESG, CSR, SDG는 닮은 듯 다른 형태로 기업의 사회적 책임 활동을 지원하고 평가한다. 기업, 정부, 비영리단체, 개인 등은 전 세계 대상의 SDG를 목표 삼아 다양한 사회적 공헌 활동을 추진한다. 투자자와 금융기관은 기업의 재무 실적과 ESG 활동 내용을 근거 삼아 해당 기업을 지원(투자·융자) 할 것인지를 판단한다. 거래처 기업, 소비자, 지자체, 구직자 등은 기업의 ESG 활동을 보고 해당 기업과 거래하거나 제품을 구매하거나 채용 공모에 응시하게 된다. 이렇게 각각의 이해관계자가 올바른 평가를 수행하기 위해서는 기업의 정보 발신이 중요하다.

ESG, CSR, SDG는 서로 용어는 달라도 결국은 사회문제를 해결하고 기업이 지속적인 성장을 이루는 데 필요한 근간根幹인 셈이다.

ESG는 누가 어떻게
평가하는가

Environmental
Social
Governance

ESG는
누가 평가하나

기업들은 이제 돈만 잘 버는 회사가 아니라 투자자와 소비자들로부터 사랑받는 회사가 되기 위해 ESG에 더 많은 투자와 노력을 기울일 것이다. ESG가 중요하다는 것은 알겠는데, 그러면 대체 누가 이 ESG를 어떤 기준으로 평가하고 등급을 매기는 것일까?

전 세계에서 기업의 ESG 등급을 평가하는 평가기관은 무려 125개 이상이다. 글로벌 ESG 표준, 프레임워크, 데이터 공급업체까지 포함하면 ESG 관련 기관은 600개가 넘는다(2020년 2월 기준).

대표적인 글로벌 ESG 평가기관에는 모건스탠리캐피털인터네셔널 MSCI: Morgan Stanley Capital International, 서스테이널리틱스Sustainalytics, 레피니티브Refinitiv, 로베코샘RobecoSAM, 블룸버그Bloomberg 등이 있다. 국내에는 한국기업지배구조원KCGS을 비롯해 서스틴베스트, 대신

경제연구소 등이 있고 최근에는 언론기관, 신용평가사들, 온라인 전문 ESG 평가기관들도 ESG 평가에 참여하고 있다. 다시 말하면 125개 이상의 기관들이 각각의 데이터와 평가 방법으로 기업들을 분석해 등급을 매기는 것이다. ESG가 우수한 기업에 대해서는 대체적으로 비슷한 결과치가 나오지만, 기준에 따라서는 다른 등급이 매겨지기도 한다.

예를 들어 테슬라Tesla는 MSCI에서는 A등급을 받았지만, 저스트캐피털에서는 하위 10%로 분류된다. MSCI는 자동차의 탄소량 배출과 환경 혁신 등 테슬라의 친환경 에너지 정책에 큰 가점을 준 반면, 저스트캐피털은 고객 응대나 안전사고 문제 등 사회적 요소S가 다른 기업에 비해 부족하다고 판단했기 때문이다. FTSE 러셀의 평가에서는 가스차 제조회사보다 더 낮은 점수를 받았다.

수많은 평가기관들에서 발표한 지수들이 있지만, 업계에서는 일반적으로 MSCI와 블룸버그, S&P, 독일계 지수 개발사 솔랙티브Solactive, 영국의 FTSEFinancial Times Stock Exchange 그룹에서 발표하는 ESG 지수를 많이 활용한다. 국내에서는 글로벌 지수와 함께 한국기업지배구조원이나 서스틴베스트의 ESG 등급을 활용하고 있다. 글로벌 ESG ETF 사업의 경우, 모건스탠리 계열사인 MSCI(56%), 미국 유수의 금융정보 제공업체 블룸버그(10%), 글로벌 신용평가회사 스탠더드앤드푸어스S&P(8%) 등 글로벌 민간 사업자들이 독식하고 있다. 국내에 상장된 ESG ETF 7개 중 3개는 한국거래소의 ESG 지수를 사용하고 있으며 나머지 4개 중 3개는 MSCI 지수를 따르는 등 공공기관과 외국계 기업의 의존도가 절대적으로 높은 상황이다.

국내외 ESG 평가기관들의 ESG 평가지수 및 방법

구분	기관명	자수 명칭	시작	평가 대상	평가 등급	평가방법/특이사항
국내	한국기업지배구조원	ESG 평가	2011	900	S-D	• 기업 공시, 기관 자료, 미디어 자료 활용 • 2017년 지배구조 정성평가 시범도입
	서스틴베스트	ESG Vaule	2006	1,000	AA-E	• ESG 각 영역에 대해 Category(평가 항목), KPI(평가지표), Data Point(세부지표) 순의 단계별 하부체계로 구분 • 상반기 평가와 하반기 평가로 나누어 진행
	대신 경제연구소	-	2017	-	-	• 수기조사(Hand collecting)하는 것을 원칙으로 기초조사 및 정량적 문항 평가를 진행
국외	Thomson Reuters	ESG Scores	2009	6,000	0~100% & A+ - D	• ① ESG Score, ② ESG Controversy Score로 구성 • 2주마다 업데이트 • 10대 카테고리, 이슈가 많을수록 가중치 부여
	Dow Jones (RobecoSAM과 파트너십)	DJSI	1999	5,900	0~100 산업내 비교	• 특정 dimension에 대해 산업별 가중치 부여 / 산업에 따라 industry-specific criteria 적용 e.g. Electric Utilities 산업의 Environmental 비중(36%)이 은행보다 2배 이상 높게 설정 Water-related risks는 Electic Utilities 산업에만 적용 • 산업별 설문조사 시행(80~120문항)
	Morgan Stanley	MSCI ESG Ratings	2010	6,000	AAA-CCC	• 37 ESG issues Relative to the standards and performance of their industry peers • 정부 데이터베이스, 기업 공개자료, 매크로 데이터, NGO 데이터베이스 자료 활용 • 매주마다 새로운 정보가 반영되어 업데이트/심층 기업분석 리뷰는 연간 약 1회
	Bloomberg	ESG Data	2009	1,000	0~100	• 120 indicators, 정보 누락에 대해서는 감점 적용
	RepRist	ESG Ratings	1998	84,000	AAA-D	• 매일 업데이트 • 8만 미디어 및 이해관계자 데이터 소스 모니터링 • 28 ESG issues, 45 "Topic Tags" • Carbon Disclosure Project, UN-supported Principles of Responsible Investment와 파트너
	Sustainalytics	ESG Ratings	2008	6,500	0~100 산업내 비교	• 70개 Indicators • 3 dimensions: preparedness, disclosure, performance

자료: 메리츠증권 'ESG 총정리', 한국기업지배구조원, 서스틴베스트, 대신경제연구소, 신한금융투자

ESG ETF 벤치마크 지수(index provider)별 점유율(2018년 기준)

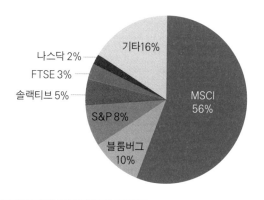

자료: GSIA, 언론 종합

인수합병으로 정확성을 높이는 ESG 평가기관들

최근 들어서는 메이저 신용평가사, 투자기관들이 ESG와 관련한 평가기관, 데이터 제공업체 등을 지속적으로 인수합병하면서 ESG 부문을 강화하고 있다. 2019년 1월에는 ESG 컨설팅 업체인 서스테이널리틱스가 기관 투자자들을 위한 개입 및 보팅votiong 전문 기관인 GES 인터내셔널을 인수했다. 3월에는 신용평가기관 무디스Moody's가 유럽의 ESG 등급평가기관인 비지오 아이리스Vigeo Eiris의 지분 상당수를 인수했고, 7월에는 기후 관련 데이터 기업인 포투엔티세븐Four Twenty Seven의 지분을 잇따라 인수했다. 9월에는 모건스탠리인터내셔널캐피털MSCI이 환경 핀테크이자 데이터 애널리틱스 기업인 '카본 델타Carbon Delta'를 인수합병했다. 12월에는 다우존스 지속가능경영지수DJSI를 발표하는 로베코샘RobecoSAM의 ESG 사업을 S&P 500 지수를 발표하는

S&P 글로벌이 인수했다.

이렇게 ESG 평가기관들의 인수합병이 활발한 이유는 보다 많은 데이터 확보와 정확한 분석을 통해 합리적인 분석과 판단을 하기 위해서다. ESG 공시는 재무정보 공시에 비해 역사가 짧아 축적된 데이터가 상대적으로 적다. 기업의 재무정보는 기업 역사와 함께 회계 기준에 맞춰 축적됐지만 환경·사회·지배구조와 같은 비재무적 정보는 대부분 5년 이상 공개하지 않고 있다. 비재무적 정보의 시계열 데이터 부재로 기업들이 장기적으로 비재무적 요인을 개선해왔는지 판단하는 데 한계가 있다.

게다가 ESG 공시는 대부분의 지역에서 규제 대상이 아니다. ESG 투자가 활성화된 유럽 국가에서도 ESG 정보 공시에 대해 규제를 받고 있지 않다. 기업이 공시하지 않은 중요한 비재무적 정보가 있는 경우, 평가기관들의 정성적 평가에 기댈 수밖에 없다. ESG 공시는 정해진 공통 기준이 없어 공시 항목이 기업별로 상이하다. 국내의 경우 기업지배구조 보고서를 자산 규모 2조 원 이상 기업에 대해 의무공시가 적용되고 있지만, 보고 자료에 대한 가이드라인 부재로 보고서 양식과 자료 공개 범위가 기업마다 다르다.

ESG 데이터는 기업의 이해관계에 따라 자체적으로 작성해 공표되기 때문에 해당 기업에 유리한 방향으로 작성될 수도 있다. 기업들이 자율적으로 발간하는 지속가능경영 보고서는 GRIGlobal Reporting Initiative 가이드라인 및 ISO(국제표준화기구) 26000 등의 검증 기준이 존재한다. 하지만 이런 기준들은 일반적인 이슈에 대해서만 기재하도록 돼 있어 정보가 구체적이지 못하고 기업 간 비교에 활용하기가 어렵다. 또 기업에 부정적 영향을 미칠 수 있는 부분을 생략할 수도 있다.

폭스바겐과 아우디의 배기가스 조작 사건이 대표적이다. 두 회사는 지속가능성 측면에서 높게 평가됐으나 소프트웨어 프로그램을 통해 오염물질 배출량을 조작해온 것으로 드러나 지속가능보고서의 투명성과 신뢰성에 큰 타격을 줬다. 심지어 폭스바겐은 배출가스를 조작한 비밀 연구소까지 있는 것으로 드러나 충격을 안겼다. 폭스바겐의 배출가스 조작 사건이 처음 드러났을 때 당시 CEO는 "나는 몰랐다"는 입장을 수차례 밝혔으나, 경영진들이 소프트웨어 조작 사실을 이미 알고 있었고 배출가스를 조작했던 비밀 연구소의 실체까지 드러났다.

이렇다 보니 ESG 평가기관 입장에서도 기업이 공표하는 자료만으로 ESG를 평가하기에는 신뢰성에 의구심이 들 수밖에 없다. 객관성과 정확성을 높이기 위해서는 다양한 지역과 유형의 데이터들을 확보해 서로의 연관성을 찾고 올바른 판단을 내려야만 하는 것이다.

ESG 평가로 글로벌 머니의 흐름이 달라진다

이들 기관들이 발표하는 ESG 지수는 투자자들에게 막강한 영향력을 행사한다. 지수에 편입되느냐 퇴출되느냐에 따라 글로벌 머니의 흐름이 달라지기 때문이다. 미국 국방부는 2020년 12월에 국방수권법 1237조항에 따라 중국 인민해방군 소유 및 통제 기업 35개 블랙리스트를 발표했다. 이에 MSCI를 비롯해 영국 FTSE, S&P 다우존스인다이시스DJI 나스닥은 제재 받는 중국 기업을 지수에서 제외키로 결정했

MSCI 지수 발표 이후 중국 7개사 주가하락률

	2020년 11월 12일 트럼프 행정명령 이후 주가하락률	2020년 12월 16일 MSCI 제외 발표일 주가하락률	2020년 주가변동률
SMIC	-10.8	-5.5	-33.4
중국교통건설	-20.3	-1.6	-41.4
중국위성	-2.7	-1.4	44.8
중국철도건설	-3.7	-0.7	-17.8
중국중차	-3.9	-0.6	-23.2
하이캉웨이스	-4.2	-1.5	43.6
중커수광	-10.4	-2.2	31.3

자료: 동방차이푸

다. 앞서 11월 12일에는 트럼프 전 미국 대통령이 행정명령 13959호를 통해 미국 기업과 미국인이 중국 군부를 지원하는 것으로 의심되는 기업을 소유하는 것을 금지하는 행정명령에 서명을 했다. 행정명령에서 중국 군부를 지원한다고 명시한 기업은 화웨이, 중국항공, 중국선박 등 대형 국유기업을 다수 포함하고 있으며 차이나모바일, 차이나텔레콤, 차이나유니콤 등 3대 통신사도 포함하고 있다.

이러한 배경 하에서 MSCI는 SMIC, 하이크비전, 중국위성, 중커수광, 중국철도건설, 중국교통건설, 중국중차 등 총 7개 중국 기업을 지수 편입 가능 종목 명단에서 제외하기로 했는데, 이 중 세 종목은 A주(중국 본토 증시), H주(홍콩 증시에 상장된 중국 기업 주식)에 모두 포함돼 종목 수로는 총 10종목이다. 그리고 이들 기업의 주가는 지수 퇴출 후 큰 폭으로 하락하게 된다.

세계 지수 산출기관들이 중국 기업을 퇴출시키면서 중국에 투자됐던 자금들은 새로운 투자처로 한국, 대만, 인도 등 신흥시장에 주목하게 됐다. MSCI 신흥시장EM 지수에서 가장 비중이 큰 중국 증시의 경우 -1.3% 하락세를 보인 반면 한국(6.9%), 대만(3.9%), 인도(4.4%), 브라질(5.7%)이 강세를 보였다. 중국 기업이 지수에서 빠지게 되면 대신 그 자리는 한국, 대만 기업이 차지하게 돼 글로벌 투자 전문가들은 아시아 신흥국 주식에 주목할 수밖에 없다. 실제로 글로벌 자산운용사인 블랙록은 2021년 미국, 이머징마켓, 일본을 제외한 나머지 아시아 국가 주식의 비중 확대를 투자자들에게 권유했다. 코로나 백신이 경제활동 재개를 가속화하고 각국 중앙은행이 인플레이션 발생 가능성에도 금리 인상을 자제하는 가운데 한국을 포함한 동아시아가 글로벌 성장의 원천이 될 것이라는 기대감 때문이다.

ESG의
평가 프로세스

ESG 평가는 평가하는 투자기관, 투자회사마다 각각 다른 지표를 사용한다. 국내의 경우 한국기업지배구조원이 자체 개발한 ESG 평가지표와 평가 결과가 2011년부터 매년 공개되고 있고 국민연금, KB, 신한, 한화, 미래에셋 등 국내 주요 투자기관과 회사들은 각자 사용하는 ESG 평가지표를 가지고 있다.

평가지표는 기관마다 다르지만 평가 절차의 큰 흐름은 대부분 비슷하다. 기업 공시 및 감독기구, 지자체 등의 공시 자료와 뉴스, 각종 언론 등의 미디어 자료 등을 수합해 사전조사를 실시한다. 기초 데이터가 확보되면 이를 토대로 평가가 이루어지는데 이 부분에서는 평가기관마다 독자적인 모델을 활용하는 경우가 많다. 그리고 최종적으로 기업 인터뷰 등의 정성 평가를 거쳐 등급 부여 및 조정을 하게 된다.

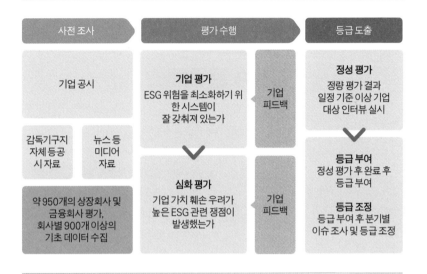

자료: 한국기업지배구조원 HP

ESG 평가 프로세스는 비슷해도 평가기관별 ESG 점수차가 발생하는 것은 정보 수집 능력과 기업마다 제공하는 정보의 차이에서 발생한다. 확보하는 자료의 종류를 비롯해 평가 모델, 등급 체계 등이 평가기관마다 다르기 때문에 앞에서도 설명했듯이 ESG 등급은 절대적일 수 없다.

비재무적 정보는 조사기관의 능력에 따라 수집된 정보의 양이 달라질 수 있는데, 기업과의 커뮤니케이션을 통해 얻는 정보, 비정형 데이터, 사회적 논쟁에 대한 뉴스 기사 등 다양하고 방대한 데이터를 다양한 경로를 통해 얻어야 하기 때문에 같은 기업에 대해서도 평가기관마다 확보하는 비재무적 정보량이 달라지게 된다. 즉 다른 두 평가기관

기업의 지속가능성 분석

ESG Value

혁신활동
- 혁신역량
- 조직/공정/제품 혁신
- 기후변화 대응
- 지적재산권

생산공정
- 물류 운송상의 개선
- 자원/에너지/물 효율성
- 폐기물 및 오염물질 관리
- 온실가스 관리
- 환경사고 예방 및 대응

공급망 관리
- 공정거래 프로그램 및 거래 투명성
- 녹색구매
- 협력업체에 대한 사회, 환경성 평가 및 반영
- 동반성장 성과

인적자원관리
- 고용안정
- 인력개발과 교육훈련
- 고용평등 및 다양성
- 근로조건 및 환경 개선
- 노사관계 및 화합
- 임직원 보건과 안전

마케팅 및 고객관리
- 공정 마케팅
- 고객 정보 보호
- 고객 만족 경영
- 그린 마케팅

사회공헌 및 지역사회 투자
- 국제 이니셔티브 협력
- 사회공헌 활동
- 지역사회 투자

지배구조
- 주주의 권리
- 내부거래 및 정보의 투명성
- 이사회 구조와 운영
- 임원의 보상
- 관계사 위험

경영 인프라
- CEO의지
- 지속가능경영 전략, 체계
- 지속가능경영 보고
- 이해관계자 커뮤니케이션
- 윤리경영 시스템 및 법규 준수

자료: 이코노믹리뷰

이 동일한 기업을 평가할 때 서로 다른 비재무적 정보를 가지고 평가를 하는 것이다. 또한 비재무적 정보는 기업마다 공개 범위가 다르기 때문에 같은 업종 내 기업들도 동일한 기준의 비교도 어렵다.

ESG 항목에 대해 부과하는 가중치 역시 평가기관마다 다르다. 평가기관들은 평가지표 간 상대적 중요성을 근거로 가중치를 결정하는데, 상대적 중요성 판단은 업종별 특성과 각 지표와의 재무적 성과 간의

MSCI와 서스테이널리틱스의 ESG 평가 비교 및 데이터 제공기관별 ESG 점수 상관계수

	MSCI	서스테이널리틱스
참고 자료	독자적 정의	IFRS 정의
정규화	GICS(글로벌 산업 분류) 서브인더스트리 기준	42개 그룹 기준
가중	중요 항목 가중(독자적 모델)	중요 항목 가중(독자적 모델)
구성항목	37개 매트릭스	60~80개 매트릭스

	MSCI	Sustainalytics	RobecoSAM	Bloomberg
MSCI	1	0.53	0.48	0.47
Sustainalytics		1	0.76	0.66
RobecoSAM			1	0.68
Bloomberg				1

자료: MSCI, 서스테이널리틱스, STATE STREET, 신한금융투자

관계를 고려한다. 문제는 상대적 중요성 판단이 평가기관마다 다른 결과로 도출돼 같은 기업도 부여되는 ESG 영역별 가중치가 다르게 된다.

MSCI와 서스테이널리틱스Sustainalytics의 ESG 평가방법론을 비교해보자. 두 기관은 참고 자료, 구성 항목, 가중 방식, 정규화 방법 등에서 차이를 보였다. SSGAState Street Global Advisors의 분석에 따르면, MSCI World Index 구성종목에 대한 MSCI와 서스테이널리틱스Sustainalytics의 ESG 점수 간 상관관계는 0.53, 블룸버그와는 0.47로 낮은 상관도를 보였다(2017년 6월 기준). 어느 한쪽의 ESG 평가 결과만 믿기에는 둘의 상관관계가 낮기 때문에 양쪽 모두의 평가 결과를 면밀히 살펴봐야 한다는 것이다.

MSCI의
ESG 평가

MSCI는 '모건스탠리 캐피털 인터내셔널Morgan Stanley Capital International'을 뜻하는 말로, 뉴욕에 본사를 두고 있으며 모건스탠리가 최대주주이다. MSCI는 1970년 이후부터 세계 자본 지수들을 산출해 왔는데, 가장 유명한 지수들로는 MSCI World와 MSCI EAFEEurope, Australasia and Far East가 있다. MSCI 지수들은 자기자본 포트폴리오들의 성과를 측정하는 벤치마크 지수로써 널리 활용되고 있으며, 인덱스 펀드나 상장지수펀드ETF와 같은 투자상품의 근간이 되고 있다.

MSCI는 이런 오랜 지수 산출 노하우를 바탕으로 ESG에 대해서도 1년에 한 번 전 세계 8500여 개 상장기업들을 업종별로 나눠 환경, 사회적 책임, 기업지배구조와 관련한 경영 현황을 평가해 AAA에서 CCC 까지 등급을 부여하고 있다. MSCI ESG의 특징은 부정적인 외부 효과로 인한 비용 발생과 ESG 이슈로 인한 기회를 비교 가능하도록 한다는 점이다. ESG 요소들을 분석해 중장기적으로 기관 투자자 포트폴리오에 안정적인 수익률을 제공하고 ESG 기회와 ESG 위험 요인을 ESG 팩터로 구분해서 투자수익으로 연결 짓는다.

먼저 185명의 리서치 애널리스트들을 통해 1000개 이상의 데이터 포인트에서 유관 데이터들을 분석하고 37가지 ESG 키 이슈로 정리한다. 해당 키 이슈들은 기업에 있어서 ESG와 연관된 기회와 위험 요인이라고 할 수 있다. 최종적으로 개별 기업들은 AAA~CCC 등급을 받게 되며 해당 등급은 동종 산업 내 경쟁 기업 대비 점수이다. 2020년 기준으로 MSCI ESG 등급을 받은 기업들을 살펴보면, 최고 등급인 AAA를 받은 기업은 마이크로소프트와 엔비디아NVIDIA, AA에는 구글 등 주로 ICT 기업들이다. ICT 기업들은 탄소배출량이 적고 직원들의 고용 조건이 상대적으로 좋아 ESG 등급이 잘 나오는 편인데, 이 영

기업별 MSCI ESG 등급(2020년 11월 기준)

AAA(탁월)	마이크로소프트, 엔비디아, 세일즈포스닷컴 등
AA	알파벳(구글), LG전자, 코카콜라 등
A	테슬라, 애플, 네이버 등
BBB	아마존, 삼성전자, SK하이닉스, 스타벅스 등
BB	한국전력, 맥도날드, 삼성바이오로직스, 코스트코 등
B	넷플릭스, 대한항공, 현대차, 퀄컴 등
CCC(부진)	폭스바겐, GM, 한국조선해양 등

자료: MSCI

향으로 MS 주가는 2020년 4월까지 13.6% 상승했다. 클라우드, 화상 회의 플랫폼 등 코로나 사태에 기인한 이유도 있지만 ESG 평가가 기업 가치 상승에 긍정적으로 작용하고 있음을 알 수 있다.

ESG 키 이슈는 3개의 필라와 10가지 테마로 구성된다. 환경에는 기후변화, 천연자원, 오염, 친환경으로 카테고리가 구분되고, 세부 항목은 탄소배출과 신재생에너지로 인한 기회로 연결 짓는다. 사회 항목은 인권, 제조 과정에서의 책임, 복지 등 근무 환경과 연관된 카테고리이고, 지배는 기업지배구조, 이사회 오너십, 회계와 세무 투명성 등이다. 이를 위해서는 6만 5000개의 개별 지표들과 13년간 주주총회 기록들을 확보해 이 자료들이 얼마나 ESG 주요 이슈들과 연관이 있는지를 구분하고, 600개의 정책 프로그램 매트릭스 및 240개 성과 메트릭스를 활용해 37가지 키 이슈와 가중치로 재산정한다. 이 과정을 거쳐 ESG 스코어를 문자 등급으로 변환한다.

평가의 관건은 비재무적 요소들을 기업 실적과 어떻게 연관시키고 이를 투자에 어떤 식으로 반영할 것인가이다. 만약 한 기업의 제품이 제조 과정에서 문제가 발생해 사회적으로 부정적인 영향을 끼친다고 한다면 해당 기업의 매출은 감소할 것이다. 직원의 복지비가 증가하면 판매비와 관리비도 증가하지만, 한편으로는 노동자의 효율성 증대로 매출액이 증가할 수도 있다. 회계의 투명성은 주주 가치 훼손 방지로 이어질 수 있다. 2001년 회계 부정으로 파산한 엔론 사태는 주주 가치에 심각한 악영향을 미친 대표적 사례이다.

투자하고 싶은 기업이나 관심이 있는 기업의 MSCI ESG 등급을 알

MSCI의 ESG 평가 항목 3필라 10테마 37개 키 이슈

3필라	10테마	37 ESG 키 이슈	
환경 (Environmental)	기후변화	탄소배출 탄소 발자국*	친환경 파이낸싱 직접투자 기후 변화 취약성
	천연자원	물 부족 생물다양성 & 부지 사용	원자재 조달
	오염&낭비	유독성 물질 배출 패키징 원자재	전력 낭비
	친환경 기회	클린테크 기회 그린빌딩 기회	신재생에너지 기회
사회(Social)	인적자본	노무관리 건강 & 안전	인적자본 개발 공급망 노동자 표준
	제조물 책임법	제품 안전성 & 퀄리티 화학제품 안정성 금융상품 안전성	개인 정보 & 데이터 보안성 책임 투자 건강 & 인구구조 위험
	주주 항의	논쟁의 원천	
	사회적 기회	커뮤니케이션 접근성 금융에 대한 접근성	헬스케어 접근 영양 및 건강 기회
지배 (Governance)	기업지배구조	이사회 지불	오너십 회계
	기업 행태	기업윤리 비경쟁 요소 세금 투명성	부정부패 & 불안정성 금융시스템 불안정

자료: MSCI, 신한금융투자

고 싶으면, MSCI 사이트에 접속해 기업명을 검색하면 ESG 등급 및 히스토리 등을 한눈에 파악할 수 있다. (https://www.msci.com/our-solutions/esg-investing/esg-ratings/esg-ratings-corporate-search-tool)

---

* 탄소 발자국Carbon footprint: 개인 또는 기업, 국가 등이 여러 활동이나 상품을 생산하고 소비하는 전체 과정에서 발생시키는 온실가스의 총량

MSCI ESG 사이트에서 검색한 테슬라의 ESG 평가 등급

QR코드를 스캔하면
MSCI ESG 평가
사이트로 접속

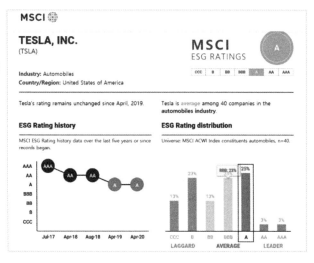

자료: MSCI

FTSE 러셀의
ESG 평가

　1995년에 설립된 FTSE 러셀Russell은 영국 FTSE 100 지수, 러셀 2000 등 영국의 주가 지수 및 관련 데이터 서비스 제공자로서 런던 증권거래소LSE가 전적으로 소유하고 있다. FTSE는 Financial Times Stock Exchange의 약자로, 여기서 나오는 주가 지수는 FTSE 그룹이 관리하는데 FTSE 그룹은 파이낸셜타임스 및 런던증권거래소가 합작 투자한 기업으로서 현재는 독립 기업이다. 런던증권거래소 그룹의 정보 서비스 부문에 속한 주식, 채권 등 수많은 자산 클래스의 글로벌 인덱스 및 ESG와 기후변화 데이터를 이용한 각종 ESG 지수를 산출하고, ESG 평점, 데이터 업종 분류ICB, 종목 코드SEDOL, 분석도구 등 기관 투자자에게 다양한 정보와 분석 서비스를 제공한다.

　FTSE는 20년이 넘는 기간 동안 ESG 관련 경험을 쌓고 데이터 분석 서비스, 평가 등급, 그리고 지수를 제공하고 있다. FTSE의 핵심적인 사항을 요약하면 다음과 같다.

① ESG 특징에 대한 분류
② 스튜어드십 코드* 요구 사항에 충족
③ ESG 통합과 포트폴리오 분석 / ESG 관련 전략 수립

FTSE는 환경, 사회, 지배구조라는 3가지 필라Pillars와 14가지 테마로 구성된다. 테마 안에서 환경E은 생물다양성·기후변화·공급망·물 보안으로 구성되고, 사회S는 건강·인권 등으로 구성돼 있고, 지배구조G는 부정부패·위험관리·세금 투명성 등으로 구성돼 있다. 대체로 MSCI와 비슷하다. 300개가 넘는 지표들을 사용하며, 각 테마들은 10~35개 지표, 각 개별 기업마다 125개 지표들의 평균값이 적용된다.

FTSE 러셀의 ESG 평점 모델은 조사 대상 기업의 사업 특성을 바탕으로 잠재적인 ESG 리스크에 대한 대응을 평가한다. ESG 리스크와 그에 대한 대책을 객관적으로 평가해 조정된 ESG 등급이 산출된다. 특정 테마(예를 들어 공급망 등)의 경우는 고유의 비즈니스 환경을 고려해 특정 산업을 평가하는 특별 조사 항목이 존재한다.

FTSE 러셀의 ESG 평점은 ESG 리스크에 대한 기업 활동을 4단계로

---

* 스튜어드십 코드Stewardship Code: 국민연금 등 기관 투자자가 수탁자로서의 책임을 다하도록 행동원칙을 규정한 자율 규범 및 주주권 행사 준칙

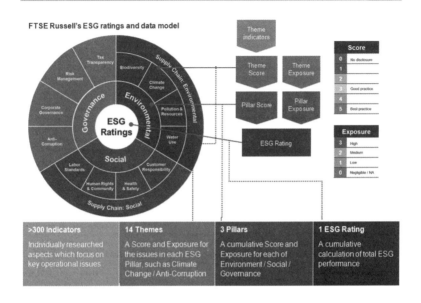

FTSE 러셀의 ESG 평가 방법 모델

자료: FTSE Russell HP

평가해 산출한다. 먼저, 조사 대상 기업의 사업 구조 활동 국가 및 수익 구조를 식별한다. 다음 단계로 이 정보를 바탕으로 14개 ESG 테마 중 어떤 테마가 적용되는지, 또한 적용된 ESG테마의 노출(위험) 수준이 어느 수준(높음, 보통, 낮음)인지를 판정한다. 3단계는 적용된 각 ESG 테마의 조사 항목을 조사 대상 기업 공개 정보에 기반해 평가하고 ESG 테마 점수를 각각 계산한다. 끝으로 각 ESG 테마의 노출 수준 점수를 수식에 입력해 환경, 사회, 거버넌스 각 필라의 점수 및 ESG 평점을 산출해 0~5까지의 등급을 매긴다. 5가 최고 등급으로 Best Practice, 3이 중간 등급으로 Good Practice에 해당한다.

S&P의
ESG 평가

1860년에 설립된 S&P(스탠더드앤드푸어스Standard & Poor's)는 주식과 채권에 대한 금융 연구와 분석을 통해 신용 등급, 지표, 투자 연구 및 위험 평가 등 금융시장 정보를 전 세계 투자자들에게 제공한다. 미국 기반의 S&P 500이나 호주의 S&P/ASX 200 주식시장 지수, 캐나다의 S&P/TSX, 이탈리아의 S&P/MIB 등으로 유명하다. 무디스, 피치 레이팅스 Fitch Ratings와 함께 세계 3대 신용평가기관으로 불리고 있다.

S&P는 전 세계 시가총액 95%를 차지하는 7300개 기업의 ESG 평가를 하기 위해 2020년 1월에 DJSI(다우존스 지속가능경영지수) 평가기관인 샘SAM의 지속가능경영 평가 부문CSA: Corporate Sustainability Assessment을 인수했다. SAM은 1995년 스위스 취리히에 설립돼 1999년에 처음으로 세계 상장기업을 대상으로 CSA를 실시해 ESG 평

가 분야에서는 선구자적인 위치에 있다.

앞서 S&P글로벌S&P Global은 2016년 11월에 기후변화 리스크 평가 전문 기관인 트루코스트Trucost를 인수한 바 있다. 트루코스트는 2000년 영국에서 설립돼 투자자, 정부, 기업에게 저탄소 경제로의 이행 및 효율적인 자원 이용 촉진과 관련한 유익한 데이터와 툴을 제공해왔다. 2016년에 S&P글로벌에 인수된 이후로는 탄소배출량을 비롯한 환경에 관한 데이터, 기후변화와 자연자원의 제약 등 광범위한 환경·사회·지배구조ESG 요소 및 관련된 리스크를 평가, 분석하고 있다.

CSA 평가 결과는 '다우존스 지속가능성지수DJSI' 및 S&P 500 ESG 지수, S&P Global ESG 데이터의 기초 데이터로 활용될 정도로 신뢰도가 높다. 이러한 CSA 프로세스를 기반으로 S&P는 글로벌 기업의 ESG를 평가해 점수화했으며, 이는 자사 금융 정보 프로그램를 통해 투자자에게 제공된다. 투자자들은 ESG 스코어와 더불어 실시간 금융 정보, '트루코스트Trucost'의 환경 데이터, 글로벌 무역 데이터 기업 '판지바Panjiva' 공급망 데이터 등을 포함한 200개 이상의 데이터도 함께 볼 수 있다.

CSA는 대상 기업을 61개 업종으로 나누어 각 업계에서 가장 중요하고 관련성이 높은 ESG 요인에 대한 설문조사를 실시한다. 설문 답변을 얻을 수 없는 기업에 대해서는 애널리스트로 구성된 전문 팀이 공개 정보를 수집하고 회사를 대신해 CSA에 답변한다. 이를 통해 부족한 데이터를 보완해 신뢰도 높은 ESG 평가를 실행한다.

객관적인 자료를 원할 때는
SASB와 TCFD

자산운용사인 블랙록의 CEO 래리 핑크는 2020년 1월에 발표한 연례 서신을 통해 기후변화 재무정보 공개 태스크포스TCFD: Task force on Climate-related Financial Disclosures 및 지속가능회계기준위원회SASB: Sustainability Accounting Standards Board의 권고 사항에 따른 보고서를 제공하지 않는 경영진에 대해서는 반대하는 투표를 하겠다고 밝혔다. TCFD 지침에 명시된 바와 같이 지구온난화를 2도 미만으로 제한하려는 파리 협정의 목표가 완전히 실현되는 시나리오가 회사의 계획에 포함돼야 한다는 것이다.

래리 핑크 회장의 발표는 단순한 공포성 발언이 아니다. 실제로 2019년에 블랙록은 효과적인 지속가능성 정보를 공개하지 않거나 이를 관리하기 위한 프레임워크를 구현하지 않았다는 이유로 2700개사

4800명 이사에게 반대표를 던지거나 투표를 보류한 바 있다. 그러면 대체 SASB와 TCFD가 무엇이기에 이렇게 경영진을 강하게 압박하고 있는 것일까?

투자사, 금융기관, 기업, 신용평가사 등은 특정 ESG 평가기관의 최종 평가 점수에만 의지하지 않는다. 그들은 투자 리스크가 얼마나 있는지 직접 판단할 수 있는 구체적인 근거가 필요하다. ESG 분야의 주요 항목별로 다양한 기업 전략과 관리 방안, 데이터를 원한다. 즉 ESG 실천 내용을 구체적으로 공시하는 팩트가 필요한 것이다. 이 공시 기준을 나타내주는 다양한 지표 및 프레임워크 중 하나가 바로 SASB와 TCFD이다. (자료: 서진석, 'ESG 표준, 어디를 향하고 있는가)

지속가능회계기준위원회는 2011년 블룸버그, 록펠러 재단Rockefeller Foundation 등의 재정 지원으로 시작됐다. 이사회는 2018년 SASB Standards를 발표했는데, 11개 산업군 총 77개 세부 산업별로 ESG 정보공개 지표를 제시했다. 77개 세부 산업에 적용되는 ESG 정보 공개 주제를 종합하면 지배구조 분야 7개, 사업 모델 4개, 환경자본 7개, 사회자본 6개, 인적자본 6개 주제로 구성돼 있다.

SASB는 산업별 중대성 지도Materiality Map를 통해 각 이슈들이 해당 산업군 내 산업의 50% 이상에 중요한 이슈가 될 가능성이 있는지, 50% 이하에 중요한 이슈가 될 가능성이 있는지, 또는 산업군 내 어느 산업에도 중요한 이슈가 될 가능성이 없는지를 나타내서 이를 중심으로 산업 내 다른 기업과 비교 가능한 방식으로 데이터를 공개하도록 하고 있다. 탄소배출의 경우 광물 가공, 식품·음료, 운송 산업군 내에서는 50% 이상이 중요한 이슈이지만 소비재, 금융, 서비스 산업군에서는 중요한 이슈가 될 가능성이 없다고 가이드를 제시하는 식이다.

기후변화 재무정보 공개 태스크포스TCFD: Task force on Climate-related Financial Disclosures는 G20 재무장관과 중앙은행 총재들의 위임을 받은 금융안정위원회Financial Stability Board가 자발적이고 일관성 있는 기후 관련 정보 공개를 요구하기 위해 구성한 조직으로, 미국 블룸버그 사의 마이클 블룸버그Michael R. Bloomberg 회장이 의장을 맡고 있다. TCFD는 2017년 기후 관련 재무적 영향에 대한 정보 공개를 위한 권고안Recommendations을 발표했는데, 기업이 기후변화와 관련해 직면한 리스크 및 기회 요소를 파악하고, 이를 리스크 관리 체계와 전략에 반영한 후, 예상되는 재무적 영향을 수치화해 외부에 공개하도록 권고하고 있다. 구체적으로 조직의 기후변화 대응 지배구조(2개 지침), 전략(3개 지침), 위험관리(3개 지침), 지표와 감축 목표(3개 지침)에 대해 공개하도록 요구하고 있다.

그동안 기업들은 지속가능경영보고서는 글로벌 보고 이니셔티브GRI: Global Reporting Initiative 기준을 기반으로 이해관계자 관점에서 중대성 평가를 하고 경제·사회·환경 활동을 전반적으로 기술했다. GRI는 기업의 지속가능보고서에 대한 가이드라인을 제시하는 국제기구로, 국내 기업들이 보고서 작성 기준으로 가장 많이 참고하고 있다. 모든 조직에 공통적으로 적용되는 정보 공개 기준을 제시하고, 경제 분야 7개 주제 19개 지표, 환경 분야 8개 주제 32개 지표, 사회 분야 19개 주제 40개 지표 등 150개 이상의 지표를 제공하고 있다.

GRI는 이해관계자 관점에서 경제·사회·환경 내용을 포괄적으로 담고 있는 반면, SASB와 TCFD는 금융기관이 주도하고 있어 투자자 입장에서 기업이 직면할 수 있는 중요한 ESG 위험을 좀 더 구체적이고 자세히 설명하고 있다. GRI는 해당 기업이 환경 규제 강화로 인한 기업 가치 영향이 크지 않더라도 글로벌한 문제 해결에 참여하는 것을 전략 방향으로 설정하기도 하지만 SASB는 산업별로 중요성이 높은 이슈를 중심으로 정보 공개를 요구한다. 그 지표들은 기업 평가에 큰 영향을 끼칠 수 있기 때문이다. 투자자 입장에서는 중요성이 높은 이슈를 산업 내 다른 기업과 비교 가능한 수치로 평가할 수 있어 투자 리스크를 관리할 수 있다. 온실가스, 폐기물, 에너지 관리 등은 지구온난화 문제에 매우 중요한 이슈이지만 금융산업과 같은 특정 섹터에서는 제조업과 비교해보면 상대적으로 덜 중요한 이슈이다.

아직 많은 기업들이 GRI를 기반으로 SASB나 TCFD를 적용하고 있지만, 블랙록의 래리 핑크 회장이 SASB, TCFD를 강조하고 있듯이 ESG를 이제는 포괄적 측면에서 투자적 관점에서 보려는 움직임이 뚜렷해지고 있다. 구체적이고 객관적으로 증명할 수 있는 수치를 공개하고 산업 내에서 비교할 수 있도록 하는 것은 바람직한 일이지만, ESG 기준과 평가가 과도하게 투자자 중심으로만 쏠리게 된다면 이는 오히려 ESG 펀드가 투자자들이 원하는 방향으로 흘러갈 수도 있는 부작용을 낳을 수 있다. 또한 포괄적 이슈를 담고 있는 GRI도 지구적 관점에서는 중요하기에 마냥 SASB나 TCFD만 따를 수만도 없다.

이러한 우려를 해소하고자 하는 방안으로 최근 GRI와 SASB 등

ESG 공시 표준을 정하는 5개 기관이 협업하기로 성명서를 발표했다. 합의한 5개 기관은 GRIGlobal Reporting Initiative, SASBSustainability Accounting Standards Board, CDSBClimate Disclosure Standards Board, IIRC(국제통합보고위원회), CDP(탄소정보공개프로젝트) 등으로, 이들은 "혼돈을 해결하기 위해 뭉쳤다"고 협업 이유를 밝혔다.

ESG 공시와 관련한 정부 및 투자기관의 요구가 늘어나면서 ESG 표준 마련 역시 시급해졌다. 2020년 11월 국제회계사연맹IFAC은 "믿을 만하고 비교 가능한 지속가능 글로벌 표준 솔루션을 지지하겠다"고 밝혔고, 2021년 1월에는 EC(유럽위원회)가 비재무공시의 표준을 개발해야 한다는 안건을 내놓았다. 노르웨이 투자은행, IMF, 미국 증권거래위원회SEC 등도 글로벌 통합 공시, 의무공시를 위한 ESG 표준화가 필요하다고 주장했다. 이에 5개 기관은 협업을 통해 공통된 기준을 제시해 품질이 좋은 ESG 정보를 도출할 수 있도록 하고, 이것이 투자자와 시장에 공급돼 이를 활용한 데이터 분석 및 평가 등도 향상될 수 있도록 하고자 했다.

5개 기관은 우선 공통의 시장 가이던스 마련 및 공통의 비전, 공통의 약속을 도출하겠다고 밝혔다. 다양한 이해관계자들의 요구에 근거해 글로벌하게 동의하는 지속가능성 주제와 연관해서 공시 기준을 세우는 것이다. 또한 다양한 산업군에서 적용되는 지속가능성 표준 세트set를 정의한다. 재무 현황을 알고 싶으면 '재무제표'를 보듯이, 기업의 비재무지표에도 이 같은 표준 세트를 정의하겠다는 것이다. 이미 몇몇 작업은 진행 중이다. SASB와 CDSB가 함께 TCFD(기후변화

재무정보태스크포스)의 권고안에 관한 실행 가이드 및 사례집 핸드북으로 발간했다. 또 GRI와 IIRC는 '통합보고에 관한 GRI 기업 리더십 그룹GRI Corporate Leadership Group on integrated reporting'을 운영한다. 최근 GRI와 SASB는 공동의 표준 제정 작업을 하겠다며 '협업 실행 계획Coworking action plan'을 발표했다.

한국기업지배구조원의
ESG 평가

한국기업지배구조원KCGS: Korea Corporate Governance Service은 기업지배구조 및 사회적 책임CSR: Corporate Social Responsibility에 대한 평가, 연구, 조사를 수행하는 단체이다. 국내 900개 상장회사를 대상으로 기업지배구조 등급을 부여하며, 투자자에게 참고 자료로 제공하기 위해 이사회·위원회·주주총회 운영, 공시 사항 등 평가 항목을 매년 전년말 기준으로 평가하고 있다. 이 평가는 2002년부터 시행됐다. 한국기업지배구조원은 2015년부터 국민연금의 의안 분석 자문기관으로 선정돼 국민연금의 의결권 행사에 대한 자문을 실시하고 있다.

평가 분야는 환경E에서는 환경경영, 환경 성과, 이해관계자 대응, 사회S에서는 근로자, 협력사 및 경쟁사, 소비자, 지역사회, 지배구조G에서는 주주권리 보호, 이사회, 감사기구, 공시, 최고경영자 보수, 위험

관리 감사기구 및 내부통제 공시 등이다. 평가 절차는 기업 관련 공시 자료를 토대로 1차 평가 실시 후 기업 피드백 및 이사회 인터뷰 절차를 통해 평가 결과의 정합성을 제고한다. ESG 등급은 S에서 D까지 총 7등급인데, 2019년도와 2020년도 평가에서 S등급을 받은 국내 기업은 아직 없다. 전반적으로 ESG 준비 상황은 우수하지만 평가 대상 기업의 68%가 ESG가 취약한 수준의 B 이하 등급을 받아 국내 기업들의 ESG 도입이 더욱 확산될 필요가 있는 것으로 나타났다.

ESG 평가 결과는 KRX ESG Leaders 150, KRX Governance Leaders 100, KRX Eco Leaders 100, KRX ESG 사회책임경영지수(S), 코스피 200 ESG 지수 등 한국거래소의 ESG 테마지수 5종의 종목 구성에 활용된다.

KRX ESG Leaders 150 지수는 유가증권과 코스닥시장에서 ESG 점수가 높은 150개 기업들로 구성된 ESG 테마지수이다. 한국기업지배구조원의 평가에서 ESG 통합점수가 높은 기업부터 편입되는데, 이 지수에 들어가려면 환경E·사회S·지배구조G 전 부문서 우수한 성과를 보여줘야 할 뿐 아니라 유동성과 영업매출액도 일정 수준 이상을 보유해야 한다. E·S·G 3요소 중 어느 한 요소의 순위가 25% 안에 들어야 하며, 동시에 E·S·G 통합점수도 상위 50% 안에 들어야 하고, 최근 3개월간 일평균 거래대금이 상위 90% 안에 포함돼야 하고, 최근 몇 년간의 영업매출액도 안정적 규모를 유지해야 한다. 도박·담배·주류 산업 등의 매출이 20%를 넘어서도 안 된다. 이 지수에 편입된 기업은 다시 말해 'ESG 투자를 유지할 만큼의 안정적 기업'임을 의미한다.

한국기업지배구조원의 ESG 등급 및 등급별 국내 기업 수

등급	의미
S	지배구조, 환경, 사회 모범규준이 제시한 지속가능경영 체계를 매우 충실히 갖추고 있으며, 비재무적 리스크로 인한 주주가치 훼손의 여지가 매우 적음
A+	지배구조, 환경, 사회 모범규준이 제시한 지속가능경영 체계를 충실히 갖추고 있으며, 비재무적 리스크로 인한 주주가치 훼손의 여지가 상당히 적음
A	지배구조, 환경, 사회 모범규준이 제시한 지속가능경영 체계를 적절히 갖추고 있으며, 비재무적 리스크로 인한 주주가치 훼손의 여지가 적음
B+	지배구조, 환경, 사회 모범규준이 제시한 지속가능경영 체계를 갖추기 위한 노력이 다소 필요하며, 비재무적 리스크로 인한 주주가치 훼손의 여지가 다소 있음
B	지배구조, 환경, 사회 모범규준이 제시한 지속가능경영 체계를 갖추기 위한 노력이 다소 필요하며, 비재무적 리스크로 인한 주주가치 훼손의 여지가 있음
C	지배구조, 환경, 사회 모범규준이 제시한 지속가능경영 체계를 갖추기 위한 노력이 절대적으로 필요하며, 비재무적 리스크로 인한 주주가치 훼손의 여지가 큼
D	지배구조, 환경, 사회 모범규준이 제시한 지속가능경영 체계를 거의 갖추지 못하여 비재무적 리스크로 인한 주주가치 훼손이 우려됨

등급	기업 수		비고
	2020	2019	
S	-	-	
A+	16사(2.1%)	8사 (1.1%)	▲ 1%p
A	92사(12.1%)	50사 (6.7%)	▲ 5.4%p
B+	134사(17.6%)	135사 (18.1%)	▽ -0.5%p
B	260사(34.2%)	259사 (34.7%)	▽ -0.5%p
C	236사(31.1%)	266사 (35.7%)	▽ -4.6%p
D	22사(2.9%)	28사 (3.8%)	▽ -0.9%p
계	760	746	

자료: 한국기업지배구조원

국내 기업 중 A+를 받은 기업은 16개사로, 이들 기업들은 전사적인 환경경영 관리, 환경경영 성과 개선 노력, 환경정보 공개 요구 강화, 대기업 그룹사 환경경영 도입 증가 및 준법경영 체계 인권경영 강화에 따른 개선, 비재무보고서 발간 기업 비율 증가, 인권경영 활동 수준 향상, 사회적 취약 계층 고려, 사회공헌 활동의 전략과의 연계성 강화 등에서 높은 평가를 받았다.

참고로 국내 기업의 ESG 등급 조회는 한국기업지배구조원 홈페이지에서 조회가 가능하다(http://www.cgs.kr/business/esg_tab04.jsp).

 QR코드를 스캔하면
한국기업지배구조원 등급 조회
사이트로 접속

ESG의
투자 전략

ESG를 평가하는 이유야 여러 가지가 있겠지만 결론적으로는 투자를 위해서다. 공시된 ESG 자료와 평가기관들의 ESG 등급 등을 기초삼아 투자자들은 자신들의 투자 방침, 성향, 목적에 맞게 포트폴리오를 구성한다. ESG 등급이 높게 나왔더라도 죄악주Sin stock(주류, 담배, 카지노 등 사회적으로 이미지가 좋지 않은 상장사의 주식)에 해당하는 기업은 포트폴리오에서 배제하는 식이다.

ESG 투자 전략의 유형은 기관마다 차이가 존재하나, 일반적으로 글로벌지속가능투자연합GSIA: Global Sustainable Investment Alliance에서 2012년에 발표한 7가지 글로벌 표준에 근거해 ESG 투자 전략은 구분될 수 있다. 이 투자 전략에 따라 ESG 투자상품은 주식, 채권, 부동산 등으로 구성된다.

MSCI의 ESG를 투자 프로세스에 고려하는 단계

투자 목적	포트폴리오 구성	위험관리	준법 감시 및 보고	관여 및 의결권 행사
포트폴리오에 반영하기 위한 ESG 정책과 핵심가치 정의 투자자들의 투자 목적, ESG 관점 및 가치와 일치하는 참조 대상을 정의	기관 투자자들이 관심있는 잠재적 역량과 핵심 ESG 이슈 파악 ESG 위험을 완화시킬 수 있는 기업 역량을 평가하고 재무적·비재무적 정보를 토대로 주식 선택	포트폴리오 ESG Exposure의 변화를 분석하고 모니터링하여 투자 관점에서 이를 고려 최우선 및 차선 방안에 대한 추적오차 모니터링 저조한 성과를 보이는 기업들에 대한 주식 고유 위험 모니터링	펀드 관리자들이 투자 규정을 준수하도록 포트폴리오의 규정 준수 여부 모니터 포트폴리오와 벤치마크의 ESG 척도 및 탄소, 수자원과 같은 ESG 노출을 비교	관련 정책 및 전략을 공식화하는 핵심 이슈들을 파악 관여 및 타깃 확인 상호작용 결과를 모니터링 ESG 투자정책 기반 투자가이드라인정의 의결권 대리 행사 및 관련 상호작용에 대한 기록 및 보고

필수 ESG 도구

• ESG 정책 • ESG 벤치마크	• ESG 핵심 이슈 • ESG 등급 및 조사	• ESG 포트폴리오 분석	• 핵심 ESG 매트릭스 • 준법 감시 스크리닝 툴	• 의안 조사 • 관여 추적 및 보고

자료: MSCI 'Research insight', 한국기업지배구조원

스크리닝 전략은 ESG 기준 및 국제 규범을 기반으로 특정 업종이나 기업을 배제 혹은 포함시키는 전략이다. 스크리닝 전략은 유럽을 중심으로 세계에서 가장 많이 이용되는 전략으로, 네거티브·포지티브·규범 기반 등으로 구분 짓는다.

네거티브 스크리닝은 ESG 기준 요건에 부합하지 않는 기업들을 배제하는 방식을 말한다. 술, 담배 등 이른바 죄악주Sin Stock를 제거하는 식이다. 반면 포지티브 스크리닝은 ESG 기준에 부합하는 회사들을 선별해내는 방식이다. 태양광, 풍력, 수소와 같은 신재생에너지를 만드는 회사들이 이에 해당한다. 규범 기반 스크리닝은 각 회사들이 ESG 기준 친환경 근무 환경, 부정부패 방지 등을 따르는지 평가하는 기법이다.

GSIA가 제시하는 7가지 ESG 투자 형태

투자 형태	투자 전략 및 방법
네거티브 스크리닝 (Negative Screening)	포트폴리오 구성 시 ESG 기준에 부합하지 않는 특정 업종이나 종목을 배제 예) 담배, 무기, 마약판매 기업 배제
포지티브 스크리닝 (Positive Screening)	동종 산업 내 ESG 평가 결과가 우수한 섹터와 기업, 프로젝트를 선정해 투자. 네거티브 스크리닝에 비해 보다 엄격 예) 동일 업종 내 ESG 점수 상위 50% 기업 선별
ESG 통합 (ESG Integration)	기업의 재무평가 단계에 비재무적인 ESG 정보를 통합해 분석하는 전략 예) 비재무정보를 참조해 기업 할인률 조정
규범 기반 스크리닝 (Norms-based Screening)	국제 기준의 준수 여부를 근거로, 기준에 미치지 못하는 종목을 배제 예) OECD, UN 등 국제적 기준에 미달하는 기업을 투자에서 배제
임팩트 투자 (Impact Investment)	수익성 제고보다 사회·환경 문제를 해결하려는 의도로 관련 사업 및 기업에 투자 예) 영업이익의 10% 이상을 지역 발전, 취약지역 위해 쓰는 기업에 투자
경영참여 및 주주행동 (Active Ownership)	기업 의사결정에 직접 개입해 ESG 가이드라인을 준수하도록 하는 방식 예) 의결권 행사, 기업 경영진과의 면담
지속가능 테마 투자 (Sustainable Investment)	지속가능성과 관련된 투자자산에 투자하는 방식으로, 임팩트 투자에 수익성도 고려한 방식 예) 청정에너지, 신재생에너지, 녹색기술 등 환경 관련 테마에 투자

자료: GSIA, 언론 종합

네거티브 스크리닝 전략 활용의 사례는 세계 2위 연기금인 노르웨이 국부펀드를 들 수 있다. 노르웨이 국부펀드 GPFGGovernment Pension Fund Global의 자산운용기구 NBIMNorges Bank Investment Management(노르웨이 중앙은행 투자운용)은 포트폴리오 구성에 있어 네거티브 스크리닝 전략을 적극 활용하고 있다. NBIM은 노르웨이 재무부의 지침에 따라 도덕적 기준에 미치지 못하는 기업이나 사회에 심각한 비용을 초래하는 기업에는 투자를 배제하는데, 특정 유형의 무기 생산 및 판매 기업과 담배 생산 기업에는 투자하지 않고 있다.

ESG 통합 전략은 기존의 재무 분석과 ESG 정보를 활용해 투자 기회와 위험을 식별하고 포트폴리오 구성 단계부터 투자 결정 과정 전반에 ESG 분석을 포함하는 투자 방식이다. 이 방식은 ESG 데이터 축적과 양적·질적 분석도구의 발전에 힘입어 관련 투자자산 규모는 빠른 속도로 성장하고 있다. 2018년 기준 미국과 유럽에 기반한 ESG 통합 관련 투자자산 규모는 각각 9.5조 달러, 4.2조 유로에 이른다.

ESG 통합 전략은 모든 투자 과정에 적용할 수 있어 활용 방법이 다양하다. 유엔의 PRIPrinciples for Responsible Investing(책임투자 원칙)에서는 ESG 통합 방안으로 펀더멘탈 분석, 계량 모형, 스마트 베타 방식을 구체적 예시와 함께 제시한다. 펀더멘탈 분석 방식의 ESG 통합 전략은 장래 재무성과 예측에 ESG 이슈를 활용하는 것이다. 기업의 재무 예측에 ESG 이슈가 미래 매출, 영업비용 및 수익성, CAPEX 등에 미치는 영향을 분석해 반영한다. ESG 요인은 기업 가치 평가모형 내 청산가치, 베타 및 할인율 계산, 시나리오 분석 등에 활용 가능하다. 계량모형을 통한 ESG 통합은 기존의 가치, 성장, 사이즈, 모멘텀, 변동성 팩터에 ESG를 추가해 고려하는 방식이다. ESG 요인을 반영해 포트폴리오 내 비중을 조절하거나 ESG 성과가 부진한 기업의 경우 포트폴리오에서 제외하는 방식으로도 적용 가능하다. 스마트 베타 방식을 통한 ESG 통합은 기존 지표와 함께 ESG 성과를 활용한 지수 비중 조절을 통해 알파 창출을 추구하는 것이다. 예를 들면 ESG 필터를 통한 ESG 부진 기업을 배제하고 ESG 점수에 따른 비중 조절의 단계를 거쳐 스마트 베타 비중 구축 방식을 제시하는 식이다.

ESG 통합은 환경·사회·지배구조의 팩터를 구조적으로 통합해서 최종 점수를 산출하는 과정으로, 이러한 ESG 팩터들은 지속가능 테마 투자와도 연결된다. 지속가능 투자자들은 지속가능 요인들이 투자 포트폴리오의 중장기적 성과에 중요한 영향을 미친다고 생각해 지속 가능성에 기여하는 테마에 투자한다. 예를 들면 기후변화, 자원 부족, 물 부족, 인구 증가 및 고령화, 자본 증가, 건강 등 여러 가지 사회적 이슈들을 해결하는 솔루션을 제공하는 기업들에 투자하는 방식이다.

임팩트 투자Impact Investing는 2007년 미국의 자선 단체 록펠러 재 단이 주최한 미팅에서 처음 사용된 용어이다. 한마디로 정의하면 '돈 을 다루는 방식과 사회적·환경적 책임을 통합시킨 투자'라고 할 수 있 는데, 특히 자선활동과 경제활동을 분리하지 않는다는 특징을 가지고 있어 최근 ESG 투자에서도 주목받고 있는 투자 전략이다. MZ세대들 에게는 착한 기업 소비 붐과 맞물려 'ESG' 하면 '착한 기업'을 먼저 떠 올릴 정도로 각광받고 있다.

'파타고니아' 사례가 대표적이다. 노스페이스, 콜롬비아스포츠와 함 께 미국의 3대 아웃도어 브랜드로 꼽히는 '파타고니아'는 자신들이 만 든 암벽 등반용 피톤이 암벽 등반 도중 바위에 균열을 주고 훼손시킨 다는 것을 알게 된 이후, 매출의 큰 부분을 차지하던 강철 피톤의 생 산을 중단하고 자연에 해를 끼치지 않는 알루미늄 초크를 만들어 더 큰 성공을 거둔다. 또한 농약을 사용하지 않은 유기농 면을 선택해 의 류를 제작하고 친환경적인 신소재들을 개발하는가 하면, 수익의 1%

를 환경단체에 기부하는 '지구를 위한 1%' 캠페인을 진행하는 등 환경보호와 사회공헌에 앞장서는 대표 기업 중 하나이다.

이렇듯 임팩트 투자는 의도성, 수익성, 측정 가능성의 기준 하에서 친환경 또는 사회와 연관된 기업들에 투자해 수익 실현을 하는 것을 목표로 한다. 세계 각국 정부들도 임팩트 투자에 기반한 ESG 흐름에 맞춰서 정책 방향을 수립 중이다. ESG 하는 큰 흐름 하에서 기업들은 친환경 제품을 양산하려고 노력할 것이고, 환경오염 문제 해결과 신성장 산업의 태동 등 여러 가지 사회적 부가가치를 창출할 것으로 예상된다. 이차전지, 태양광풍력, 수소 등 신재생에너지, 그린 에너지와 연관된 기업들의 주가도 크게 상승하는 등 임팩트 투자는 투자 포트폴리오 측면에서 점차 중요해질 것으로 기대된다.

경영참여 및 주주행동 전략은 수탁자가 투자 대상 기업의 ESG 성과 개선 목적을 가지고 적극적 의사소통과 의결권 행사와 같은 수단을 활용하는 방식이다. 투자 대상 기업과 의사소통 방식에는 다양한 수단이 존재한다. 주주서한 혹은 경영진과의 직접 대화를 통한 소통은 물론, 나아가 이사회 의석 확보, 주주총회에서의 문제 제기, 규제 당국에의 요구 사항 전달, 언론 이용 등의 방식을 활용할 수도 있다. 경영참여 및 주주행동 관련 투자자산 규모를 살펴보면, 2016년에서 2018년까지 미국에서는 관련 자산이 감소한 반면 미국을 제외한 지역에서는 30% 넘는 성장세를 보였다. 동 기간 미국에서 관련 투자자산 규모는 감소했음에도 불구하고 Proxy Access Rule의 확산이 주주권리 진작으로 이어졌다. Proxy Access Rule은 3% 이상 지분을 3년 이상 보유한 주주 혹은 주주 단체에게 이사 추천 권한을 부여하는 제도인데, 2014년 S&P 500 기업 내 Proxy Access Rule을 도입한 기업 비율이 1% 이하 였지만 2018년에는 71%까지 확대됐다.

일본의 GPIFGovernment Pension Investment Fund는 경영참여 및 주주 행동 전략을 적극 구사하는 연기금인데, 2015년 PRI에 가입한 GPIF 는 국내외 투자 대상 기업에 대한 주주권한을 모두 외부 자산운용사 에게 위탁해 행사하고 있다. GPIF가 사측 제안에 반대한 비율과 주주 제안에 찬성한 비율이 2000년대 초반에 비해 최근 유의미하게 상승한 점을 통해서도 경영참여 및 주주권한 확대에 대한 관심이 높아졌음을 체감할 수 있다.

이상의 7가지 전략 중에서 일반적으로 많이 사용되는 전략을 구분 하면 스크리닝, ESG 통합, 임팩트·테마, 경영참여 및 주주행동으로 나눠볼 수 있다. 투자 규모로 구분하면, 가장 큰 규모를 나타내는 투 자 전략은 네거티브 스크리닝이고(약 19.8조 달러), 그다음은 ESG 통합 이다(약 17.5조 달러). 유럽은 배제하는 방식을 많이 사용하고 있고 미국, 캐나다, 오스트레일리아·뉴질랜드는 ESG 개별 점수들을 구조적으로 통합하는 방식을 많이 사용한다. 반면 회사 경영 활동 참여와 주주 활 동은 일본에서 지배적이다.

2016~2018년 동안 금액 측면에서 높은 성장을 보인 것은 ESG 통 합이다. ESG 통합은 2016년 약 10조 달러에서 2018년 17조 달러로 69% 증가했다. 반면 네거티브 스크리닝은 약 15조에서 약 19조로 31% 증가했다. 특히 주목할 만한 투자는 지속가능 테마 투자이다. 테마 투

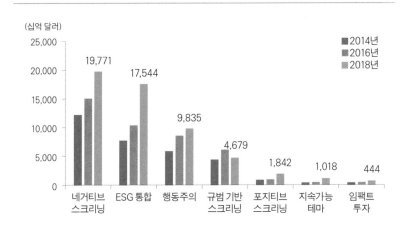

(십억 달러)

자료: GSIA, 신한금융투자

자는 금액은 적지만 2년간 증가율이 269%에 육박한다. 앞으로도 테마 투자는 높은 성장세가 기대된다.

투자 전략 중에서의 지역별 비중을 보면, 네거티브 스크리닝에서는 유럽 비중이 가장 크다(55%). 그다음은 미국이다(40%). ESG 통합에서는 미국 비중이 가장 크고(54%), 그다음은 유럽이다(28%). 지속가능 테마 투자 역시 미국 비중이 가장 높아(77%), 테마 투자는 미국이 주도한다고 볼 수 있다. 4차 산업혁명과 성장주 중심으로 성장한 미국의 영향이 큰 것으로 보여 앞으로 테마 투자는 고성장을 이어갈 가능성이 높다. 코로나 팬데믹 이후 신성장 사업을 통한 단기적 수익 창출 분야에 대규모 유동자금이 몰리고 있는 상황에서 지속가능 테마 투자에 대한 투자자들의 관심은 높아져만 가고 있다.

2018년 기준 지역별 ESG 전략 투자 비중

(단위: %)

	네거티브 스크리닝	ESG 통합	행동주의 (회사참여와 주주)	규범 기반 스크리닝	포지티브 스크리닝	지속가능 테마	임팩트 투자
유럽	55	28	56	77	36	17	28
미국	40	54	18	–	60	77	66
일본	1	7	13	6	3	1	2
캐나다	4	9	12	17	1	3	3
기타	1	3	0	0	0	2	1

* 기타는 오스트레일리아와 뉴질랜드
자료: GSIA

Chapter

4

위기에 강한
찐 기업 가려내기

Environmental
Social
Governance

코로나 위기 속에서
더 승승장구한 ESG 기업들

1장에서도 설명했듯이 ESG 투자의 목적은 장기적 관점에서 투자성과의 기회와 위험 요인을 식별해 수익률을 개선하기 위해서다. 환경·사회·지배구조라는 전방위적인 리스크에 얼마나 잘 대응하고 지속적으로 경영을 이어갈 수 있는지가 ESG의 핵심이다. 리스크에는 예측 가능한 리스크도 있지만 2020년 전 세계를 강타한 코로나와 같이 예측 불가능한 리스크도 존재한다. 기업 입장에서는 '블랙 스완Black Swan' 같이 전혀 생각하지 못한 리스크에 어떻게 대처할지가 포스트 코로나 시대에서 살아남기 위해 매우 중요하다. 그런 관점에서 ESG는 코로나 사태 등의 위기 상황에서 유연하게 대처할 수 있게 해주는 '백신'과도 같은 역할을 한다.

MSCI가 2019년에 발표한 'Foundations of ESG Investing: How

ESG affects Equity Valuation, Risk and Performance'에 따르면, ESG 관리 수준이 높은 기업은 낮은 기업에 비해 체계적 위험Systematic Risk과 기업 고유 위험Idiosyncratic Risk(비체계적 위험이라고도 함)이 모두 낮은 수준으로 나타났다. 평소 ESG 리스크에 잘 대비해둔 기업이라면 어떠한 리스크가 닥쳐도 ESG의 노하우를 살려 잘 대처할 수 있다는 것이다.

투자의 위험에는 '피할 수 없는 위험'과 '피할 수 있는 위험'이 있는데, 피할 수 없는 위험을 '체계적 위험'이라 하고 피할 수 있는 위험을 '비체계적 위험'이라고 한다.

체계적 위험은 시장 위험 또는 분산 불가능 위험이라고도 불리는데, 시장의 힘에 의해 야기되는 위험으로 모든 투자에 영향을 주는 위험이다. 경기의 변동, 인플레의 심화, 이자율의 변동 등에 의해 야기되는 위험은 시장에 영향을 미치는 피할 수 없는 위험이며, 이런 위험들은 포트폴리오 구성을 통한 분산투자로도 제거가 불가능하다. 한마디로 모든 사람들이 겪는 천재지변, 자연재해 같은 위험으로 개인의 힘으로는 도저히 어쩔 수 없는 위험인 것이다.

비체계적 위험은 분산가능 위험이라고도 하는데, 개별 기업의 특성으로부터 야기되는 위험이라서 위험분산 효과를 통해 제거할 수 있다. 해당 업종 또는 개별 기업의 고유한 사건으로 인해 수익률이 변동된다. 특정 기업에만 존재하는 기업 고유의 위험으로 종업원 과실로 인한 손해배상소송이나 유능한 CEO의 타계 등은 비체계적 위험에 속한다. 이런 위험들은 기업의 노력 여하에 따라 위험의 정도를 어느 정도

경감시킬 수 있기에 평소의 리스크 관리가 중요하다.

코로나 팬데믹은 그 누구도 예측하지 못했고 개별 기업의 힘으로 어찌할 수 없는 체계적 위험에 속할 수 있다. 하지만 ESG 평가가 좋은 기업들이 이번 코로나 사태에 유연하게 대처한 사례가 나오면서 코로나 팬데믹을 계기로 ESG에 대한 투자자와 기업들은 관심은 높아졌다.

MSCI의 ESG 등급에 높은 평가를 받았던 테슬라, 마이크로소프트, 구글, 애플 등의 2020년 1월부터 4월까지의 주가 상승률을 보면 S&P 500의 -9.8%를 상회한다. 테슬라는 무려 86.9%나 상승했고 애플 주가 역시 연초 이후 30%나 올랐다. 마이크로소프트도 13%나 오르는 등 이들 기업이 코로나 위기 속에서도 버틸 수 있었던 것은 ESG 경영전략이 배경으로 자리 잡고 있었기 때문이다. 기업이 직원, 고객, 공급업체, 환경, 사회 공동체 등 모든 이해관계자들을 위한 가치를 만들어낼 때 기업 가치 역시 높아지고, 그런 활동들을 지속적으로 해온다면 코로나 사태와 같이 사회적이고 환경적인 측면과 연관성이 높은 위기 상황이 닥쳐도 충분히 대처 가능하다는 것을 보여주었다. 평소 사업장의 작업 환경이나 근로자 복지 개선에 힘쓴 기업들의 경우 회복탄력성이 좋아 코로나 사태에서도 위기 극복이 빠르게 이뤄졌는데 블랙록, 인베스코Invesco 등 대규모 자산운용사들도 코로나 상황 하에서 기업들에게 직원 안전과 복지 향상을 주안점으로 요구하고 있어 ESG는 기업들의 경영에도 중대한 영향을 미친다.

물론 ESG 기업들이 코로나 팬데믹 위기에서 성공한 것은 우연이라는 반론도 있다. 마이크로소프트나 구글 등의 ICT 기업들은 탄소배출

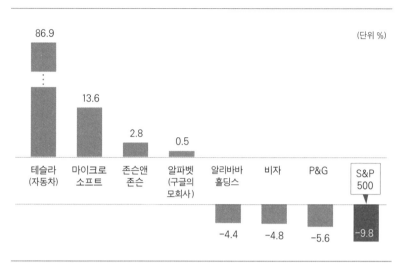

* 2020년 1~4월 상승률 기준
 MSCI ACWI ESG 리더스 지수 구성 종목 / MSCI ESG 등급이 BBB 이상인 기업 기준, 알파벳은 보통주 기준
자료: 한국경제, 'ESG펀드에 15조 원 뭉칫돈', 2020.5.21

량이 적고 직원들의 고용 조건이 상대적으로 좋아 ESG 등급이 높은 편인데, 마침 이들 기업이 코로나 사태를 맞아 언택트(비대면) 서비스가 급증하면서 주가가 상승했다는 것이다. 아주 틀린 말은 아니다. 어쨌든 중요한 점은 코로나 팬데믹을 계기로 투자자들 사이에서는 위기에 강한 기업을 가리는 수단으로 ESG가 주목을 받고 있다는 사실이다. 제이미 다이먼 JP모건체이스 회장도 직원들에게 보낸 서신에서 "코로나 바이러스는 기업과 정부가 공익을 위해 고민하고 실천하는 계기가 돼야 한다"고 ESG의 중요성에 대해 언급했다.

결론적으로 ESG 평가가 높은 기업은 단순히 착한 기업이나 사회적 평판이 좋은 기업이라기보다는 '위기(리스크)에 강한 기업'이라고 할 수 있다.

 그러면 E(환경) 영역에서는 가장 큰 위기 요인이라 할 수 있는 기후변화와 탄소배출 문제에 대해, S(사회)에서는 기업이 중점적으로 챙겨야 할 사회문제와 직원행동주의에 대해 살펴본다. 그리고 G(지배구조)에서는 오너 리스크Owner Risk와 이사회 및 사외이사의 역할에 대해 알아보고, 이 위기들이 기업과 사회에 어떤 영향을 미치는지 살펴보도록 한다.

10대들이 외치는
기후변화의 위기

기후변화 위기에 대해 말로만 떠드는 어른들에게 대책 마련을 촉구하는 1인 시위를 벌여 노벨 평화상 후보에까지 오른 소녀가 있다. 바로 그레타 툰베리Greta Tintin Eleonora Ernman Thunberg이다. 스웨덴의 청소년 환경운동가 그레타 툰베리는 15세였던 2018년부터 환경 파괴에 침묵하고 기후변화 대응에 적극적이지 않은 어른들에게 반항하는 의미로 금요일마다 등교를 거부하고 스웨덴 국회의사당 앞에서 1인 시위를 벌였다. 이는 SNS를 통해 전 세계로 퍼져나간 뒤 청소년들의 호응을 얻었고, 이듬해 125개국 2000여 개 도시에서 기후변화를 위한 적극적 대응을 촉구하는 학생 시위가 일어나는 계기가 됐다. 툰베리는 유엔 기후변화 협약 당사국 총회COP25 등에서 각국 정상들을 비판하고 도널드 트럼프 미국 대통령과 설전을 벌이는 등 젊은 환경운동가의 아이

콘이 됐다. (하지만 그레타 툰베리는 SNS에 올린 사진 속에서 일회용품을 사용하는 모습이나 고가의 가죽소파에 앉아 플라스틱 제품을 사용하는 모습 등으로 이중성 논란을 불러일으키기도 했다.)

이 작은 소녀가 2019년 9월에 열린 유엔 기후행동 정상회의에서 기성세대들을 향해 외쳤던 연설문을 보면 기후 위기가 먼 미래의 일이 아니라 우리 코앞에 닥친 현실임을 뼈저리게 느낄 수 있다.

"이건 아니라고 생각합니다. 제가 이 위에 올라와 있으면 안 돼요. 저는 대서양 건너편 나라에 있는 학교로 돌아가 있어야 합니다. 그런데 여러분은 희망을 바라며 우리 청년들에게 오셨다고요? 어떻게 감히 그럴 수 있나요? 여러분은 헛된 말로 저의 꿈과 어린 시절을 빼앗았습니다. 그렇지만 저는 운이 좋은 편에 속합니다. 사람들이 고통받고 있습니다. 죽어가고 있어요. 생태계 전체가 무너져 내리고 있습니다. 우리는 대멸종이 시작되는 지점에 있습니다. 그런데 여러분이 할 수 있는 이야기는 전부 돈과 끝없는 경제성장의 신화에 대한 것뿐입니다. 도대체 어떻게 그럴 수 있습니까? 지난 30년이 넘는 세월 동안 과학은 분명했습니다. 그런데 어떻게 그렇게 계속해서 외면할 수 있나요? 그러고는 이 자리에 와서 충분히 하고 있다고 말할 수 있나요? 필요한 정치와 해결책이 여전히 아무 곳에서도 보이지 않는데요. (중략)

앞으로 10년 안에 온실가스를 반으로만 줄이자는 의견은 지구 온도 상승폭을 1.5℃ 아래로 제한할 수 있는 가능성의 50% 정도밖에 되지 않습니다. 이는 인간이 통제할 수 있는 범위를 넘어서 되돌릴 수 없는 연쇄

반응을 초래할 위험까지도 안고 있습니다. 어쩌면 50%가 여러분이 받아들일 수 있는 최대한의 수치인지도 모릅니다. 그러나 이는 대기오염에 숨겨진 추가적 온난화는 포함하지 않고 있는 수치입니다. 기후 정의와 평등의 측면도 고려하지 않았습니다. 이는 여러분이 공기 중에 배출해 놓은 수천억 톤의 이산화탄소 제거 임무를 우리와 우리 자녀 세대들에게 떠넘긴 것이나 다름없습니다. 그렇게 할 수 있는 기술도 나오지 않았는데 말입니다. 그래서 기후 위기가 초래한 결과를 떠안고 살아가야 할 우리는 50%의 위험을 감수하라는 그 의견을 받아들일 수 없습니다…. 어떻게 감히 여러분은 지금까지 살아온 방식을 하나도 바꾸지 않고 몇몇 기술적인 해결책만으로 이 문제를 풀어나갈 수 있는 척할 수 있습니까? 오늘날처럼 탄소배출을 계속한다면, 남아 있는 탄소 예산마저도 8년 반 안에 모두 소진돼버릴 텐데요. (중략)

여러분은 우리를 실망시키고 있습니다. 그러나 우리 세대는 여러분이 배신하고 있다는 걸 이해하기 시작했습니다. 모든 미래 세대의 눈이 여러분을 향해 있습니다. 여러분이 우리를 실망시키기를 선택한다면, 우리는 결코 용서하지 않을 것입니다. 여러분이 이 책임을 피해서 빠져나가도록 내버려두지 않을 것입니다. 바로 여기, 바로 지금까지입니다. 더 이상은 참지 않습니다. 전 세계가 깨어나고 있습니다. 여러분이 좋아하든 아니든, 변화는 다가오고 있습니다. 감사합니다."

기후변화의 위기를 외치는 10대 환경운동가는 그레타 툰베리만 있는 것이 아니다. 콜롬비아의 11세 소년 베라는 콜롬비아 의회 연단에

올라 기후변화 대응에 소극적인 국회의원들을 꾸짖어 화제가 됐다. 베라는 학교 친구 6명과 함께 기후변화에 대한 경각심을 일깨우는 팻말을 들고 마을을 행진하고 쓰레기를 주우며 본격적인 환경운동을 시작했고, 이후 환경단체를 만들어 수백 그루의 나무를 심었고, 일회용 플라스틱 사용을 금지하는 청원으로 2만 4000명의 서명을 받기도 했다.

미국 플로리다의 마이애미−데이드 카운티Miami-Dade County에 사는 중학생 홀리 소프는 과학 발표 대회 주제로 '스쿨버스의 이산화탄소 농도 측정'을 선정해 연구 결과를 학교운영위원회 위원들 앞에서 발표해 스쿨버스를 모두 전기차로 바꿔야 한다고 요구했다. 소프는 100cc 주사기로 스쿨버스의 안과 밖, 정류장의 공기를 포집해 이산화탄소 농도를 분석했고, 분석 결과 스쿨버스 바깥의 이산화탄소 농도가 두통과 악취, 메스꺼움을 유발할 수 있는 수치임을 밝혀냈다. 스쿨버스 내부는 더 심각했는데, 기준치의 10배 이상인 5000PPM으로, 장기간 노출될 경우 천식에 걸릴 수 있는 수준이었다. 소프의 연구 결과로 마이

애미-데이드 카운티 교육 당국은 관내 학교의 스쿨버스를 모두 전기차로 바꾸는 작업에 착수하기로 결정했다.

환경보호를 행동으로 보여준 소프는 "내가 살고 있는 플로리다는 기후변화의 영향을 많이 받는 곳이다. 허리케인과 홍수 피해가 잦은 지역인데, 기후변화가 가속화되면서 그 피해가 점점 커지고 있다. 스쿨버스를 전기차로 바꾸는 일은 학교와 학생뿐 아니라 모두를 위한 변화"라며 기후변화로 변해가는 세상을 걱정했다. 툰베리 역시 "세계 지도자들이 온실가스 감축 등 각종 환경 공약을 내세우면서도 실질적 행동은 하지 않고 있다. 생태계가 무너지고 대멸종 위기 앞에 있는데도, 당신들은 돈과 영원한 경제성장이라는 동화 같은 이야기만 늘어놓는다"며 목소리를 높여 비판했다.

그레타 툰베리, 베라, 소프와 같은 어린 10대들이 기성세대에게 외치는 절규는 슬프다 못해 무섭고 두렵기까지 하다. 기후변화를 평생 떠안고 살아가야 할 어린 세대들에게 탄소배출 문제는 정치적 구호나 선택적 사항이 아닌 생존 그 자체이다. 소프가 직접 주변의 탄소배출 현황을 조사하고 분석한 이유는 기후 위기가 먼 미래가 아니라 당장 자신이 살고 있는 현실에 영향을 주는 당면 문제이기 때문이다. 그리고 이런 10대 환경운동가들의 준엄한 경고와 진실성 있는 외침에 세계 정부와 기업들은 환경보호를 위해 움직이기 시작했다.

탄소배출을 줄이지 않으면
지구의 미래는 없다

ESG 중에서 최근 몇 년 사이에 가장 많은 관심과 주목을 받은 지표는 'E, 환경Environmental' 분야이다. 코로나 팬데믹 이전부터 환경에 대한 투자자와 기업들의 관심은 높았지만, 코로나 사태를 맞으면서 환경이슈의 중요성에 대해 실감하면서 환경 리스크에 대응하고자 다양한 노력을 기울이고 있다. 블랙록의 2019년과 2020년 ESG 주제별 주주관여 활동 현황을 살펴봐도 환경 분야에서의 전년 대비 증가율이 약 300%로 다른 지표에 비해 월등히 높음을 알 수 있다.

환경 지표 중에서 가장 중요한 이슈는 기후변화이며, 기후변화를 막기 위해 기업, 정부 등은 탄소 제로를 목표로 내세우고 있다. 기후변화는 수십 년에 걸쳐 진행돼왔지만 제대로 손을 쓰지 않는다면 세계적으로 생명과 경제에 심각한 영구적 영향을 미치게 될 것이다. 이

블랙록 ESG 주제별 주주 관여 활동 현황

				■2019년 ■2020년
환경(E) ▲299%	사회(S) ▲173%	지배구조(G) ▲49%		
316	353	1,931		
1260	965	2,882		

자료: DBR 308호 'ESG 리스크 관리의 핵심은 기후변화 문제', Blackrock

미 지구 곳곳에서는 기후변화로 인한 자연재해가 심각할 정도로 발생하고 있다.

2020년 9월, 미 서부 지역을 휩쓴 캘리포니아 산불은 직접적인 원인이 지구온난화가 일으킨 기후변화라고 과학자들은 주장한다. 기후변화로 인해 캘리포니아가 건조해지면서 풀이나 나무에 불이 붙을 가능성이 더 높아졌기 때문이다. 기후변화로 캘리포니아 모하비 사막이 있는 데스밸리 온도는 섭씨 54.4도로 사상 최고 기온을 기록했고, 인근 로스앤젤레스 카운티는 섭씨 49도까지 치솟았다. 뜨거워진 온도는 차례로 공기 속 습기를 말리고, 숲을 건조시켜 산불에 완벽한 환경을 만들어준다. '탄소 흡수원'이었던 숲이 인간이 초래한 기후 위기로 어마어마한 '탄소배출원'으로 바뀌면서 자연 스스로가 해왔던 고유의 조절 능력이 망가진 것이다. 이뿐만이 아니다. 기후변화로 미국 서부는 대형 산불, 중부는 눈보라, 남부는 폭풍 피해를 입는 등 그 정도는 매년 갈수록 심해져만 가고 있다.

호주에서는 2019년 9월부터 2020년 2월까지 전역에 걸쳐 1만

5000건의 산불이 발생해 남한 면적의 약 2배에 근접한 19만 ㎢를 태웠다. 최소 33명이 목숨을 잃었고, 건물 3000채 이상이 재로 변했으며, 약 30억 마리의 야생동물이 피해를 입었다. 산불로 엄청난 양의 온실가스가 배출되면서 기온 상승과 기상이변을 가속하고 더 많은 산불을 불러오게 되는 '양의 되먹임positive feedback(작은 변화의 결과가 다시 원인을 증폭시켜 큰 변화를 가져오는 것)' 현상이 반복될 것으로 우려된다.

2020년 1월 인도네시아 자카르타에서는 도심이 물에 잠겨 67명이 목숨을 잃었고, 9만 2000여 명의 이재민이 발생했다. 2050년이면 자카르타 절반이 물에 잠길 것으로 예상되고 있다. 6월 하순부터 이어진 폭우로 방글라데시, 인도 동북부, 네팔에서 약 400만 명이 피해를 겪었다. 방글라데시 국토 3분의 1이 물에 잠겼고, 한 달 동안 119명이 사망했다. 중국 남부 지방에서는 홍수로 158명이 사망·실종했고, 5000만 명이 넘는 이재민이 발생했다.

한국에서도 2020년 6월 말에 시작한 장마가 8월까지 이어져 역대 최장 장마 기간인 54일을 기록했다. 2019년에는 태풍이 7개가 지나갔고, 2년 전인 2018년 여름에는 펄펄 끓는 '열돔' 속에서 한 달 이상을 지내기도 했다.

중남미에서는 6~11월 사이에 대서양 열대성 폭풍인 허리케인이 역대 최다인 30개나 발생했다. 특히 11월에는 허리케인으로 인한 홍수와 산사태로 과테말라, 온두라스, 니카라과, 엘살바도르 등 중미 전역에서 200명 넘게 숨지고, 50만 명의 이재민이 발생했다. 케냐와 에티오피아, 수단, 예멘, 소말리아 등 아프리카 동부 지역에 메뚜기 떼가 급증하면서 농경지를 초토화했고, 소말리아는 식량 안보를 위협받는다며 비상사태를 선언했다. 루마니아와 폴란드, 체코 등 동유럽 지역에는 100년 만에 최악의 가뭄이 발생했다. 유럽의 최대 밀·옥수수 재배지가 타격을 받았다.

러시아 시베리아 베르호얀스크의 기온은 38도로 역대 최고를 기록했고 2020년 5월 말 시베리아 노릴스크에서는 영구 동토층이 녹아 지반이 침하되면서 열병합발전소 연료탱크가 파손돼 2만여 톤의 기름이 유출됐다. 이탈리아 북부 알프스산맥과 연결된 프레세나 빙하에서는 분홍색 조류 현상이 발생했는데, 이는 알프스산맥의 빙하가 녹고 있다는 증거이다. 시베리아 북극해에서 평소보다 400배 높은 농도의 메탄가스가 방출되고 있는데, 메탄가스는 이산화탄소보다 80배 강한 온난

기후변화로 홍수와 산불이 끊이지 않는 지구

자료: KPBS

화 효과를 일으킨다.

자연재해의 범인은 탄소배출

이러한 자연재해의 원인은 지구온난화의 주범인 탄소배출량 증가 때문이다. 2020년은 지구온난화가 이어지면서 전 지구적으로 역대 세 번째로 따뜻한 해로 기록됐다. 2020년 지구 평균기온은 1850~1900년 산업화 이전 수준보다 약 1.2도 높았으며, 오는 2024년까지 최소한 한 해는 지구 평균기온이 산업화 이전보다 1.5도 더 높아질 것이라고 세계기상기구WMO는 예측했다. 산업화 이전 시기보다 평균 지구 기온이 상승한 지구온난화로 대기와 해양은 변하고 더 심한 폭풍과 폭우, 홍수로 이어지고 있다. 해양의 열기로 인해 허리케인과 열대성 사이클론의 강도는 점점 더 강해지고 이로 인한 폭우와 홍수도 더 심해졌다. 페

지구온난화 1.5와 2도 상승했을 때 미치는 영향

	1.5도 상승	2도 상승
산호초 멸종률	70~90%	99%
연안 홍수 위험	보통	매우 위험
여름철 평균온도	3도 상승	4.5도 상승
2100년 해수면 상승	0.26~0.77m	0.36~0.87m
생물종 절반 절멸률 (특정 생물종이 절반 이상 사라지는 비율	곤충 6%	곤충 18%
	식물 8%	식물 16%
	척추동물 4%	척추동물 8%
육지 생태계 변화율	약 6.5%	약 13%
어획량	150만 톤 감소	300만 톤 감소

자료: IPCC, 언론 종합

테리 탈라스Petteri Taalas 세계기상기구 사무총장은 "2020년은 불행하게도 기후 역사에서 최악으로 기록될 또 다른 특별한 해였다"고 회고했다.

2020년 전 세계를 강타한 코로나 팬데믹도 기후변화 때문이라는 연구 분석 결과가 나왔다. 2021년 2월, 영국 케임브리지대학 연구진은 지난 100년간 중국 윈난성 남부를 비롯한 남아시아 지역 식생이 기후변화로 바이러스를 품은 박쥐가 살기 좋은 환경으로 바뀌었고, 야생동물 포획과 거래가 늘면서 사람을 감염시키는 치명적인 바이러스 등장으로 이어졌다는 연구 결과를 발표했다. 연구진에 따르면 중국 남부와 미얀마, 라오스 지역은 100년 전만 해도 열대 관목수림 지역이었지만 현재는 박쥐가 서식지로 애용하는 열대 사바나와 낙엽수림으로 바뀌었고, 일부 박쥐가 바이러스를 보유한 채 이동하면서 인간을 감염시키는 바이러스 변이가 일어날 가능성이 높아졌다는 것이다. 기후변화가 바이러스성 감염병 발생에 실질적 영향을 미친다는 사실이 연구 결과로 나타나면서 코로나19와 같은 전염병 문제 해결을 위해 각국이 탄소배출 감축 등 기후변화 대응에 적극 나서야 한다는 목소리가 높아지고 있다.

2021년은 신기후체제가 공식 출범하는 해이다. 신기후체제 출범을 앞두고 유럽연합과 미국, 일본, 한국이 2050년 탄소중립을, 세계 온실가스 배출량 1위 국가인 중국도 2060년 탄소중립을 달성하겠다고 발표했다. 하지만 선언과는 달리 주요 국가와 국제사회의 적극적인 대처와 공조는 미흡한 상황이다. 최근 유엔환경계획의 보고서에 따르면,

기후변화를 막기 위해 화석연료 사용을 줄이겠다고 약속한 G20(주요 20개국) 정부는 청정에너지보다 화석연료에 더 많은 자금을 투여했다. 또 코로나19로 2020년 세계 이산화탄소배출량은 2019년보다 약 7% 감소할 것으로 예상되지만 2030년 예상 배출량에는 큰 변동이 없을 것으로 전망했다.

2020년 코로나 팬데믹으로 전 세계 탄소배출량이 기록적인 감소폭을 보이며 탄소배출 증가세가 잠시 주춤하긴 했지만, 그렇다고 안심할 정도는 아니다. 이스트앵글리아대학UEA과 엑시터대학 분석에 따르면, 2020년 전 세계 온실가스 배출량은 전년 대비 7% 감소한 약 24억 톤으로, 탄소배출량 감소폭이 가장 큰 나라는 미국(12%)과 유럽연합(11%)이었다. 두 나라 모두 석탄과 석유 등의 사용량이 급감했기 때문이다. 하지만 탄소배출량은 전 세계가 봉쇄 정책을 도입했던 2020년 4월 전

전 세계 온실가스 배출량 추이와 역사적 사건

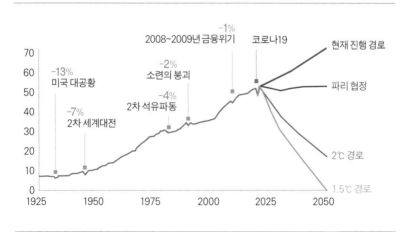

자료: UEA, 언론 종합

년 동기 대비 17% 급감했다가 이후 다시 증가해 2019년 수준으로 서서히 올라갔다. 2020년 한시적으로 탄소배출량이 감소했어도 여전히 2012년과 비슷한 수준으로, 그동안 배출된 총 이산화탄소 양과 비교하면 그 감소폭은 미미한 수준이다.

이산화탄소는 전 세계적으로 배출량 자체가 끊임없이 늘고 있는 데다가 한 번 배출되면 금방 사라지지 않고 최장 300년이나 대기에 머물러 있는다. 80만 년 전부터 빙기와 간빙기를 거치는 동안 전 지구 이산화탄소 농도는 예외 없이 200에서 250ppm 사이를 움직였는데, 산업화 이후 줄곧 상승세가 이어지더니 2015년에는 '마의 벽'이라고 불리던 400ppm을 넘어섰고 이후에도 상승세는 꺾이지 않고 있다.

국내도 상황은 심각하다. 기상청 국립기상과학원이 발간한 〈2019년 지구 대기 감시 보고서〉에 따르면 2019년 한국의 평균 이산화탄소 농도는 417.9ppm(기준: 안면도)으로, 미국 해양대기청NOAA이 발표한 전 지구 평균농도(409.8ppm)와 비교해 8.1ppm이나 높다.

이처럼 한국은 세계 평균보다 많은 양의 이산화탄소를 배출하는 국가이기도 한데, 전 세계에서 한국은 8번째로 배출량이 많은 국가이다. 2018년 기준 전 세계 이산화탄소배출량 순위 1등은 중국으로 무려 112억 5590만 톤에 이르는데, 2위 미국의 2배 이상이다. 2019년 배출량은 이를 뛰어 넘은 139억 톤으로까지 추정된다. 3위는 인도, 4위 러시아, 5위 일본, 6위 독일 등으로 10위권 안에 아시아권 국가가 4개국이나 돼 전 세계 이산화탄소배출의 핵심 지역으로 주목받고 있다.

환경 위기가
곧 경제 위기다

그렇다면 기후변화로 인한 경제적 피해는 어느 정도나 될까? 《닛케이 아시안 리뷰》가 세계자원연구소의 리포트를 분석한 결과에 따르면, 오는 기후변화로 인한 홍수, 가뭄 등 각종 자연재해로 인해 지구온난화가 현재 속도로 지속될 경우 2030년경 세계 GDP의 12%에 해당하는 17조 달러, 약 1경 8436조 원 규모의 피해가 예상된다고 했다. 그리고 이 중 약 절반인 8조 5000억 달러(약 9281조 원) 수준의 피해가 아시아 지역에 몰릴 것이라고 경고했다. 중국과 인도 등 배수 인프라가 상대적으로 미비한 지역이 기후변화에 따른 재난에 취약하다는 것인데, 실제로 양쯔강 일부인 중국 쓰촨성 부근에서는 여름 홍수 때 해당 지역의 한 비료공장이 완전 침수돼 약 4600만 달러(약 497억 원) 상당의 기계가 침수됐다. 중국과 인도 등 세계 제조업 공급망에서 차지하는 비중이 큰 지역에 기후변화로 인한 재해가 발생하는 빈도가 늘어날수록 세계 경제에 미치는 타격도 크다.

국제환경단체인 세계자연기구WWF가 발표한 〈지구의 미래〉 보고서에서도 현재처럼 자연 자원을 남용할 경우 연간 4790억 달러의 경제적 손실이 발생할 것으로 내다봤다. 구체적으로 보면 2050년까지 매년 홍수와 폭풍, 해수면 상승의 영향으로 3270억 달러, 기후변화에 대응할 자연의 탄소 저장력 상실로 1280억 달러, 서식지를 잃은 벌을 비롯한 수분 곤충의 개체 수 감소로 150억 달러, 농수 부족으로 190억 달러 등의 손실을 볼 것이라고 분석했다.

이 보고서는 기후변화 및 동식물 멸종 등 자연 파괴의 기회비용을 경제학 모델로 분석한 세계 최초의 보고서로, 특히 한국은 환경 위기에 따른 경제 손실 정도가 조사 대상 국가 140개국 중 7번째로 심각한 수준으로 나타났다. 한국은 환경 위기에 대비하지 않을 경우, 2050년까지 최소 100억 달러(약 11조 8760억 원)의 국내총생산GDP 손실을 볼 것이라고 했다. 미국은 830억 달러로 가장 큰 손실을 볼 것으로 내다봤고, 이어 일본, 영국, 인도, 오스트레일리아, 브라질, 한국, 노르웨이, 스페인, 프랑스 등이 경제 피해를 볼 것이라고 예측했다. 보고서는 "우리가 먹는 방식, 연료를 쓰는 방식 등이 지구 생명 유지 시스템을 파괴하고 있다. 지구는 역사상 그 어느 때보다 빠르게 변화하고 있다"며 환경 위기로 인한 경제 위기가 인류를 위협할 것이라고 경고했는데, 만약 자연을 보전하는 쪽으로 개발 방식을 전환한다면 오히려 4900억 달러 이상의 경제적 이익을 볼 것이라고 희망적인 분석 결과도 제시했다. 탄소 에너지를 지속가능한 자원 생산과 소비로 바꾸고, 무분별한 토지 개발 대신 생태적으로 중요한 지역을 보존하며 온실가스 배출을 감소시키는 등의 노력이다.

이처럼 경제적으로나 환경적으로 인류에게 심각한 위기로 다가온 탄소배출을 줄이기 위해 유럽연합EU 집행위원회는 2030년까지 탄소배출량을 기존 목표였던 40% 감축에서 1990년 대비 55% 줄이자는 야심차면서도 획기적인 목표를 제안했다. 자금은 EU 회복기금의 30%를 '녹색 채권'으로 발행해 조달할 계획이다. 중요한 점은 과거의 탄소 경제에서 벗어나 새로운 방식으로 순환되는 경제를 구축하겠다는 것이다. 탄소를 줄이는 '저탄소'가 목적이 아니라 아예 탄소 자체를 발생시키지 않겠다는 의지다. 화석연료로 움직이는 내연기관은 이제 박물관에서나 볼 수 있게 될 거라고 강력하게 선언할 정도이다.

2020년 4월 EU 회원국 17개국의 기후 및 환경부 장관들은 "그린딜을 활용해 코로나 팬데믹을 극복해야 한다"는 내용의 성명을 발표하기도 했다. '그린딜Green Deal'이란 2050년까지 유럽을 탄소중립 대륙으로 만들기 위한 기후환경 정책으로, 국제재생에너지기구IRENA는 친환경 에너지 전환을 통해 전 세계 GDP가 약 100조 달러 증가돼 코로나 사태 이후 경제 회복에 이바지할 것이라고 전망했다.

한국도 파리 협약에 의해 2030년 탄소배출 전망치BAU와 비교해 37%를 감축해야 하는 상황인데, 문제는 여전히 전력 생산에 있어 석탄에 크게 의존하고 있다는 점이다. 2018년 기준 석탄에 의한 발전은 261.3테라와트시TWh로 가장 많은 양을 차지한 반면 태양과 바람, 지열 등의 신재생에너지는 21.9TWh로 석탄의 10분의 1에도 미치지 못하고 있다. 한국도 '기후 악당'이라는 오명에서 벗어나기 위해서는 유럽연합처럼 강력한 탄소중립 정책을 만들고, 구체적인 실현 방안과 적극적인 재정 운용 방안이 요구된다.

넷제로 시대의
도래

블랙록의 최고경영자CEO 래리 핑크는 투자 대상 기업 CEO와 고객에게 보내는 2021년 연례 서신에서 온실가스 넷제로를 달성하기 위한 사업 전략을 공개하도록 투자 대상 기업에 요구하기로 했으며, 공개와 대책이 부족한 기업의 경우 일부 펀드에서 제외될 수 있음을 밝혔다. 블랙록은 전 세계에서 가장 탄소 집약적인 기업 440곳의 이사진 191명을 '감시 중On Watch'으로 배치하고, 2021년에 '기후변화 리스크 관리 및 보고에 관해 중대한 진전을 보이지 않는 한' 반대표를 던질 것이라고 했다. 또한 〈2021년 스튜어드십〉 보고서에서 세 가지 핵심 키워드를 밝혔는데, ① 이사회 및 직장내 다양성 ② 핵심 이해관계자 관심사에 관한 이해 ③ 2050 넷제로 계획 등이다.

이전부터 래리 핑크 회장은 넷제로의 중요성에 대해 강조했는데, '넷

'제로'란 대체 무엇일까?

2020년 7월 14일, 정부는 한국판 뉴딜 계획을 발표하며 "탄소 의존 경제에서 저탄소 경제로 도약하겠다. 인프라와 에너지 녹색 전환, 녹색산업 혁신으로 탄소중립 사회를 지향할 것"이라며 비전을 밝혔는데, 이에 대해 시민단체는 넷제로Net-zero 대신 탄소중립Carbon Neutral이라는 단어를 썼다며 비판했다(이후 2020년 10월 28일, 국회 시정연설에서 문재인 대통령은 '2050 넷제로'를 선언했다).

넷제로Net-zero는 말그대로 들어오는 양과 나가는 양이 같아서 제로(0)가 되는 상태, 즉 온실가스 배출량과 흡수량이 같아 상쇄돼 순Net배출량이 제로가 되는 것을 의미한다. 탄소중립Carbon Neutral은 인간 활동에 의한 온실가스 배출을 최대한 줄이고, 남은 온실가스는 흡수(산림 등), 제거CCUS: Carbon Capture, Utilization and Storage(이산화탄소 포집 기술)해서 실질적인 배출량이 제로(0)가 되는 개념이다. 이 역시 배출되는 탄소와 흡수되는 탄소량을 같게 해 탄소 '순배출이 0'이 되게 하므로 일반적으로는 탄소중립을 '넷제로'와 동일시해서 사용하고 있다.

그런데 결과는 동일하게 보일지라도 넷제로와 탄소중립은 기본 개념에서 다소 차이가 있다. 넷제로의 기본은 아예 온실가스가 배출되지 않는 것을 상정한다.

넷제로가 처음 언급된 것은 2018년 IPCCIntergovernmental Panel on Climate Change(기후변화에 관한 정부 간 협의체)가 발표한 〈지구온난화 1.5℃ 보고서〉에서다. 이 보고서는 "기후 위기를 막기 위해서는 2030년까지 이산화탄소배출량을 현재의 절반 수준으로 감축하고,

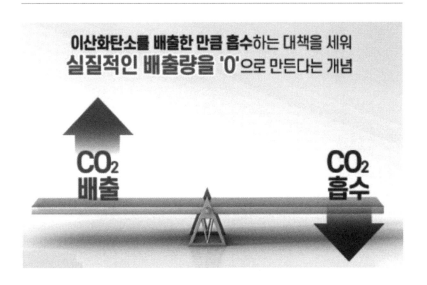

이산화탄소를 배출한 만큼 흡수하는 대책을 세워
실질적인 배출량을 '0'으로 만든다는 개념

CO₂ 배출

CO₂ 흡수

자료: 언론 종합

2050년까지 인위적인 온실가스 배출을 '순제로net-zero' 상태로 만들어야 한다"고 언급했다.

그런데 현실적으로 기업이 공장을 멈추지 않는 한 단기간에 온실가스 배출을 제로로 만드는 건 불가능에 가깝다. 이 때문에 넓은 의미에서 넷제로는 '잔류 배출'을 허용해 순 배출량이 플러스(+)라도, 탄소 포집 기술ccus 등으로 그만큼의 탄소를 줄이는 활동까지 포함한다. 배출량을 플러스(+)로, 탄소 포집 기술을 이용한 상쇄량을 마이너스(−)로 잡아 전체가 제로(0)가 되면 된다는 점에서 탄소중립과 같은 개념으로 받아들여지고 있는 것이다.

하지만 넷제로의 궁극적 목표는 배출량의 제로(0)를 지향한다. 더하기 빼기를 통해 결과치로 제로를 만드는 탄소중립과는 출발선이 다르다. 진정한 넷제로를 달성하기 위해서는 이산화탄소뿐만 아니라 메탄, 수소불화탄소와 과불화탄소, 육불화황, 이산화질소 등 전반적인 온실가스 감축을 목표로 해야 한다. IPCC Intergovernmental Panel on Climate Change(기후변화에 관한 정부 간 협의체)는 "이산화탄소를 포함한 메탄과 아산화질소 등을 감축 목표에 포함해야만 $1.5℃$ 시나리오에 더욱 부합할 수 있다"고 제언해 온실가스 배출 자체를 억제해야 지구를 살릴 수 있다고 강조했다.

이 때문에 순배출량을 따지지 않는 '탄소중립'은 넷제로가 추구하는 궁극적인 목표를 희석시킬 우려가 있어 시민단체들은 이 두 개념을 혼용하는 정부기관이나 기업에 대해 비판하는 것이다. 예를 들어 엄청난 양의 온실가스를 배출하는 기업이 사후적으로 이를 해결할 수 있다고 탄소중립을 내세운다고 했을 때, 과연 이 기업을 친환경 기업으로 부를 수 있는가 하는 문제가 생긴다. 혁신적 기술로 탄소를 '제로'로 만드는 노력도 중요하다. 하지만 근본적으로 이산화탄소배출을 중단해 순배출량 제로를 실현해 산업화 이후 내뿜은 온실가스까지 없애야만 그레타 툰베리와 같은 어린 세대들에게 깨끗한 지구를 물려줄 수 있다. (결론적으로는 넷제로나 탄소중립이나 모두 탄소배출을 제로로 만들자는 것이므로, 두 용어를 동일시해서 사용하는 것에 대해서는 큰 문제가 없다. 핵심은 막연한 구호성 발언이 아니라 탄소배출 제로를 위한 구체적인 로드맵이나 시행 방안이 있냐 없냐인 것이다.)

탄소배출이 늘어날수록 기업의 이익은 줄어든다

이미 해외에서는 넷제로를 달성하기 위해 순배출량 제로의 목표를 세우고 있는데, 세계 온실가스 배출량의 60%를 차지하는 127개국의 정부가 넷제로 정책을 검토·표명하고 있다. 오스트리아, 부탄, 코스타리카, 덴마크, 유럽연합, 피지, 핀란드, 프랑스, 헝가리, 아이슬란드, 일본, 영국 등 20개 국가 및 지역은 2020년 6월에 넷제로 목표를 채택했다. 미국 뉴욕 시도 그린뉴딜 정책을 통해 2050년까지 탄소 순배출 제로를 달성하기로 하고, 이를 위해 기후활성화법Climate Mobilization Act을 제정했다. 영국은 순배출 제로를 달성하기 위해 석탄화력발전소 감축 및 2035년 이후 휘발유 디젤차 판매 금지 정책 등을 펼치고 있다. 유럽연합은 '그린딜' 계획을 통해 2030년까지 온실가스 감축 목표를 현재의 40%에서 50~55%로 상향 조정해 2050년 탄소중립을 이루겠다는 발표를 했다.

그렇다면 천문학적 규모의 돈을 굴리는 자산운용사의 CEO가 무엇 때문에 친환경 이슈인 '넷제로'를 이렇게도 강조하는 것일까? 물론 후대의 어린 세대들을 위하고 지구환경의 미래를 걱정하는 마음도 있겠지만, 투자자 입장에서는 환경문제가 기업의 수익성과 직결되고 있기 때문에 이전처럼 기업의 자발적 조치나 사회공헌 활동에만 맡긴 채 그냥 두고 볼 수만은 없게 된 것이다.

기후변화를 비롯한 ESG 이슈들은 장기적인 관점에서 결국 재무적인 비용으로 나타나고, 이는 곧 수익률과 직결된다. 따라서 기업들이 이런 리스크를 적극적으로 관리해주길 바라는 차원에서 모든 기업에 크게 두 가지를 요청하고 있다. 기후 관련 재무정보 공개 태스크포스 TCFD: Task Force on Climate-Related Financial Disclosures 권고안과 지속가능성 회계기준위원회SASB: Sustainability Accounting Standards Board 프레임워크에 따른 공시 강화이다.

많은 기업이 GRIGlobal Reporting Initiative 가이드라인에 따라 지속가능경영보고서를 발간해 이를 중심으로 다양한 이해관계자와 커뮤니케이션하고 있다. 물론 중요하고 의미 있는 일이지만 투자자 들이 기업으로부터 가장 알고 싶어 하는 건 리스크에 대한 가격을 산정할 수 있는 정보다. 특히 기후변화 리스크, 즉 탄소배출량이 어느 정도인지도 중요하지만 거기에 따른 재무적 리스크가 얼마나 될 수 있는지를 돈으로 환산할 수 있는 데이터가 필요하다. 블랙록에서 TCFD 권고안과 SASB 프레임워크에 따른 공시 강화를 요구하는 것도 이 때문이다. 현시점에서 지속가능성과 관련해 완벽한 공시 기준은 없다. 하지만 투자자 관점에서 봤을 때 SASB는 ESG 전반에 걸쳐 산업별로 규격화된 재무 리스크 공시 기준을 제공하고 있고, 기후 리스크와 관련해서는 TCFD 프레임워크가 가장 유용하다.

이미 블랙록은 몇 년 전부터 주주 관여 활동을 통해 TCFD와 SASB 도입의 필요성을 강조해왔다. 향후 기후 리스크 관련 공시나 관리 공시가 불충분하거나 앞으로의 이행 계획이 부족하다고 판단될 경우, 블랙록은 의결권 행사를 통해 이사회의 책임을 물을 계획이다. 물론 저탄소 경제로의 이행을 위해서는 시간이 필요하다. 다만 블랙록은 ESG 리스크를 기업들이 장기 전략에 체계적으로 반영하고 관리하는지에 대해 데드라인을 정해놓고 책임을 묻겠다는 것이다.

래리 핑크 회장은 "넷제로에 대한 준비를 신속하게 할 수 없는 기업들은 사업 정체에 직면하고, 기업 가치도 하락할 것"이라고 경고했다. 그는 투자자가 제대로 온난화 위험을 분석하기 위해서는 기업의 정보 공개가 중요하다며 "넷제로 대응책이 장기적인 계획에 어떻게 포함돼 있는지, 이사회에서 어떻게 논의되고 있는지 공개되기를 기대한다"고 넷제로의 시대가 도래했음을 연례 서신을 통해 밝혔다.

블랙록 등 글로벌 투자기관들이 탄소배출에 특히나 주목하고 있는 이유는 각국에서 강력하게 추구하고 있는 탄소배출 관련 규제 때문이다. 규제로 인해 발생되는 기업의 손익이 투자에도 영향을 미치기 때문이다.

탄소에도 세금을 부과한다고?

2021년 1월에 미국 제46대 대통령에 취임한 바이든은 친환경 공약으로 '탄소조정세Carbon adjustment fees 도입'을 내세웠다. 탄소조정세는 이산화탄소를 배출하는 석유·석탄 등 각종 화석에너지 사용량에 따라 부과되는 세금이다. 탄소조정세의 시초는 유럽연합에서 만든 탄소국경세Carbon border adjustment mechanism였다.

탄소 국경세는 유럽연합EU이 주도적으로 준비한 새로운 관세 형태로, 자국 내에서 탄소배출량을 줄이기 위해 발생한 비용을 EU 국가의 수출 기업에는 지원금으로 보전해주고 타국으로부터 수입하는 기업에는 부담금을 추가로 물리는 것을 골자로 한 '탄소 국경조정' 전략이다.

탄소배출에 대한 규제가 상대적으로 약한 국가가 규제가 강한 국가로 상품이나 서비스를 수출할 때 적용받게 되는 무역 관세로, 탄소의 이동에 관세를 부과하는 조치인데 2023년 도입을 예고하고 있다.

바이든 대통령이 내세운 '탄소조정세'는 EU의 탄소 국경세를 참고로 해서 탄소배출이 많은 국가 또는 기업 제품에 추가 관세를 물리겠다는 것이다. 바이든 대통령은 2025년까지 탄소조정세를 도입하겠다고 했는데, 이 제도가 도입되면 탄소배출량 1위 국가인 중국의 대對미 수출은 대폭 감소할 가능성이 크다. 한국 기업들도 탄소배출량이 많은 철강·석유화학 제품 등을 수출할 때 세금 유탄을 맞을 가능성이 커졌다. 아직 기후변화 대응에 미흡한 국내 기업들이 탄소배출 저감을 위해 연구개발R&D이나 설비 투자비용을 늘려야 하는 것 역시 추가 부담 요인이다. 또한 바이든 행정부는 앞으로 내연기관차 판매를 금지하거나 관련 규제를 강화할 가능성도 크다. 미국 캘리포니아 주는 이미 2035년부터 내연기관 자동차 판매를 금지하겠다고 선언했다.

바이든 대통령은 파리기후협약에 재가입하는 것은 물론, 기후변화에 대응하기 위해 10년간 재정 1조 7000억 달러(약 2000조 원)를 집행할 계획이다. '2050년 넷제로'를 통해 적극적으로 온실가스를 줄이는 정책을 추진해 기후변화 문제를 해결하겠다고 선언했다. 환경보호 측면에서는 매우 바람직하고 의미 있는 선언이지만, 기업과 투자자 입장에서는 다소 부담스러울 수밖에 없다.

국제 환경단체 그린피스 서울에서 발표한 〈기후변화 규제가 한국 수출에 미치는 영향 분석 보고서〉에 따르면, 탄소국경세가 2023년 도입

될 경우 한국은 미국, EU, 중국 등 3국에 수출하는 철강, 석유, 전지, 자동차 등 주요 업종에서만 한 해 약 5억 3000만 달러(약 6000억 원)를 탄소국경세로 지불해야 하고 규제가 강화되는 2030년에는 이보다 3배 이상 증가한 16억 3000만 달러(약 1조 8000억 원)를 탄소국경세로 지불해야 한다. EU를 대상으로 한 수출의 경우 철강은 전체 수출액의 10% 이상, 석유화학은 5% 이상을 탄소국경세로 지불해야 할 것으로 추정된다. 주요 수출업종 전체(자동차, 전지, 조선, 일반 기계, 의약, 철강, 석유, 통신)로 보면, 2023년 탄소국경세로 2억 5200만 달러가 지출되고, 규제가 강화된 2030년에는 이보다 2배 이상 늘어난 6억 1900만 달러를 지출해야 할 것으로 예상된다. 미국의 탄소국경세는 9300만 달러로, 2030년에는 2억 9600만 달러 수준까지 오를 것으로 예상되는데 특히 석유화학 분야의 타격이 클 것으로 나타났다. 이 분야는 2030년이 되면 현재 수출액의 5.1%에 해당하는 금액을 탄소국경세로 내야 할 것으로 예상된다. 2060년 탄소중립을 선언한 대중국 수출의 경우 2023년에 주요 수출업종(석유화학, 반도체, 정밀기기, 컴퓨터, 통신)에 부과될 탄소국경세는 약 1억 8600만 달러가량이며, 2030년에는 이보다 4배 가까이 치솟은 7억 1400만 달러로 예측됐다.

이처럼 EU나 미국이 탄소국경세나 탄소조정세를 서둘러 도입하려는 이유는 그만큼 기후변화 위기가 더 이상 미룰 수 없을 만큼 심각하다는 반증이다. 환경오염으로 인한 비용은 오염을 일으킨 자가 직접 부담해야 한다는 오염자 부담 원칙을 적용해 환경오염을 원천적으로 차단하겠다는 것이다. 또한 환경오염, 탄소배출의 문제를 글로벌 차원으로 확대시켜 지역을 넘어 기업에 적용해 규제하겠다는 의미도 있다.

이전까지는 환경 규제가 지역 단위로 이루어졌기 때문에 기업들은 생산비용을 줄이기 위해 탄소 규제를 하지 않는 국가로 생산 거점을 이동했다. 실제로 EU에 있던 탄소집약 산업시설 상당수는 환경 규제가 강화된 이후 다른 국가로 이전하기도 했다. 이렇게 되면 환경을 보호하려고 규제를 강화한 국가에서는 기업의 엑소더스(탈출) 현상이 발생해 경제 기반이 무너질 우려가 발생하고, 넓게 보면 탄소배출의 원인이 그저 지구촌 이쪽에서 저쪽으로 이동될 뿐 탄소의 배출량은 달라진 것 없어 환경보호에 아무런 도움이 되지 않는다. 결국 외국에서 탄소 규제를 받지 않고 생산된 물건이 있다면 수입 과정에서 관세로 가격을 조정해야 탄소 규제를 받고 생산된 상품과 동등한 가치가 있다고 하는 것이 탄소 국경세, 탄소 조정세가 갖는 의미다.

바이든 대통령의 환경공약

- 파리기후협약 복귀(2020년 11월 4일 탈퇴)
- 세계 기후정상회의 소집, 기후협력 리더십 회복
- 2050년까지 탄소 순배출량 제로(탄소중립) 달성
- 100% 청정에너지와 무공해 차량 지향
- 대기 중 온실가스 포집, 격리 기술 개발
- 기후 문제 해결 수단으로서 원자력 타당성 조사
- 2035년까지 건물 부문 탄소배출 50% 저감, 2030년까지 전기차 충전소 50만 곳 이상 설치
- 기업 환경정보 공개, 안전한 식수 공급
- 2030년까지 국토, 수역 30% 보호구역 지정 / 2차 철도혁명으로 안전 철도 시스템 구축

자료: 바이든 선거캠프 공약집, 언론 종합

이럴 경우 탄소 규제가 약한 나라가 기존에 우위를 점하고 있던 산업에서 경쟁력을 상실할 수도 있는데, 특히 탄소 집약도가 높은 산업이 주로 개발도상국에서 이뤄지고 있어 공정한 탄소배출 감축을 위해서는 이들 국가에 대한 탄소 관세의 적용뿐 아니라 탄소배출 감축 및 기후변화 적응을 위한 재정적·기술적 지원이 병행돼야 한다.

하지만 당장 탄소배출량을 줄여야만 하는 기업 입장에서는 탄소배출권carbon offsets 구매를 통해 이를 해결할 수밖에 없다. 한국도 해외에서 3830만 톤의 배출권을 구매하는 것으로 계획이 세워져 있는데 가격으로는 약 1조 5000억 원 규모이다.

탄소배출권 거래제도Emisstion Trading System는 모든 기업(혹은 개인)에게 일정량씩 이산화탄소를 배출할 수 있는 권리를 할당해준 다음, 할당받은 탄소배출권보다 적게 배출한 경우 이를 많이 배출한 사람에게 팔 수 있도록 거래하는 제도이고, 탄소배출권은 이 거래제도에서 거래되는 권리다. 탄소배출 저감 노력으로 할당량보다 적게 탄소를 배출한 기업은 탄소배출권 거래를 통해 수익을 창출할 수 있는 반면, 그렇지 못한 기업은 비용을 들여 마치 종량제 쓰레기봉투를 구입하듯이 탄소배출권을 구매해야 한다.

문제는 최근 들어 이 탄소배출권 거래 가격이 50% 이상 급등하면서 철강, 정유, 석유화학 등 탄소 다배출 기업 실적에 직접적 영향을 미친다는 것이다. 탄소배출이 국내에서 두 번째로 많은 기업의 경우, 2020년 3분기까지 탄소배출권 거래 관련 부채 충당금을 654억 원을 상정했는데 최근 가격이 상승하면서 배출권 거래 관련 충당금이

1000억 원까지 늘어났다. 이는 2020년 영업이익과 맞먹는 규모로, 탄소배출권 확보 비용으로 순이익에 직접적 타격을 입게 된 것이다.

배출권 거래 가격이 오르는 것은 공급보다 수요가 많기 때문이다. 탄소배출 규제가 더욱 강화되면서 배출권을 확보하려는 움직임이 가격을 밀어 올린 것이다. 배출권 세계 최대 시장인 유럽 가격 역시 2019년 말 대비 35.8%나 올랐다. 배출권 가격 상승은 기간산업을 담당하는 기업들의 실적에 악영향을 미칠 뿐만 아니라 탄소 감축 설비 투자까지 병행해야 한다는 부담까지 가중시킨다. 쓰레기 종량제 봉투 가격이 몇 배나 오르게 되면 쓰레기 자체를 줄여야만 하듯이, 기업들도 이익 확보를 위해 이제는 탄소배출량 자체를 원천적으로 감소시켜야만 한다.

탄소 제로 경제로의 전환은 거스를 수 없는 대세이고, 기업들은 이를 오히려 혁신의 기회로 삼는다면 새로운 성장의 발판을 마련할 수 있다. 탄소는 스타트업과 혁신가에게 기회이며, 탄소배출 저감 기술을 통해 신규 수익 창출의 아이디어를 찾을 수도 있다. 이를 실천하고 있는 기업이 바로 테슬라이다.

테슬라의 일론 머스크
탄소 포집 기술에 1억 달러를 걸다

테슬라의 CEO 일론 머스크는 2021년 4월 22일부터 4년 동안 탄소 포집 기술을 모집하는 '탄소 포집 기술 대회'를 열겠다고 트위터상에서 발표했다. 이 대회에 내건 총상금은 무려 1억 달러(약 1116억 원). 지구 온난화의 주범이자 인류 생존에 커다란 위협이 되는 탄소를 수집하는 기술 또는 아이디어를 같이 고민해보자는 의도에서 올린 것이다.

탄소 포집 기술이란 이산화탄소 포집 및 활용 저장CCUS: Carbon Dioxide Capture, Utilization and Storage을 의미하는 것으로, 화석연료의 사용 등으로 인해 대량의 이산화탄소가 생산되는 근원지에서 그 이산화탄소가 공기 중으로 방출되는 것을 방지하는 기술을 말한다. 탄소 포집 기술은 대기에 배출되는 이산화탄소를 포집하고 바다 밑 지층에 저장하는 '이산화탄소 포집 저장CCS' 기술과 이산화탄소를 다른 유용

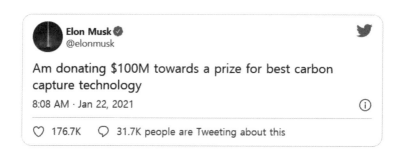

Elon Musk ✔
@elonmusk

Am donating $100M towards a prize for best carbon capture technology

8:08 AM · Jan 22, 2021

ⓘ

♡ 176.7K   💬 31.7K people are Tweeting about this

자료: 일론머스크 트위터

한 물질로 바꾸는 '포집 활용CCU' 기술이 결합한 것으로 넷제로(탄소중립)의 필수 기술로 꼽힌다.

CCUS는 약 45년 동안 전 세계에서 다양한 방식으로 사용되며 온실가스 배출량 감소에 기여해왔는데, CCUS 기술은 크게 세 가지 단계로 분류된다.

참고로 탄소 포집에는 세 가지 주요 기술이 있는데, 이산화탄소를 포집해 용액 속에 흡수시키는 연소 후처리Post-combustion, 석탄이나 가스를 선처리해 수소와 이산화탄소의 혼합물로 변환시킨 후 이산화탄소를 분리하는 연소 전처리Pre-combustion, 공기 대신 산소로 석탄과 가스를 태워 이산화탄소를 더 쉽게 분리시킬 수 있는 농축된 이산화탄소 스트림을 만드는 순산소 연소Oxycombustion 등이다. (자료: GE 리포트코리아 뉴스룸 '이산화탄소 포집 기술은 지구온난화의 해결책이 될 수 있을까', 2015)

이산화탄소 포집 및 활용 저장 기술의 3단계

포집	석탄 및 천연가스 화력발전소, 제철소, 시멘트 공장, 정유 공장 등 대규모 산업 공정 시설에서 생산된 다른 가스에서 이산화탄소를 분리하는 기술
운송	분리된 이산화탄소를 압축해 파이프라인, 트럭, 선박 또는 다른 방법을 통해 저장에 적합한 장소까지 운송하는 기술
사용 및 저장	포집한 이산화탄소를 필요한 곳에 사용하거나 이산화탄소가 대기중으로 빠져나가는 것을 막기 위해 1km 이상의 깊은 지하 암석층에 저장하는 기술

자료: 국가기술표준원 'KATS 기술보고서 Vol.114'

이산화탄소 포집 저장CCS: Carbon Dioxide Capture Storage 기술은 이산화탄소 폐기물을 포집해 압축한 후, 선박이나 파이프라인을 통해 수송되고 지하 1.5~2km의 깊은 바위층에 저장된다. 저장은 '지질학적으로 조용한 환경'에서 이루어지는데, 단층선이나 화산이 없는 지역으로 근방 지역 사회의 식수에 영향을 미치지 않는 곳이 이상적이다.

이산화탄소 활용 기술CCU: Carbon Capture & Utilization은 화력발전소, 시멘트 및 석유화학공장 등과 같은 대규모 배출원에서 발생되는 온실가스를 산업적인 용도로 직접 이용하거나 고부가가치 제품으로 전환, 활용하는 기술이다. 이산화탄소 포집 저장 기술CCS과 비교해 처리할 수 있는 이산화탄소의 양은 적지만 이산화탄소 활용에 따른 경제적 이익창출과 온실가스 감축이 가능한 장점으로 최근 에너지 신산업 측면에서 많은 주목을 받고 있다. 특히 포집 저장 기술이 포집, 수송 및 저장 등 일련의 공정이 필요한 반면, 이산화탄소 활용 기술CCU은 산업 현장에서 발생되는 이산화탄소의 직접 활용이 가능하므로 산업적으로 활용성이 높은 것으로 평가되고 있다.

CCS와 CCU의 기술 비교

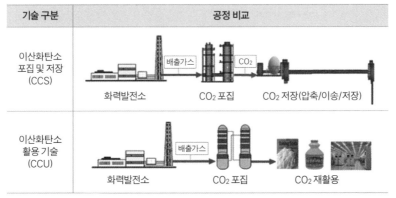

기술 구분	공정 비교		
이산화탄소 포집 및 저장 (CCS)	화력발전소	CO_2 포집	CO_2 저장(압축/이송/저장)
이산화탄소 활용 기술 (CCU)	화력발전소	CO_2 포집	CO_2 재활용

자료: 한전 전력연구원

'탄소 포집 기술 대회'를 주관하는 비영리단체 'X프라이즈XPRIZE'가 추진하는 'X프라이즈 탄소 제거XPRIZE Carbon Removal' 챌린지는 4월 22일 '지구의 날' 접수를 시작해 4년 동안 진행된다. 챌린지의 목표는 '기가 톤 수준으로 확장할 수 있는 능력'이다. 실험적 수준이 아닌 실제로 지구 전체에서 탄소 감소를 측정할 수 있는 실효성을 갖춘 기술이어야 하고, 하루 최소 1톤 이상 탄소를 제거해 수억 톤으로 확장할 수 있는 기술이어야 자격 요건을 충족한다. 탄소 제거 기술은 자연을 기반으로 만든 방법, 직접 포집, 광물화, 이산화탄소를 영구적으로 격리하는 기술 등이 모두 포함된다. 챌린지 최종 우승팀은 5000만 달러(약 550억 원)의 상금을 받게 된다.

지금 당장 탄소배출을 줄이지 않으면 인류 역사가 사라진다

지구 평균온도에서 2℃ 이상 상승하지 않도록 탄소배출량을 감축하려면 2030년까지 연간 6억 톤, 2050년까지 연간 10기가 톤 분량의 탄소를 제거해야 한다. 1기가 톤은 항공모함 1만 대가 뿜어내는 것과 같은 양이다. 만약 현재 수준으로 계속 탄소가 배출된다면 2100년 지구 평균온도는 6℃나 상승하고, 빙하는 모두 녹아내려 해안 도시는 사라져버리고 만다. 정말 기가 톤 급으로 탄소를 줄이지 않으면 인류 역사는 바다 밑으로 가라 앉아 버릴 지도 모르는 것이다.

탄소배출 제로는 테슬라만 하는 것이 아니다. 마이크로소프트, 구글, 아마존, 포드 등 산업군을 가리지 않고 여러 분야의 기업들이 탄소중립을 선언했다.

마이크로소프트MS는 2030년까지 탄소배출량을 절반 이상으로 줄이고 2050년에는 MS가 지난 45년간 배출한 탄소를 대기에서 지우겠다고 공언했다. 사티아 나델라Satya Nadella MS 최고경영자는 "지난 10년이란 시간이 우리에게 준 교훈이 있다면 (기후변화 대책) 원칙이 없이 만들어진 기술은 우리에게 득보다 해를 끼친다는 것이다. 우리는 기후변화의 해로운 영향을 상쇄하기 시작해야 한다"며, 기업 차원에서의 기후변화 대책으로 '탄소배출량 저감' 계획을 밝혔다.

MS는 '기후 혁신 펀드Climate Innovation Fund'를 창설해 향후 4년간 10억 달러를 투자해 탄소 제거 기술 개발을 촉진시킨다. 또한 MS의 공급망 전반에 걸쳐 2030년까지 탄소배출량을 절반 이상 줄인다. MS는 현재 주요 탄소배출에 한정해 배출권 1톤당 15달러의 가격을 부과하고 있는데, 이를 전 생산 단계의 탄소배출로 확대하겠다는 방침이다. 그리고 2050년에는 창립 1975년부터 지금까지 회사가 배출한 탄소량

만큼 대기권에서 지우는 것을 목표로 하고 있다.

애플의 팀 쿡 CEO는 "2030년까지 모든 제품 생산과정에서 기후 변화에 미치는 영향을 0으로 만들겠다"고 밝혔는가 하면, 구글은 2030년까지 전기 외 다른 모든 에너지까지 온실가스를 내뿜지 않는 에너지로 대체한다는 목표를 내세웠다. 아마존 역시 2040년까지 탄소중립을 실현한다는 목표 아래 기후 위기 대응 기금 조성, 전기차 구입 등을 추진하기로 했다.

이산화탄소 순배출량을 제로에서 더 나아가 마이너스로 만드는 '탄소 네거티브Carbon Negative'를 선언한 기업도 있다. 영국 에너지 회사 드락스Drax는 세계 최초로 2030년까지 탄소 네거티브를 달성하겠다고 공표했는데, 바이오매스(에너지원으로 사용되는 식물이나 동물 같은 생물체)를 이용한 이산화탄소 포집·저장 기술로 탄소를 제거할 계획이다.

탄소배출을 새로운 사업 기회로 만든 기업도 있다. 유럽의 스타트업 클라임웍스Climeworks와 카브픽스Carbfix는 이산화탄소 포집·저장 공장 '오르카Orca'를 통해 이산화탄소를 돌로 만드는 프로젝트를 준비 중이다. 대형 흡입기로 공기를 빨아들이고, 특수 소재의 필터로 이산화탄소만 골라내 땅속 깊은 곳에 자리한 현무암 지층에 고압으로 주입하면 흰색을 띠는 광물이 된다. 이 모든 과정은 지열 에너지로 진행돼 공장 운영 과정에서 발생하는 이산화탄소량은 '제로(0)'이다.

미국 스타트업 파차마Pachama는 인공위성, 라이다LiDAR(전파에 가까운 성질을 가진 레이저 광선을 사용해 개발한 레이더), 드론, AI 등을 사용해 3차원 숲 지도를 만들고, 머신러닝을 활용해 숲의 변화 과정과 나무

글로벌 기업들의 탄소중립 선언

마이크로소프트	2030년 탄소배출 마이너스 달성 업무차량 전기차로 교체 4년간 기후혁신펀드 10억 달러 투자
애플	2030년까지 탄소중립, 삼림사업 등 탄소 제거
구글	2030년까지 탄소중립, 탄소배출량 추적 툴 개발
아마존	2040년까지 탄소중립, 기후 위기 대응 기금 조성
브리티시페트롤리(BP)	2050년까지 탄소중립, 탄소집약도 50% 감축
아스트라제네카	2025년까지 탄소배출 제로 달성
스타벅스	2030년까지 환경오염 배출 50% 감축 식물성 고기, 재활용 용기 사용
네슬레	2025년까지 플라스틱 배출 3분의 1로 감축 재생 플라스틱 사업에 16억 달러 투입
포드	2050년까지 탄소중립, 전기차 기술 투자
델타항공	2030년까지 탄소중립, 지속가능한 연료 개발

자료: 언론 종합, 재구성

가 흡수하는 탄소량을 파악한다. MS의 창업자 빌 게이츠가 투자하는 브레이크스루 에너지 벤처스를 비롯해 아마존의 기후 서약 펀드 등도 500만 달러(약 54억 원)를 투자하며 파차마를 지원했다.

한국은 2020년 12월 정부가 발표한 '탄소중립 실현 추진 전략'을 통해 2050년까지 탄소중립을 실현할 계획인데, 경유세 등 세제와 부담금, 배출권거래제 등 탄소 가격 부과 수단을 대대적으로 보완해 탄소 배출 규제를 강화할 방침이다.

사회문제를 외면하면
소비자로부터 외면당한다

EGS 중 S, 사회Social적 요인은 환경Environmental, 지배구조Governance 보다 리스크의 범위가 더 넓고 다양하다. 그만큼 기업 입장에서는 리스크 차원에서 신경 써야 할 부분이 많다는 의미다. 특히 사회적 리스크는 사람의 관점에 따라 주관적일 수 있지만 한 번 공감대가 형성되면 그 여파는 걷잡을 수 없다는 특징이 있다. 무엇보다 사회적 리스크는 기업의 실적에 영향을 끼치는 정도가 아니라 기업의 지속 성장에 직접적으로 영향을 미치기에 이 부분을 간과하고 잘못 관리하면 오랜 전통을 가진 기업도 한순간에 사라질 수 있다. 기업의 지속적인 성장을 위해 경영진은 기업 내외부의 환경도 함께 고려해야 하는데, 여기서의 환경은 물리적인 환경뿐만 아니라 기업 활동에 참여하는 구성원 및 지역사회 등을 포함하는 광의의 환경을 의미한다.

사회적 요인에 해당하는 문제는 해당 국가가 처한 경제 상황에 따라 다르기도 하고, 기업의 규모나 업종에 따라 달라질 수도 있다. 경제적 안정기에 접어든 국가에서는 복지제도, 남녀평등, 공정거래 및 공정무역 등이 중요한 이슈가 되겠지만 경제성장을 시작하는 신흥국에서는 빈곤 퇴치, 기아 구제, 교육제도 등이 중요한 사회적 이슈가 될 것이다. 복지 시스템이 잘 갖추어진 대기업에서는 성차별 문제 등이 중요할 수 있지만, 중소기업 및 스타트업에서는 사원들의 복지제도 마련이 더 시급한 문제가 될 것이다.

인류적 차원으로까지 확대하면 대량학살무기, 인권 문제 등도 기업 입장에서는 중요한 사회적 문제이다. 유엔의 글로벌 콤팩트 10대 원칙 UN Global Compact 10 Principles은 인권, 노동, 환경과 반부패에 관한 내용을 다루고 있는데, 기업이 중점적으로 챙겨야 할 사회적 문제들을 잘 보여주고 있다.

① 기업은 국제적으로 선언된 인권 보호를 지지하고 존중해야 하고,
② 기업은 인권 침해에 연루되지 않도록 적극 노력한다.
③ 기업은 결사의 자유와 단체교섭권의 실질적인 인정을 지지하고,
④ 모든 형태의 강제노동을 배제하며,
⑤ 아동노동을 효율적으로 철폐하고,
⑥ 고용 및 업무에서 차별을 철폐한다.
⑦ 기업은 환경문제에 대한 예방적 접근을 지지하고,
⑧ 환경적 책임을 증진하는 조치를 수행하며,

⑨ 환경친화적 기술의 개발과 확산을 촉진한다.

⑩ 기업은 부당 취득 및 뇌물 등을 포함하는 모든 형태의 부패에 반대한다.

종종 경영진들은 자사 기업이 일으킨 사회적 물의에 대해 대수롭지 않게 생각하거나 쉽게 해결할 수 있을 것이라 여겼다가 큰 후폭풍을 맞게 되는데, 이는 특히 제품 및 서비스 품질에 자신감이 있는 기업에서 나타난다. 사회적 물의를 일으켜도 자사 제품은 우수하므로 충성스런 고객들은 자신들을 지지해줄 것이라는 확고한 믿음이 있기 때문이다. 하지만 요즘의 소비자들은 그렇지 않다. 제품이 아무리 좋다 해도 사회적으로 문제가 있는 기업에 대해서는 불매운동으로 대응한다. 대표적인 사례가 일본의 유니클로이다.

2011년에 한국에 진출한 일본의 의류매장 유니클로는 'No Japan' 붐과 동시에 위안부 문제를 연상시키는 광고 자막 오역 문제가 불거지면서 전국적으로 불매운동이 확산되며 190개에 달했던 매장은 130여 개 정도로 크게 줄어들었다. 여기에 코로나 사태까지 겹치면서 서울과 영호남 지역에서 폐점 행렬이 이어졌고, 전국의 홈플러스 매장에 있던 유니클로 매장은 하나도 남지 않게 됐다.

2019년에 유니클로는 국민 정서에 반하는 광고를 만들어 네티즌들의 반발을 샀는데, 당시 유니클로는 공식 유튜브 계정에 백발의 98세 외국인 여성과 13세 소녀가 등장하는 광고를 올렸다. "제 나이 때는 어떤 옷을 입으셨나요?"라는 질문에 광고 속 할머니는 "세상에, 그렇게 오래된 일은 기억 못 한다*Oh My God, I can't remember that far back*"라고 답한다. 그런데 문제는 한국 광고에서는 할머니의 대답에 "맙소사, 80년도 더 된 일을 기억하냐고?"라는 의역된 자막을 붙인 것이다. '80년 전'은 1939년으로 한국이 일본의 탄압을 받던 일제강점기 시기로 일본이 '국가 총동원법'을 근거로 강제징용을 본격화할 때였다. 온라인상에서는 유니클로가 굳이 90대 할머니가 일제강점기인 80년 전을 언급하며 기억 못 한다고 하는 등 실제 대사와 달리 번역한 것은 한국의 위안부 관련 문제 제기를 조롱한 것 아니냐는 의혹이 제기됐고, 한국에서는 전국적인 유니클로 불매운동이 확산됐다.

사태가 벌어지자 유니클로는 '특정 국가나 목적을 가지고 제작한 것이 아니다. 후리스 25주년을 기념해 제작한 글로벌 광고이다. 최근 방영된 유니클로 후리스 광고 관련한 루머에 대해 해당 내용은 전혀 사실이 아니다'라는 안이한 1차 입장문만 발표했다. 광고의 교체나 자막의 수정은 없었다. 다시 말해 우리는 잘못이 없고 광고를 보는 고객 당신들이 지나치게 확대 해석해서 오해한 것이라고 항변하는 입장문을 발표한 것이다. 이는 오히려 불난 집에 기름을 붓는 격으로 더 큰 비난을 불러일으켰고 소비자들은 불매운동으로 대응했다. 결국 유니클로는 광고를 중단하고 해명 보도자료를 냈지만 버스는 이미 지나간 뒤였다.

결국 유니클로는 불매운동의 타깃이 되면서 매출은 반 토막이 났다. 유니클로의 국내 운영사인 '에프알엘코리아'의 2020년도 회계연도(2019년 9월~2020년 8월) 매출은 6297억 원으로 1조 3780억 원이었

논란이 된 유니클로 광고, 원래 자막 내용(왼쪽)과 한국 광고 자막 내용(오른쪽)

자료: 언론 종합

던 1년 전의 45% 수준에 불과하다. 영업이익도 적자가 났다. 2019년 187곳이었던 매장은 34곳이 폐점해 현재 154곳만이 남아 있다. 유니클로가 만든 제품의 품질에는 아무런 문제가 없음에도 불구하고 한국 시장에서 고객을 대하는 태도로 인해 매출에까지 심각한 피해를 입은 것이다(한국 시장에서는 부진하지만, 일본 및 해외 시장에서는 계속 성장 중이다).

유니클로는 일본에서는 좋은 품질의 저렴한 옷으로 일본인들에게 많은 사랑을 받고 있다. 국민 브랜드로까지 인식되고 있는 유니클로는 히트텍 등 늘 혁신적인 기술을 도입해 제품 품질에 대한 자부심도 높다. 이러한 마인드를 가진 경영진들 입장에서는 한국에서 발생한 작은 광고 자막 문제가 대수롭지 않게 여겨졌을지도 모른다. 싸고 좋은 제품은 어떤 상황이 와도 잘 팔린다는 확고부동한 신념이 오히려 역으로 작용해 이번 사태를 더 부채질한 것이다.

기업의 사회책임경영은 단순히 기업의 이윤을 사회에 환원하는 것이 아닌, 기업이 제공하는 서비스, 재화 등이 만들어지기 위한 생산 단계에서부터 판매, 소비, 홍보까지 모든 단계마다 기업이 적극적으로 관리해야 한다는 것을 의미한다.

　스타벅스의 공정무역 운동은 커피 생산 농장이 속해 있는 지역사회와 환경을 보호한다는 목표 하에서 공정한 가격으로 커피 원두를 구매해 전 세계 커피 농가의 경제적 자립을 지원하고, 농장 환경 개선에 노력하는 캠페인이다. 멋진 인테리어의 매장에서 아름다운 음악과 맛있는 커피만을 제공하는 게 기업의 역할이 아니라, 커피가 만들어지기까지의 전 과정에 사회적 책임을 지고 기업 경영을 해나가겠다는 의지를 보여주고 있는 것이다. 스타벅스의 공정무역 운동은 비용 절감에 집중하고 있는 기업들에게 좋은 자극이 됐고, 여러 분야에서 이와 유사한 공정무역 운동이 확산되는 계기를 마련했다.

구글 직원들이
거리로 나선 이유

2018년 11월, 세계 최대 인터넷 기업인 구글Google의 직원들이 전 세계 50여 개 도시의 거리로 뛰쳐나와 시위를 벌였다. 시위에 참여한 직원만 2만여 명. 특히 시위를 주도한 직원 대부분은 구글에서 인정받던 우수 인력들이었다. 이들이 시위를 벌인 이유는 구글의 고위 임원 앤디 루빈Andy Rubin의 성추행 의혹에 항의하기 위해서였다. 앤디 루빈은 성희롱 사건에 연루됐음에도 불구하고 무려 9000만 달러에 해당하는 퇴직금을 받았고, 회사는 이 사건을 축소, 은폐했다. 이 사실을 알게 된 전 세계 구글 직원들은 업무 수행을 거부하고 대규모 가두시위를 벌였다. 도쿄에서 시작된 시위는 하루 만에 전 세계 구글 직원들이 참여하는 시위로 확산됐다. 최고의 ICT 기업이자 글로벌 인재들이 일하고 싶어 하는 꿈의 직장에서 근무하는 직원들이 벌인 이 대규모의

자료: 언론 종합

시위는 사회적으로 큰 주목을 받았다. "나쁜 짓을 하지 않고도 돈을 벌 수 있다는 것을 보여주자"라는 구글의 행동 강령 'Don't be Evil(사악해지지 말자)'이 성추행 의혹과 잘못된 관행으로 크게 훼손됐음에 직원들 스스로가 집단행동에 나선 것이다. 결국 구글은 직원들의 요구를 수용해 성희롱 사건에 대해 회사의 중재를 금지하고 피해자 보호 조치를 강화했다.

2017년에는 미 국방부와의 공동 연구 프로젝트인 '메이븐Maven'을 폐지해달라고 4000명 이상의 구글 직원들이 청원에 나선 일도 있다. 메이븐 프로젝트는 AI 기술을 기반으로 무인 항공기가 수집한 영상 정보를 자동 분석해 타격 목표의 정밀도를 높이기 위한 시스템 개발 프로젝트로, 이를 이용하면 정밀 타격이 가능해 테러리스트 공격 등 '살

상용 무기 개발'에 자사의 AI 기술이 쓰이는 것을 개발자들이 반대한 것이다. 탄원서에는 "구글은 전쟁 목적의 사업에 가담하지 말아야 한다. 인명 피해로 이어질 수 있는 군사 첩보 활동을 위해 미 정부에 협력하는 것은 옳지 않다"는 내용이 담겨 있다. 메이븐 반대 스티커를 제작하는가 하면 일부 직원들이 사표를 제출하는 등 내부 불만이 극에 달했지만, 경영진은 이를 무시하고 프로젝트를 진행했다.

하지만 반발이 수그러들 기미가 보이지 않자 결국 구글은 국방부와의 AI 공동 연구 중단을 선언했고, 2019년 '메이븐' 계약이 끝나면 더 이상 계약 연장을 하지 않겠다고 밝혔다. 구글 직원들은 자신들의 기술이 군사 목적으로 사용되는 점과 비밀리에 프로젝트가 추진됐다는 것에 분노했고, 구글의 핵심 가치인 'Don't be Evil'을 지켜달라고 행동으로 보여준 것이다.

이렇게 구글 사례와 같이 직원들이 회사 내부의 문제를 외부에 적극적으로 알리면서 잘못된 점을 고쳐달라고 요구하는 행위를 '직원 행동주의'라고 한다. 요즘의 MZ세대 직원들은 회사에 보다 적극적으로 자신의 의사를 개진하고, 뜻을 같이하는 동료들과 함께 자발적으로 집단행동을 하려 한다. 과거에는 회사 방침에 순응하는 것이 회사를 위한 일이라 생각하고 미덕으로 여겼다. 애사심이 높은 직원일수록 더욱 그러했다. 하지만 기업의 반사회적 행위가 결과적으로는 기업의 가치를 하락시킨다고 여러 사례를 통해 밝혀지면서, 기업이 잘못된 의사결정을 내리면 자신이 소속된 회사를 지키기 위해 직원들이 먼저 자발적으로 시정 요청을 하는 것이다. 직원 행동주의는 단기적으로는 기업 이미지 하락이나 고객 이탈, 주가 하락으로 이어질 수 있다. 하지만 장기적 관점에서는 직원 행동주의가 회사를 살리고 지속적인 성장을 가능하게 한다.

지금 시대의 직원들은 회사를 객관적으로 보고 평가한다. 경영진의 의사결정이 기업이 추구하는 가치와 괴리될 때 직원들은 가치 수호자 역할을 자처하면서 자신들의 의사를 적극적으로 개진하는 모습을 보인다.

ESG 중 가장 중요한
Governance(지배구조)

ESG 중의 'G, 거버넌스Governance'는 대중들에게는 다소 친숙하지 않은 개념일 수 있다. '지배구조, 기업지배구조, 기업 통치구조'라고도 불리는데, 1997년 외환 위기 이후 정부가 재벌 개혁의 일환으로 이사회에 사외이사를 과반 이상으로 두게 하는 '기업지배구조 모범 규준'을 만들면서부터 이 개념이 확산됐다. 사전적 의미로는 '공동의 목표를 달성하기 위해 주어진 자원의 제약 하에서 모든 이해당사자들이 책임감을 갖고 투명하게 의사결정을 할 수 있는 제반 장치'로, 기업에서는 지배구조 하면 대개 이사회, 사외이사를 의미한다. 다시 말해 기업 혹은 경영진이 사업을 잘하고 있는지, 잘못된 의사결정을 하고 있지는 않은지 외부 시각에서 감시하고 관리하도록 만든 시스템이 지배구조이다.

그렇다고 지배구조가 기업을 통제하고 장악하는 컨트롤control 개념은 아니다. 기업에는 회사 업무를 운영하고 의사결정하는 경영진이 있다. 그리고 이들을 돕고 감독하며 견제하기 위해 만든 최상위 의사결정 기구가 이사회인데, 이사의 선임과 해임은 주주총회에서 결정된다. 경영진이 '특정' 주주나 이해관계자에게 편향되지 않고 '전체' 주주를 위한 의사결정을 내리도록 하기 위해서다. 지배구조의 핵심은 기업의 모든 활동은 CEO나 고위 임원, 특정 주주를 위해서가 아니라 전체 주주 및 기업 생태계 내 이해관계자들을 위해 이루어져야 한다는 것이고, 이사회는 모든 의사결정을 내림에 있어서 전체 주주들에게 '책임을 지고' 의사결정을 내려야 한다는 사실을 인지해야만 한다.

대다수 언론이나 투자자, 경영진들은 ESG 중에서 E(환경)나 S(사회)와 관련한 이슈에 많은 관심을 두고 있지만, 상당수 ESG 전문가들은 가장 중요한 것은 G, 지배구조라고 말한다. 투자자들은 그린, 환경 분야에 돈이 몰리는 'E'에 관심이 많고, 사회적 이슈나 기업 이미지에 민감한 언론 및 경영진들은 'S'에 관심이 몰린다. 하지만 E와 S를 위한 기업의 모든 활동은 결국 CEO를 비롯한 경영진의 의사결정에서 비롯되는데, 지배구조가 투명하고 민주적인 구조로 짜여야만 여러 이해관계의 충돌을 극복하고 올바른 의사결정을 내릴 수 있기 때문이다. CEO의 독선적 경영, 사내외 이해관계자들에 대한 갑질 경영을 막으려면 지배구조가 제대로 작동해야 하고, 그래야만 이해관계자들의 자발적 참여와 협력을 얻을 수 있다. G가 제대로 갖춰져 있지 않으면 E와 S, 두 요소는 진정성과 지속성을 갖고 추진되기 어렵다.

투자자들도 최근 들어 'E'에 대한 관심이 늘었지만, 기본적으로는

'G(지배구조)'를 투자 판단에 있어 가장 중요하게 생각한다. 러셀Russel 사의 '2020 Annual ESG Manager Survey'에서도 82%의 투자자가 자신의 투자 판단에서 '지배구조'를 가장 중요시하고 있다고 답했다('환경'은 13%, '사회'는 5%). 기후변화에 대한 이슈도 어떤 거버넌스 구조를 가지고 있느냐는 맥락 하에서 투자 판단이 이루어진다. 환경E, 사회S, 지배구조G가 개별적으로 독립해 존재하는 요인이라 오해할 수 있지만, 모든 요인은 결국 지배구조 문제로 수렴될 정도로 지배구조는 ESG 리스크를 관리하는 데 있어 가장 중요한 근본 요소이다.

스타 CEO의 명과 암

기업 경영에 있어 가장 큰 리스크 중 하나는 오너 리스크이다. '오너Owner 리스크'란 회사 경영에 참여하는 지배주주(오너) 또는 그 후계자가 될 오너 일가가 경영 실패, 법적 위험 등으로 정상적인 경영 활동 수행이 어렵게 되는 경영 위기 상황을 의미한다. 오너 리스크는 기업 가치 및 평판 훼손을 야기하는 것은 물론 중장기 성장 기반과 존립 자체를 위협하는 가장 심각한 리스크이다. 특히 오너가 기업의 중심이자 중요한 의사결정권을 갖는 한국에서는 오너 리스크가 기업의 지속경영에 있어 매우 중요하다. 항공사의 '땅콩회항' 사건이나 대기업 총수의 하청업체에 대한 '갑질 논란' 등 오너 리스크가 발생할 때마다 해당 기업의 주가와 기업 이미지는 크게 훼손된다.

오너 리스크는 한국에만 국한된 문제는 아니다. 회사 대표에게 너무 많은 권한과 권력이 집중돼 회사가 크게 흔들리는 사례는 해외에도 적지 않다. 미국 에너지 기업 엔론이 대표적인 사례이다. 케네스 레이 전 CEO는 이익을 부풀리는 방식으로 회계장부를 조작했다가 지난 2001년 덜미를 잡혔다. 무려 16년 동안 분식회계가 일상적으로 이뤄졌고, 그 규모는 15억 달러(약 1조 7000억 원)에 달했다. 미국과 유럽 에너지 거래 중 20%를 담당하는 거대 기업이었지만 결국 파산했다.

미국 종합 산업기기 업체 타이코인터내셔널Tyco International은 데니스 코즐로우스키Dennis Kozlowski 전 CEO가 탈세·공금횡령·사기 등의 혐의로 2005년 징역 8년형을 선고받아, 결국 미국 자동차 부품업체 존슨컨트롤Lehman Brothers에 흡수됐다. 2008년 전 세계를 금융 위기로 몰아넣었던 리먼브러더스Lehman Brothers의 딕 풀드Dick Fuld 전 CEO는 과도한 위험 부담으로 파산했고, 웰스파고Wells Fargo 성장 신화를 일군 존 스텀프John Stump 회장 겸 CEO도 '유령계좌 스캔들'로 2016년에 퇴임했다.

특히 경영 실적이 우수하고 퍼포먼스가 화려한 소위 '스타 CEO'일수록 오너 리스크를 초래할 가능성이 높다. 2002년 메릴린치Merrill Lynch의 스틴 오닐Stern O'Neal 회장은 CEO이자 이사회 의장으로 취임해 ROE를 2002년 7.5%에서 2006년 21.3%로 끌어올렸다. 강력한 리더십과 탁월한 성과를 보이고 있는 CEO에 대해 어떤 사외이사도 위험 부담이 과도하다는 문제를 제기하지 못했다. 그러나 이 실적은 CDO(부채담보부증권, 부실채권들로 구성된 파생상품)에 기반한 것으로, 결국 CDO 시장이 붕괴하자 메릴린치는 2008년 사상 최대 적자를 기록하고 회사는 95년의 역사를 마감하면서 BOA(뱅크오브아메리카)에 인수됐다.

2008년 세계 금융 위기의 주범이었던 리먼브러더스의 풀드 회장 역시 강력한 리더십을 과시했고 이사회는 그저 들러리에 가까웠다. 사외이사 10명중 9명은 은퇴자였으며, 4명은 75세를 넘었고, 금융업 경험을 가진 사외이사는 두 명에 불과했다. 리먼의 이사회 위험관리위원회는 경영진이 리스크 한도의 증액을 요구할 때마다 이의 없이 이를 수용했다. 리먼브러더스가 파산하자 《월스트리트저널》은 "Where was Lehman's Board(리먼의 이사회는 어디 있었는가)?"라는 기사를 통해 리먼 이사회의 무력함을 지적했다.

'금발 미녀에 천재 컴퓨터과학자'라는 수식어가 붙었던 전 야후 CEO 머리사 메이어Marissa Mayer는 37세에 최연소 CEO가 됐고, 2012년 《포브스》가 뽑은 '올해를 빛낸 가장 매력적인 여성 12명'에 포함됐으며 뛰어난 외모 덕에 패션잡지 《보그》의 표지 모델로 선정될 정도로 유명세를 탔다. 그러나 원칙 없이 여러 스타트업을 인수해 30억 달러에 달하는 회사 자금을 낭비하고 구조조정 명분으로 직원들을 가차 없이 해고하는 등 CEO의 권한을 남용했다. 하지만 이사회는 그녀의 행보에 그 어떤 제동도 걸지 못했다. 결국 야후는 그나마 남아 있던 수익사업들조차 통신기업 버라이즌에 팔아야만 했고, 메이어는 CEO직에서 불명예 퇴진했다.

닛산의 카를로스Carlos Ghosn 곤 전 회장 역시 위기의 닛산을 살린 '스타 CEO'였다. 1999년 닛산 재건을 위해 투입된 곤 전 회장은 닛산의 최고운영책임자COO: Chief Operation Officer 취임 직후 '닛산 부활 계획Nissan Revival Plan'을 발표하며 강도 높은 구조조정과 공격적인 신차 투입 등으로 적자에 시달리던 닛산을 1년 만에 3000억 엔대 흑자로 만들었다. 이후 일본에서는 '곤 신드롬'이 불었고, 2001년에는 《타임》지와 CNN이 공동 선정한 그해 '세계에서 가장 영향력 있는 CEO'에 이름을 올렸다. 2001년 닛산자동차 사장 겸 CEO 자리에 올라 20년 가까이 닛산의 상징과도 같은 인물로 유명했는데, 2018년 그는 2011년부터 5년간 유가증권보고서에 연봉을 절반 수준인 50억 엔으로 축소 신고한 금융상품거래법 위반 혐의 등으로 일본 검찰에 체포됐다. "회삿돈으로 해외에 호화주택을 구입했다" 등 곤 회장의 비리 관련 내부 제보까지 터지면서 스타 CEO의 위상은 하루아침에 추락했다. 결국 출국금지 상태였던 곤 전 회장은 성탄절을 맞아 자신의 집에서 음악회를 연 뒤 콘트라베이스 보관함에 숨어 집을 빠져나갔고, 전용기를 통해 터키를 거쳐 레바논에 도착하는 등 영화의 한 장면 같은 탈출극을 벌이기까지 했다. 이 역시 스타 CEO의 빛에 가려 이사회가 제 역할을 못한 결과였다.

오너 및 CEO 리스크에 대비하기 위해서는 이사회가 CEO 추천 및 선임, 경영 승계에 관한 권한과 책임을 갖고 업무 전반을 관리·감독해야 한다. 미국, 독일 등 대다수 선진국에서는 CEO 등의 핵심 경영진을 선임할 직접적 권한이 주주총회가 아닌 이사회에 있고, 경영 승계 역시 지배주주 등이 아니라 이사회 또는 이사회 내 위원회의 책임 사항으로 두고 있다.

이사회 구성과 CEO·사외이사 추천 및 선임, 경영 승계는 회사·주주 등 여러 이해관계자들의 이해를 반영하도록 투명성과 책임성을 강화해야 한다. CEO·사외이사 후보 및 추천 절차 등에 관한 세부 정보,

한순간에 추락한 스타 CEO들

카를로스 곤	
2005	르노 닛산 얼라이언스 사장 겸 CEO
2008	닛산 자동차 회장
2016	미쓰비시 자동차 회장
2018	닛산, 미쓰시비 자동차 회장직 해임

메리사 메이어	
1999	구글 입사
2012	구글 지역 서비스 부문 부사장 겸 야후 CEO
2017	야후 CEO직 사퇴

존 스텀프	
1994	노웨스트은행 텍사스지사 사장
2007	웰스파고 CEO
2010	웰스파고 회장
2016	웰스파고 회장 겸 CEO직 사퇴

리처드 풀드	
1993	리먼브러다스 회장 겸 CEO
2008	리먼브러다스 파산 리먼브러다스 회장 겸 CEO직 사퇴

자료: 언론 종합, 재구성

경영 승계 관련 절차·기준·책임 등의 사항을 정한 규정이 투명하게 공개돼야 주주와 이해관계자 등의 감시와 책임 추궁이 가능해진다. 오너·CEO 리스크나 위기 대응, 경영 승계, (사외)이사 추천 등 이사회의 책임 이행과 관련한 문제가 발생할 때 효과적인 책임 추궁이 가능하도록 기관 투자자의 역할을 활성화하고, 주주총회를 내실화할 전반적이고 실효성 있는 제도 개선 방안을 모색할 필요가 있다.

회사 대표에 대한 감시·감독이 부족하면 이러한 사건들이 재발할 수 있다고 우려했다. 특히 CEO가 이사회 의장을 겸임할 경우 회사 장악력이 강화되는 반면 위험도 커질 수 있다. 곤 회장 역시 닛산자동차 이사회 의장직을 맡고 있다. 미국 드렉셀대학 기업지배구조센터의 랄프 워클링 이사는 이사회 역할이 중요하다고 강조했다. 그는 "감독과 균형이 필요하다. 이사회의 주된 임무는 CEO를 고용하고 해고하는 것이다. 이사회는 의장이 이끌어야 하는데, CEO가 의장을 겸직할 경우 우려스러운 상황이 발생할 수 있다"고 꼬집었다.

올림푸스 회계 부정 사건으로 지배구조의 중요성을 뼈저리게 느낀 일본 기업들

올림푸스 회계 부정 사건은 일본 기업들의 폐쇄적이고 불투명한 기업 문화가 지배구조 리스크에 얼마나 취약한지 보여주는 대표적 사례로 꼽힌다.

일본의 카메라 기업 올림푸스는 1990년대부터 투자해 온 투자상품에서 발생한 대규모 손실을 감추기 위해 무려 20년 가까이 1350억 엔(1조 5000억 원) 규모의 조직적 분식회계를 저질렀다. 이 같은 사실은 2011년 올림푸스Olympus에 취임한 영국인 마이클 우드포드Michael Woodford 사장에 의해 폭로됐고, 결국 올림푸스는 공시를 통해 분식회계 사실을 공식 인정했다. 올림푸스 주가는 한 달 동안 2482엔에서 460엔으로 81% 폭락했다.

올림푸스는 1990년대부터 유가증권의 투자 손실을 장부에 기재하지 않았는데, 2008년 2월에는 영국 의료기기 회사인 자이러스를 약 2100억 엔에 사들일 때 미국 자문회사 등에 666억 엔을 자문료로 지급했다고 허위기재했다. 2006~2008년에는 734억 엔을 들여 일본 건강식품 회사 등 3개사를 사들인 뒤 2009년 3월에 557억 엔의 감손 처리를 했다. 펀드를 통해 누군지도 모르는 대상에게 거액을 건네주기까지 했다. 이유는 1990년대 고위험성 금융 투자에 나섰다가 버블 경제가 무너지면서 큰 손실을 입었음에도 이것을 장부에 기록하지 않았으며 비자금을 조성해 손실을 메꾸려고 했던 것이다. 펀드사의 자산 운용을 통해 손실을 어떻게든 메우려 했지만 결국은 실패했고 손실은 눈덩이처럼 불어나 2003년에 1177억 엔까지 늘어났다. 2001년부터 10년에 걸쳐 1조 4000억 원 규모의 손실을 분식회계로 은폐해온 사실이 드러나면서, 세계 내시경 시장 70%를 점유했던 광학기기 전문 업체 올림푸스는 몰락하고 말았다.

올림푸스의 분식회계가 수면 위로 떠오르게 된 것은 취임 6개월 만에 경질된 전 올림푸스 사장 마이클 우드포드의 폭로 때문이었다. 당시 올림푸스는 우드포드 사장이 회사의 경영 방침을 따르지 않고 다른 경영진과 갈등을 빚는 등 조직 내 혼란을 일으킨 것을 해임 사유로 밝혔지만, 사실은 우드포드 전 사장이 기쿠카와 쓰요시 전 회장에게 과거 기업 매수의 문제점을 지적했다가 역으로 해임된 것이다. 우드포드 사장은 "올림푸스가 M&A 자문 수수료로 6억 8700만 달러를 지급하는 등 의심쩍은 거래를 통해 13억 달러가량의 자금이 사라졌다"고 주장했고, 결국 일본 증권거래감시위원회, 미국 연방수사국FBI, 영국 중대부정 수사국SFO 등 국내외 조사기관이 수사에 착수하는 등 국제적인 압력이 거세지자 올림푸스는 분식회계 사실을 인정했다.

올림푸스 분식회계 사건은 당시 일본의 기업지배구조가 얼마나 부실하고 엉망이었는지를 단적으로 보여준 일대 사건이었다. 올림푸스의 회계조작 수법은 최고경영자가 오랜 기간에 걸쳐 분식회계에 개입했고 은폐에 가담한 사람이 출세하는 인사체제가 유지되는 등 올림푸스 이사회와 감사위원회는 견제 기능을 전혀 수행하지 못했다. 일본 내에서는 이런 부정 사건이 올림푸스 하나만이 아니라고 지적하면서 기업지배구조 개선이 시급하다고 입을 모았고, 이는 사외이사와 감사위원회가 견제 기능을 제대로 수행할 수 있도록 기업지배구조를 개선해야 한다는 데 사회적 공감대를 형성하는 토대를 마련했다.

이 사건을 계기로 일본 기업들은 지배구조 개선에 관심을 가지기 시작했다. 2012년 12월 아베 신조 전 총리는 장기 불황의 늪에 빠진 일본 경제를 타개하고자 '아베노믹스'를 발표하면서 통화정책, 재정정책, 성장전략(구조개혁) 등 3개의 화살을 핵심 방향으로 내세웠다. 특히 기업지배구조 개선 작업도 성장전략에 포함되면서 사외이사 및 감사 제도를 도입한 회사법 개정안이 2015년 5월에 시행됐다. 사외이사, 사외감사는 모회사, 계열사 등의 이사나 집행역, 사용인, 배우자 또는 2촌 이내의 친척이 아니어야 한다는 엄격한 요건을 만들었고, 사외이사를 선임하지 않은 상장사는 정기 주주총회에서 사외이사를 선임하지 않은 사유를 설명하고 공시하도록 했다. 이와 함께 감사 등 위원회를 설치할 수 있는 제도도 신설됐다. 감사 등 위원회는 이사의 직무 집행을 감사하고 감사보고서를 작성하는 역할을 한다. 감사 등 위원회를 설치한 회사는 이사회, 감사, 회계감사인과 보상위원회 등 기타 위원회를 두지 않도록 해 회사의 지배구조 설계에 대한 선택폭을 넓혔다. 자회사의 임원이 회사에 손실을 끼쳤을 때 모회사에 대해 책임을 물을 수 있는 다중대표소송제도도 회사법 개정을 통해 도입됐다.

2014년 2월에는 스튜어드십 코드(기관 투자자의 의결권 행사 자율 지침)가 도입됐다. 기관 투자자가 대상 기업과 건설적인 대화를 통해 기업 가치를 향상시키고 지속적인 성장을 추구해 고객 또는 수익자의 중장기적 투자수익의 확대, 나아가 경제 전체의 성장을 도모한다는 목적으로 만들어졌다. 세계 최대 연기금인 일본 GPIF를 비롯해 신탁은행, 자산운용사, 보험사 등 212개 기관 투자자들이 이를 채택해 시행하고 있다.

한국은 외환 위기 이후 시행된 '기업지배구조 모범 규준'으로 인해 비교적 지배구조 부분에서는 글로벌 시장에서 높은 평가를 받고 있다. 국제 신용평가사 무디스가 발표한 전 세계 144개국에 대한 ESG 평가 보고서를 보면 한국이 최고 수준인 1등급을 받았는데, 세부 분야별 평가에서 '환경' 2등급(중립적), '사회' 2등급(중립적)을 받았지만 '지배구조' 분야에서 1등급(긍정적)을 획득해 종합적으로 'ESG 신용영향 점수'에서 최고 등급인 1등급(긍정적)을 받았다. 특히 지배구조에서 '제도', '정책 신뢰성 및 효과성', '투명성 및 정보 공개', '예산관리' 등 네 가지 세부 항목에서 모두 1등급을 받아 전 세계적으로 한국의 지배구조는 우수함을 증명했다.

일본의 경우 ESG 종합평가에서는 높은 등급을 받아도 지배구조에서 취약한 기업이 많은데, 이는 일본 특유의 폐쇄적 기업 문화나 느린 의사결정 시스템, 낮은 여성 임원 비율 등에 기인한다. 기업지배구조 평가에서 '레드' 등급을 받은 일본 1위 무선사업자 NTT도코모는 첨단 기술 분야에 대한 과감한 투자, 신속한 의사결정 등 지배구조의 문제점을 해결하기 위해 2020년 9월에 44조 원의 금액을 투자해 모회사인 NTT 본체와 통합하기로 했다.

이사회에서 고려해야 할 질문

- 기업 목적과 ESG 목표를 전략 및 리스크와 어떻게 통합하고 있는가?
- 경영진은 ESG가 전략적 계획 수립 과정에 어떻게 반영되고 있는지에 대한 주요 정보와 과정을 제공했는가?
- 기업 목적과 ESG 목표를 이해당사자들에게 어떻게 전달하고 있는가?
- ESG 성과가 재무 실적에 미치는 영향을 평가하기 위해 회사가 수집하는 데이터는 무엇인가?
- 수집한 데이터는 내부 경영진의 의사결정에 어떠한 정보를 제공하며, 이사회는 거버넌스 관점에서 어떻게 정보를 파악 및 관여하고 있는가?
- 기업의 지배구조가 ESG 문제를 감독하기에 효과적으로 구성돼 있는가?
- 현재 코로나 팬데믹 및 사회 정의 이슈가 만연한 상황에서 기업 목적과 ESG가 어떻게 충실히 유지되고 있는가?
- 이사회의 다양성은 어떠한가? 이사회는 새로운 후보를 탐색할 때 다양성을 고려하고 있는가?
- 이사회와 경영진은 경영진 승계 문제와 기업의 다양한 후보군 확보 방안에 대해 논의했는가?
- 팬데믹 대응과 회복으로 기업 목적과 ESG 목표가 대두되고 다양성과 포용성을 위한 노력을 가속화하는 일에 주목도가 높아지는 상황에서 기업 목적과 ESG 목표의 지속적인 갱신과 재검토를 어떻게 할 것인가?
- 중요한 ESG 목표 및 성과와 경영진의 인센티브를 어떻게 연결시키고 있는가?

이렇듯 낮은 지배구조의 평가는 아무리 E(환경)나 S(사회)의 활동이 우수해도 결국은 기업 지속경영의 발목을 잡는 족쇄가 될 수 있다.

ESG 경영을 제대로 하려면 'G(지배구조)'부터 다져야 한다. 투명하고 민주적인 거버넌스를 만들기 위해 CEO 및 경영진은 끊임없이 학습하고 안팎의 이해관계자들과 소통하고, 미래를 향한 결단을 내려야 한다. 그리고 ESG 경영 수행을 위해 이사회에서는 위 사항들('이사회에서 고려해야 할 질문'을 참조)을 고려해야 한다.

야나이 회장이 보여준
진정한 사외이사의 역할

성공적인 지배구조의 핵심은 이사회가 CEO의 경영에 대해 '건설적인 개입'이 가능한가의 여부에 있다. 물론 현실적으로 이사들은 경영진의 결정에 쉽게 반대 의견을 내기 어렵다. 사외이사들은 경영진들이 오랜 시간 애써 마련한 제안에 대해 충분한 정보나 검토 없이 '무책임하게' 반대한다는 것에 대해 심리적 부담을 느낄 뿐만 아니라, 경영진들을 설득하는 데 성공을 자신할 수 없기 때문에 끈질기게 문제를 추궁하기도 어렵다. 그렇기에 경영진의 결정에 있어서 심각한 문제가 지적되지 않는 한 이사회를 통과하는 것은 그리 어려운 일이 아니다. 이런 이사회의 의무적인 통과 절차process, compliance obligation는 기업의 지속경영을 저해하고 결과적으로는 기업 가치를 훼손시켜 주주 전체에게 엄청난 손실을 입힐 수 있다.

뉴욕증권거래소의 지배구조 개선에 관한 보고서(2010.9)에서는 "이사회와 경영진 간의 건설적인 긴장을 유지하는 기업 문화의 정착이 성공적인 지배구조의 핵심이다"라고 강조한 바 있다. 이사회의 역할은 CEO의 결정을 돕는 것이 아니라 CEO의 결정이 기업 경영에 도움이 되는 것인지, 주주 및 이해관계자를 고려한 것인지, 사회 전체에 악영향을 미치지는 않는지를 면밀히 체크하고 적극적으로 의견을 내는 일이다.

사외이사의 역할을 제대로 보여준 인물이 있는데, 유니클로 브랜드로 유명한 패스트리테일링의 창업자 야나이 다다시 회장이다. 야나이 회장은 손정의 회장이 이끄는 소프트뱅크 그룹Softbank Group의 사외이사직을 무려 18년간이나 맡아왔었는데, 소프트뱅크 사외이사직에 있으면서 조언과 비판을 가감 없이 해 화제가 됐다. 야나이 회장은 "저는 대부분의 안건에 반대입니다"라고 할 정도로 손정의 회장의 의견에 서슴없이 반대 의견을 말해 이사회를 활성화시켰다. '한 사람(손정의)은 지르고, 한 사람(야나이)은 말리는' 상황이 소프트뱅크 이사회에서 빈번하게 벌어지고 있는 것이다. 사장이 사외이사를 제압해 정체돼 있는 일본 내 여타 이사회와는 다른 모습이다. 야나이 회장은 사외이사의 역할에 대해 이렇게 설명한다.

"대체로 손 회장은 하고 싶은 게 너무 많아 변덕도 심하고 불안합니다. 늘 이 회사를 사고 싶다, 저 회사를 사고 싶다고 말하죠. 그러다 보니 한 번 손댄 일을 제대로 끝내지 않는 경우가 너무 많습니다. 그래서 사외이사로서의 내 역할은 손 회장이 듣기 싫어하는 소리를 해가며 지금 하는 일을 잘 이끌어나가도록 다잡는 것이라고 생각합니다."

(자료:《손정의 300년 왕국의 야망》 중에서)

야나이 회장이 무조건 반대만 한 것은 아니다. 2016년에 손정의 회장이 '60세 은퇴' 계획을 철회하고, 후계자로 지목했던 니케시 아로라 부사장을 내보냈을 때는 야나이 회장이 주주총회에 참석해 "60세에 은퇴한다니 말도 안 된다"며 손 회장의 결정을 전격 지지했다. 오랜 기간 동안 손정의 회장과 신뢰관계를 쌓아오면서 손 회장의 경영 능력을 잘 알고 있고 객관적으로 높이 평가했기에 소프트뱅크의 미래를 위해 좀 더 계속 일해달라는 지지였던 것이다.

하지만 이런 야나이 회장도 미국 오피스 공유업체 위워크WeWork 투자 실패 및 상장 추진을 둘러싼 이견으로 결국 2019년 12월에 사외이사 자리에서 물러나고 말았다. 손 회장은 미국 사무실 공유 서비스 업체인 위워크 창업자 애덤 뉴먼Adam Neumann의 방만한 경영이 드러났음에도 불구하고 오히려 1조 엔(11조 5000억 원) 규모의 추가 자금 지원을 약속했다. 그러나 당시 사외이사였던 야나이 회장은 추가 자금 지원 결정에 반대하고 과감히 위워크에서 손을 떼야 한다고 주장했지만 손 회장은 강행했다. 이 일을 계기로 야나이 회장은 18년간 몸담았던 소프트뱅크 사외이사직에서 물러났다.

이후 손 회장의 투자 실패와 소프트뱅크 그룹의 실적 악화로 손 회장의 경영 방식에 대한 투자자들의 의구심이 커지기 시작하자, 미국의 행동주의 펀드이자 소프트뱅크 그룹의 주주인 엘리엇 매니지먼트 Elliot Management는 소프트뱅크의 사외이사 비중을 늘리도록 요청했다. 이에 따라 소프트뱅크 그룹 이사진에서 사외이사가 차지하는 비중이 5분의 1에서 3분의 1 이상으로 높아졌다. 그러나 문제는 사외이사의 숫자가 아니라 새로운 사외이사들이 과연 야나이 회장처럼 경영진에 제대로 된 직언을 해줄 수 있느냐이다. 야나이 회장은 퇴임 전 소프트뱅크 주주총회에서 사외이사가 갖는 의미에 대해 다음과 같이 강조했다.

"반대해도 손정의 회장은 뿌리친다. 그렇기에 사외이사는 좀 위험한 자리다."
"꿈도 좋지만 현실 경영이 중요하다. 이것을 꼭 명심해라."

ESG는 이제 기업 경영의 새로운 패러다임으로 자리 잡고 있다. ESG의 모든 영역은 중요하기에 각각 균형을 이루면서 경영을 해나가야 한다. 하지만 현실적으로 가장 중요한 의사결정 체계의 지배구조가 건강해야만 환경과 사회 또한 제대로 실행할 수 있다. ESG가 성공적으로 수행되기 위한 마지막 조각이라 할 수 있는 거버넌스(지배구조)를 어떻게 투명하고 건강하게 만들 것인지가 투자자와 경영진들에게는 중요한 숙제가 될 것이다.

ESG 경영으로
경쟁우위를 만들어라

Environmental
Social
Governance

기업의 백년대계(百年大計)를 책임 질
ESG 경영

"매출과 영업이익 등 재무적 성과를 중심으로 한 기업 평가는 더 이상 유효하지 않다. ESG를 기업 경영의 원칙으로 삼겠다."

이 말은 정부기관이나 투자회사의 대표가 한 말이 아니다. 국내 대기업 총수의 입에서 나온 2021년도 그룹 경영 방향이다. 핵심 경영진들이 모인 세미나에서 그룹 회장이 자사 그룹 경영의 핵심은 ESG라고 천명한 것이다.

애플은 2021년부터 경영진의 상여금(보너스) 결정에 ESG 관련 경영 성과를 반영할 계획이라고 발표했다. 애플 CEO 팀 쿡은 주주총회 안건 통지문을 통해 2021년부터 환경과 다양성, 직원 간 통합 등 6개 가치 구현을 위한 경영진의 노력을 평가해 현금 보너스 책정에 반영한다고 밝혔고, 이사회 보상위원회가 경영진의 ESG 경영성과를 바탕으로 10% 범위에서 지급액을 조정하게 될 것이라고 설명했다. 임원 성과급에 ESG 성과를 반영한다는 것은 보여주기식 활동이 아닌 ESG 요소를 경영에 실효성 있게 접목시켜 추진하겠다는 의미다.

국내외 기업들은 이제 ESG를 단순히 사회공헌 활동을 하는 수준을 넘어 경영상 달성해야 할 구체적 목표로 인식하고 있다. 코로나 사태를 겪으면서 환경과 사회 이슈에 대한 공감대가 형성되면서 CEO 입장에서도 ESG는 선택이 아닌 경영에 있어 필수 핵심 요소로 자리 잡게 된 것이다. 그동안 기업 이미지 개선을 위해 해 온 CSR(기업의 사회적 책임) 활동이 '선택'이었다면, ESG는 기업의 지속가능 여부를 결정짓는 '생존'으로 다가오고 있다. 매출과 영업이익 실적이 좋아도 ESG를 토대로 한 경영 활동이 제대로 이루어지지 못하면 소비자와 기관 투자자 등의 외면을 받고 이는 곧바로 기업의 존폐로 이어지기 때문이다. 앞으로 기업을 평가하는 기준은 '얼마나 벌었느냐'가 아니라 '어떻게 벌었느냐'가 될 것이다.

4장에서 살펴본 ESG의 리스크들은 여러 방식으로 기업의 비즈니스 행위를 방해한다. 환경E 문제는 자연재해에 따른 자원 고갈로 자원 가격을 상승시켜 비즈니스 성장을 위협한다. 빈곤과 저출산 등의 사회S 문제는 고객의 구매력 저하와 시장 축소라는 형태로 기업 경영을 위협한다. 사회적 물의를 일으킨 기업에 대해서는 불매운동으로 인해 기업 자체가 무너질 수 있다. 회계 부정 등의 거버넌스G 문제는 법적 규제 강화로 기업의 자유를 제한해 비즈니스 성장을 위협한다. 게다가 기업들의 경제 활동이 글로벌화함에 따라 ESG 문제의 유형도 다양해지고 증가하고 있다. 그것은 비즈니스의 성장을 저해하는 요인이 증가하고 있다는 것을 의미한다. ESG 문제는 자연재해처럼 즉각적이면서 눈앞에 닥친 문제뿐만 아니라 빈부 격차, 성차별, 인권 문제 등 바로 인식하기 어려운 문제도 포함돼 있다. 지속적 성장과 경영 리스크 완화라는 두 마리 토끼를 모두 잡기 위해 기업은 ESG 문제가 비즈니스에 미치는 영향을 연구하고 '구체적인 전략적 대응 방안'을 마련해야만 한다.

ESG를 경영에 도입하면
무엇이 좋은가

　최근 들어 언론 및 학계, 산업계에서는 ESG를 중요한 화두로 다루어 특집 기사, 스페셜 보고서를 발표하는 등 많은 관심을 보이고 있다. 대기업 총수 및 경영진들도 입을 모아 앞으로 경영에 있어 가장 중요한 고려 요소는 ESG라고 말한다. 그런데 정말 모든 기업들이 ESG에 관심을 갖고 경영에 도입하려는 준비를 하고 있을까?

　글로벌 빅데이터 연구소는 2020년 국내 주요 대기업과 공기업 36곳, 공공기관 22곳 등 333개사를 대상으로 뉴스, 커뮤니티, 블로그 등 12개 채널 22만 개 사이트에서 ESG 경영 정보량을 조사했다. 그리고 업종별 ESG 경영 관심도를 분석했는데, 국내 주요 업종별 ESG 경영 정보량을 분석한 결과 금융지주가 회사당 평균 1865.4건으로 가장 높았고, 다음이 전기자동차 배터리 업계로 평균 713.3건이었다.

주요 업종별 2020년 ESG 경영 관심도 비교

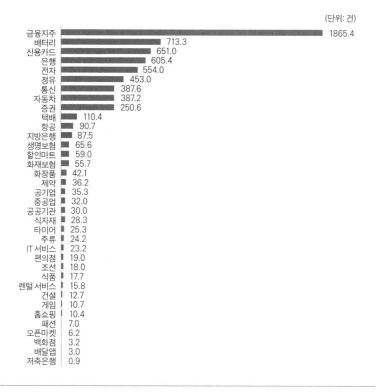

(단위: 건)

금융지주	1865.4
배터리	713.3
신용카드	651.0
은행	605.4
전자	554.0
정유	453.0
통신	387.6
자동차	387.2
증권	250.6
택배	110.4
항공	90.7
지방은행	87.5
생명보험	65.6
할인마트	59.0
화재보험	55.7
화장품	42.1
제약	36.2
공기업	35.3
중공업	32.0
공공기관	30.0
식자재	28.3
타이어	25.3
주류	24.2
IT 서비스	23.2
편의점	19.0
조선	18.0
식품	17.7
렌털 서비스	15.8
건설	12.7
게임	10.7
홈쇼핑	10.4
패션	7.0
오픈마켓	6.2
백화점	3.2
배달앱	3.0
저축은행	0.9

자료: 글로벌 빅데이터 연구소

조사 대상 333개 업체의 ESG 경영 관련 구체적 정보량을 살펴보면 1000건 이상의 슈퍼 관심도 기업은 12개, 정보량 300~999건의 관심도가 높은 기업은 총 28개사로, 금융업계와 4차 산업을 주도하고 있는 IT 업체들의 ESG 경영 마인드가 높은 것으로 조사됐다. 평균 관심도 기업은 55개사였으며 정보량 49건 이하인 기업은 전체 71.4%인 238개, 관심도 제로인 회사는 전체 3분의 1이 넘는 115개사로, 금융과 신용카드, 은행 그리고 배터리, 전자, 통신, 자동차 업체를 제외한 나머지 업계에서는 아직 ESG 경영에 큰 관심이 거의 없는 것으로 나타났다.

몇몇 대기업의 ESG 선언이 언론에 크게 보도되면서 ESG 경영이 중요한 화두로 떠올랐지만 정작 국내 기업 3분의 1 이상은 ESG에 별로 관심이 없다. 설령 있다고 해도 ESG 경영이 무엇이고, 왜 도입해야 하는지, 어떻게 경영에 적용해야 하는지에 대해 제대로 알고 있지 못하고 있다.

ESG 경영이란 기업이 탄소배출 저감 등 환경보호에 앞장섬과 동시에 사회공헌을 통해 기업 가치를 높이며, 법과 윤리를 철저히 준수하는 지배구조 확립 등을 실천해 기업의 지속적인 성장을 가능하게 하는 모든 경영 활동을 의미한다. 기업의 미래와 잠재적 성장을 위해 비즈니스 리더가 ESG에 신경을 쓰고 경영에 도입해야 하는 이유는 다음과 같다.

(1) 환경보호에 기여

환경은 기업이 경영 활동을 하는 토대이다. 이 환경이 무너지면 제아무리 우수한 기업도 설 곳이 없다. 앞에서 설명한 기후변화 문제를 해결하고 더 나은 미래를 대비하기 위해 정부가 역할을 하고 있지만, 기업이 먼저 이 문제에 대해 주도적으로 나서야 한다. 정부에서 관련 정책을 수립하고 이행할 때까지 기다리기에는 시간이 오래 걸릴 수 있다. 기업은 환경문제를 기업 활동과 접목시켜 정부 및 공기관과 협력하고 조직적인 경영 활동을 전개하면 시장에서 상응하는 보상을 받을 수도 있다.

탄소중립 계획을 채택하고 효율화 방안에 투자하거나 재생에너지 및 탄소배출권 구입 등 단기적으로 비용은 들겠지만, 지구환경 보전이라는 큰 가치를 실현할 수 있다. 그리고 그 과정에서 창출되는 새로운 수익은 기업 실적에 기여할 것이다.

(2) 관리 위험 감소

ESG 경영의 장점은 관리 위험을 크게 줄일 수 있다는 것이다. 환경·사회·지배구조의 위험을 소홀히 하는 기업은 문제가 외부에 알려지면서 실적에 영향을 미칠 수 있다. 환경을 고려하지 않은 제품 생산으로 인해 환경 파괴가 반복되면 소비자와 투자자로부터 비난을 받고, 이는 매출 감소와 자금 조달의 어려움으로 이어질 수 있다. 열악한 근무 환경이 개선되지 않으면 이직률이 높아져 채용 비용이 증가할 수 있고 생산성 저하로 인해 생산성도 크게 떨어진다.

ESG 경영을 통해 상시 리스크 관리 체제를 구축하면 장기적으로 비즈니스 성과를 안정적으로 유지하고 향상시킬 수 있다.

(3) 기업 이미지 향상

ESG 경영을 통해 사회 및 환경 문제 해결에 기여하는 회사로 인식되고, 기업지배구조 확립을 통해 투명하고 올바른 기업 이미지를 대외적으로도 알릴 수 있다. 기업의 이미지 개선으로 투자자로부터는 더 많은 돈을 투자받고, 고객 제품 구매 빈도 및 선호도는 더욱 높일 수 있을 것이다.

(4) 수익 창출 기대

수익성 향상은 ESG 경영 도입의 가장 큰 효과 중 하나이다. 좋은 기업 이미지 구축은 팬덤 고객층을 만들게 되고 이는 안정적인 매출 증가로 이어진다. 또한 ESG 관점에서 새로운 비즈니스 아이디어가 떠오르면 이를 구체화함으로써 신규 수익원을 확보할 수 있다. 경우에 따라서는 M&A 및 IPO(주식시장 상장) 등을 통해 사업이 빠르게 성장하고 큰 수익을 올릴 수도 있다.

ESG 경영은 투자자들의 요구 사항을 충족하는 것 이상이어야 한다는 점이다. 연례 보고서에 몇 문장을 추가하고 때깔 좋은 광고만 만들어서는 장기적인 수익 창출을 기대할 수 없다. 멀리 보고 꾸준히 투자해야 고수익을 창출할 수 있다.

(5) 새로운 표준 정립

ESG에 대한 관심은 높아지고 있지만 아직 ESG 평가나 등급에 대한 표준, 기준 등은 정해지지 않았다. ESG 경영 역시 일련의 기준에 따라 기업의 상황을 살펴보고, 다른 기업과 비교해 활동의 성과를 평가하는 정도이다. 많은 기관들이 자체 시스템을 만들어서 투자자가 기업의 비즈니스 활동과 성과를 이해할 수 있도록 하고 있는데, 이것이 오랜 시간 흐르면 경영에 있어서 하나의 새로운 표준New Normal이자 기준이 될 가능성이 높다. 새롭게 마련되는 기준은 기업 내부의 프로세스를 명확히 이해하는 데 도움이 되고, 긍정적인 ESG 경영을 유도할 것이다.

ESG 경영을 위한
전략적 방향

ESG가 투자자들에게 중요한 투자 지표가 되고 있음은 두말할 나위가 없다. 이러한 사실은 기업의 CEO 역시 모르지 않는다.

하지만 대부분의 CEO는 ESG를 사회의 평판으로부터 기업을 보호하기 위한 수단 정도로만 활용하고 있다. 재무적 실적과는 별개로 홍보성의 사회적 공헌 활동을 ESG로 포장해 대중에게 전파한다. 그렇게 하다 보니 대다수 기업들이 하고 있는 ESG 활동이라는 것이 자사의 사업적 속성과는 무관하게 천편일률적으로 비슷하다. 경영자 입장에서 보면 ESG도 중요한 경영의 한 요소이다.

전략경영의 대표적 학자 마이클 포터Michael Porter의 논문, 〈What is strategy?〉(《하버드 비즈니스 리뷰Harvard Business Review》, 1996년 11–12월 호)에 따르면, CEO는 '전략strategy'과 '효율적인 오퍼레이션operational effectiveness'을 혼동해서는 안 된다고 설명한다. '잘 돌아가게 만드는 것'과 '좋은 전략을 세우는 것'은 전혀 다른 문제라는 것이다. 기업 내 폐기물 관리 시스템을 도입하는 행위는 회사의 경영 활동이 잘 돌아가기 위해 행한 '효율적인 오퍼레이션(운영)'이라 할 수 있다. 하지만 이 활동으로 기업의 실적이 늘어나거나 기업 가치가 크게 증가할지는 미지수이다. 이는 해당 기업의 업종에 따라 달라질 수도 있기 때문이다. 결정적으로 이런 활동은 전략적 차별성이 없다.

효율적인 오퍼레이션이 차별적 경쟁 요소인 적이 있었다. 품질이 경쟁력이던 시절, 일본 기업들은 더 낮은 비용으로 더욱 뛰어난 제품을 아주 낮은 불량률로 생산해내며 세계 시장을 제패한 바 있었다. 일본의 뛰어난 효율적 운영관리 기법은 기업들의 벤치마킹 모델이 됐고, 이를 학습한 많은 기업들은 점차 일본처럼 뛰어난 효율성을 갖추게 됐다. 여기에 ICT 기술까지 적용되면서 기업들은 높은 운영 효율성, 높은 제품 품질을 자랑하지만, 모든 기업들이 최고의 운영 효율성을 갖게 됨에 따라 기업 간 차별성은 사라지게 됐다. 마이클 포터는 이러한 현상을 '경쟁의 수렴competitive convergence'이라고 했다. 하이퍼 경쟁 시대에서 효율적 오퍼레이션을 통해 창출해낸 최고의 품질은 일시적으로 차별화를 가능케 할지 모르지만 지속가능한 위치는 보장하지 못하게 됐다. 결국 기업은 전략을 통해 차별화된 경쟁우위를 만들어내야만 지속적 성장을 유지할 수 있는 것이다.

마이클 포터에 따르면 전략이란 '유니크하고 가치 있는 포지션(위치)을 만들어내는 것strategy is the creation of a unique and valuable position, involving a different set of activities'이라고 정의하고 있다. 즉 전략은 차별화된 경쟁우위 요소로 쉽게 모방하기 힘든, 지속가능한 자리를 차지하는 것이 핵심이다. 효율적 운영을 통한 품질 개선, 공정 개선은 잠시 동안은 좋은 위치를 차지할 수 있지만 금방 경쟁 기업이 모방할 수 있으므로 차별화된 위치를 점유하는 데에는 큰 효과가 없다.

CEO가 효율적 오퍼레이션과 전략의 근본적인 차이점을 인지하지 못한 채 ESG를 기업 활동에 도입하면 그 효과는 매우 단기적이고 미미할 뿐이다. 어쩌면 시간과 비용만 낭비하다 흐지부지 사라질 수도 있다. 실제로 런던 비즈니스 스쿨 연구팀은 전 세계 4000여 개 기업의 2012년부터 2019년까지 8년간의 ESG 활동을 조사 분석했는데, 친환경 활동, 노동 관행, 이사회 구성 등 CSR 및 거버넌스 분야에서 거의 모든 기업들이 유사한 활동을 해온 것으로 나타났다.

그렇다면 ESG를 경영에 접목시켜 차별적 경쟁우위를 창출하려면 어떤 전략적 접근이 필요할까?

이에 대한 해법으로 하버드대학 조지 세라핌George Serafeim 교수는 ESG 활동을 전략과 운영에 통합해야 한다고 강조하며 다음의 다섯 가지 사항을 제시했다.

① 업계의 중요한 문제를 식별하고 경쟁 업체와 차별화되는 이니셔티브를 개발(전략적 ESG 실천 사항 채택)
② 이사회의 약속을 보장하기 위한 책임 메커니즘을 만들기(ESG 통합을 위한 책임 있는 프로세스 구축)

③ 지속가능성과 좋은 거버넌스에 대한 목적과 열정을 전체 조직에 주입(기업 목적 규명 및 목적 중심 문화 조성)

④ 운영 전반에 걸쳐 ESG 활동을 분산(ESG 전략 실행을 위해 조직 운영 변경)

⑤ ESG 문제에 대해 투자자와 정기적이고 투명하게 소통

(자료: "Social-Impact Efforts That Create Real Value", George Serafeim, HBR, September-October 2020)

(1) 전략적 ESG 실천 사항 채택

전략성이 높은 ESG 경영은 기본적으로 기업이 가진 차별화된 비즈니스 모델에 기반하고, 자사 사업과 적합성이 높은 ESG를 도입했을 때 비로소 차별화된 경쟁우위로 구현된다. 대표적인 사례가 숙박 시설과 숙박객을 온라인으로 연결해주는 공유숙박 서비스 기업인 에어비앤비Airbnb다. 2019년 기준 전 세계 220개국 10만 개 도시에서 5400만 명 활성 사용자를 보유하고, 누적 사용자는 8억 2500만 명에 달하는 에어비앤비는 2020년에 코로나 직격탄을 맞고 사업에 큰 위기를 맞는다. 하지만 2020년 12월에 미국 나스닥에 상장되면서 첫날 주가가 공모가 68달러의 2배 이상으로 뛰어오르며 소위 대박을 터뜨리게 된다. 장중 한때 시가총액은 1000억 달러를 넘겼는데, 이는 글로벌 호텔 체인인 메리어트 인터내셔널Marriott International과 세계 최대 온라인 여행 업체 익스피디아Expedia의 시총을 합친 것보다 200억 달러 이상 큰 액수이다. 코로나로 인한 실적 부진 탓에 한 차례 상장이 연기되기도 했

지만, 거주 지역에서 가까운 곳으로 여행하려는 소비자의 수요에 발 빠르게 대응하면서 흑자 전환에 성공했고 마침내 나스닥에 상장했다.

이렇게 차별화된 비즈니스 모델을 갖춘 에어비앤비는 상장을 앞두고 호스트에게 발언권과 의사결정권을 주기 위한 장치를 마련했는데, 에어비앤비 호스트 자문 위원회를 발족해 에어비앤비에서 활동하는 다양한 호스트로 구성된 위원회가 정기적으로 에어비앤비 임원진과 만나 호스트 커뮤니티의 목소리를 대변하고 의견을 전달하는 자리를 갖는다. 에어비앤비의 이해관계자들이 만나 의견을 공유하고 문제점을 개선하자는 취지인 것이다. 또한 에어비앤비 주식 920만 주를 통해 10억 달러 규모의 호스트 기금을 조성하는데, 목표액을 초과하는 금액과 이자로 호스트 커뮤니티를 지원하겠다는 계획을 밝혔다. 이런 일련의 ESG 활동들은 결과적으로 에어비앤비의 비즈니스 모델을 강화하는 요소로 작용하고, 경쟁 기업은 모방하기 힘든 차별화된 경쟁우위를 만들게 된다.

이렇게 전략성 높은 ESG는 자사가 활동하고 있는 경쟁의 토대가 무엇인지를 파악하고, 사업과의 적합성이 높은 ESG 과제를 선별해 우선적으로 추진하는 것에서 시작한다. 예를 들어 에너지 및 운송 업계에서는 저탄소배출에 대한 투자가 기업 이익에 직접적 영향을 미칠 수 있지만, ICT 기업의 경우는 이산화탄소배출량 관리보다 다양성 높은 조직 구성이 더 의미가 있을 수 있다.

경쟁력 있는 ESG 경영을 추진하기 위해 사업 자체를 근본부터 바꾸는 경우도 있다. 저렴하면서 단기간에 이용하고 버리는 '인스턴트 가구'

를 주력 상품으로 판매해왔던 이케아는 전략적 ESG 경영을 실행하기 위해 기존의 노선을 버리고 근본부터 혁신했다. 타 경쟁 업체들은 제품 판매 후 원재료의 재사용이나 제품의 재활용 방법 등으로 ESG 활동을 강조했지만, 이케아는 제품의 모듈화를 통해 쓰레기를 줄이고 환경오염을 방지하고자 했다. 더 나아가 폴리에스테르를 100% 재생 소재로 전면 대체하겠다는 목표를 발표했는데, 2030년까지 전체 제품군에 재활용 또는 재생 가능한 친환경 소재만을 사용해 지구를 지키는 자원 순환에 기여하겠다고 선언했다. 이케아는 친환경 소재 활용에 대해 꾸준한 노력을 기울인 결과, 2020년 말까지 텍스타일 제품군의 90%에 해당하는 폴리에스테르 약 10만 톤을 재생 소재로 대체하며 이산화탄소배출량을 45%까지 감축하는 데 성공했는데, 이는 자동차 6만 1000대 1년 배출량에 해당하는 양이다. 모든 제품에 재활용 소재를 사용하는 이케아의 새로운 기준은 자사 실적은 물론 산업 전체에도 긍정적인 영향을 미칠 것으로 보인다. 이처럼 자기 혁신을 통한 전략적 ESG 경영은 기업은 물론 고객, 투자자, 지역사회 등 모든 이해관계자에게도 좋은 결과를 가져다준다.

(2) ESG 통합을 위한 책임 있는 프로세스 구축

ESG 전략 수행은 업무 오퍼레이션과 전략의 양면에서 큰 변혁이 수반되는 큰 작업이므로 이에 대한 공감대와 ESG 목표가 조직 전체에 확산될 필요가 있다. 특히 기업의 중요한 사안에 대해 결정을 내리는 임원 및 이사회의 역할과 보수에 ESG가 연동되도록 설계돼야 한다.

앞에서 설명한 애플 경영진 상여금 결정에 ESG 관련 경영성과를 반영하겠다고 하는 것이 이에 해당한다.

세계 최대 광산업체 BHP(오스트레일리아의 브로큰 힐 프로프라이어테리 컴퍼니Broken Hill Proprietary Company 사와 영국의 빌리톤Billiton 사가 합병)나 세계 2위 석유회사인 로열더치셸Royal Dutch Shell, 남아프리카공화국 전체 전력의 90%를 생산하는 남아공 국영전력공사Eskom와 같이 환경 오염에 직접적 영향을 미치는 사업을 전개하고 있는 대기업은 임원 보수와 탄소배출량을 연동시켜 환경 리스크에 즉각적으로 대응하도록 하고 있다. 한편 마이크로소프트 등의 ICT 기업에서는 임원 보수를 조직 구성원의 다양성diversity 목표와 연동시켜 조직 내에서 참신한 아이디어, 지속적 경쟁력을 위한 혁신, 창조적 발상 등을 유발할 수 있도록 하고 있다.

(3) 기업 목적 규명 및 목적 중심 문화 조성

CEO가 야심차게 추진하려는 ESG 전략이 기업 내에서 생각만큼 잘 진행되지 못하는 이유 중 하나는, 조직 내 실무진에서 ESG 목표 달성에 적극적으로 나서지 않거나 목표를 달성하기 위한 명확한 방향성이 보이지 않는 경우이다. 심한 경우에는 ESG 추진부서와 사업부서, 현장 간의 엇박자를 불러일으킬 수도 있다. 이를 해소하기 위해서는 기업의 비전과 목표를 명확히 하고 이를 축으로 한 ESG 문화를 배양하도록 해야 한다.

이것을 가장 잘 실천하고 있는 사람이 바로 블랙록의 대표 래리 핑크 회장이다. 그는 매년 CEO와 투자자들에게 보내는 연례 서신을 통해 블랙록이 추구하는 비전과 목표를 명확히 설정해 전달한다. 래리 핑크는 서신에서 '기후변화 리스크 관리 및 보고에 관해 중대한 진전을 보이지 않으면 반대표를 던지겠다'라든가, '아시아 시장에서 성별의 다양성이 부족하면 이사 선임을 반대하겠다'라는 구체적이면서 확고한 목표를 제시해 전 임직원들이 흔들림 없이 ESG 활동을 추진할 수 있도록 하고 있다.

그런데 주의할 점은 기업의 비전과 목표가 사무실 벽에 붙이는 구호나 CEO의 거창한 연설 등으로 전 직원들에게 전달돼서는 큰 효과를 거두지 못한다는 것이다. 전달되는 말message에 존재하는 신뢰성 credibility에 따라 정보 전달이 성공적으로 이루어질 수도, 그렇지 않을 수도 있다는 것인데, 말의 '신뢰성'이란 정보를 가진 사람과 정보가 충분하지 않은 사람 사이에 '상충하는 이해conflict of interests'가 얼마나 존재하는지에 따라 결정된다. 다시 말해 ESG 경영의 비전과 목표를 전달하려는 CEO와 직원 간에 이해관계가 충분히 존재한다면 신뢰성 있게 그 의미가 전달되겠지만, 이해관계가 전혀 없다면 CEO의 ESG 외침은 공허한 메아리에 불과할 뿐이다.

(4) ESG 전략 실행을 위해 조직 운영 변경

ESG 전략을 성공적으로 수행한 기업은 크게 3단계 과정을 거친다. 1단계는 ESG에 관련된 리스크를 최소화하고 법 규제를 준수한다. 2단계는 업무 효율(효율적 오퍼레이션)을 개선하는 일이고, 최종적으로는

ESG를 통해 이노베이션(혁신)과 성장을 이뤄내는 것이다.

대부분의 기업은 ESG 전략을 추진하기 위해 제일 먼저 ESG 활동을 일원화시킨다. ESG 센터나 관련 부서를 만들고 해당 부서를 중심으로 ESG 활동을 전개해나간다. 이런 과정은 1단계인 리스크 경감 및 컴플라이언스compliance(회사의 임직원이 제반 법규를 철저하게 지키도록 상시적으로 감독하는 일) 중시를 거쳐 2단계 업무 효율로까지 진행되는 데 있어 효과적이고 일정의 성과를 얻어내기도 한다. 그런데 3단계인 이노베이션 및 성장의 단계로 넘어가기 위해서는 기존의 조직 운영 방식을 변경시킬 필요가 있다. ESG 활동 및 권한을 각 조직으로 분권화하고 이양시켜야 하는 것이다.

벨기에의 화학소재 기업 솔베이Solvay는 자사가 출시하는 각각의 제품들이 환경에 어느 정도 영향을 미치는지 파악할 수 있는 툴tool을 개발했다. 그리고 각 사업부문의 의사결정자들은 이 툴을 이용해 제품과 관련한 R&D 예산에서부터 M&A 시뮬레이션 및 사전 리스크 분석, 규제 변화에 따른 공정 과정 최적화 등 책임을 가지고 환경문제를 고려해 제품을 개발한다.

한 예로 2018년에 솔베이의 한 소재사업부는 테크닐Technyl 폴리머 솔루션을 출시했는데, 이를 만들게 된 배경은 기존 폴리아마이드에 함유된 할로겐과 인 성분이 부식의 주원인으로 밝혀지면서 시스템 오류와 합선 가능성이 제기됨과 동시에 환경에도 심각한 영향을 미치는 것으로 분석됐기 때문이다. 이런 사항은 ESG를 총괄하는 부서에서는 파악하기 어려운 부분으로 각 사업부서에 ESG 활동을 분권 및 이양했기 때문에 가능했다. 소재사업부는 환경문제를 고려하며 문제를 해결하려 노력했고 마침내 전기자동차 전용 원재료 및 클린 컴파운딩 기술을 기반으로 테크닐 원Technyl One이라는 제품을 개발했다. 클린 컴파운딩은 물과 전력을 크게 절감해주는 플랜트 엔지니어링을 통해 소재 생산과정에서 환경 영향을 최소화한 기술이다. 솔베이의 ESG 분권화 노력으로 2016년부터 2019년까지 환경 영향도가 작은 제품의 매출은 4% 증가한 반면, 환경에 심각한 영향을 끼치는 제품의 매출은 5%나 감소했다.

투자자들 역시 기업이 ESG 전략을 성공적으로 수행하기 위해 어떤 식으로 조직을 운영하는지 예의주시할 필요가 있다. 특히 각 사업부서의 톱 리더는 지속가능경영이나 ESG에 정통한 인물을 앉혀 사업과 ESG 활동이 유기적으로 수행될 수 있도록 하는 것이 바람직하다. 브랜드를 중시하는 기업이라면 최고 마케팅 책임자나 브랜드 책임자가 ESG를 잘 알아야 할 것이고, 금융기관과 같이 리스크 관리를 최우선으로 하는 기업이라면 최고 투자 책임자가 ESG 전문 역량을 갖춰야 한다.

또한 조직 내에서 ESG 분권화가 효율적으로 이루어지기 위해서는 ESG 활동의 목표 설정을 최고 경영진이 아닌 사업부서의 의사결정자에게 맡기는 것이 좋다. 이럴 경우 사업부서에서는 야심차게 높은 목표를 설정하기도 하는데, 오히려 이 과정에서 창의적 아이디어와 혁신이 발생해 목표가 이뤄질 수도 있다. 이는 1000개 이상의 기업 분석을 통해 증명되기도 했다.

(5) ESG 문제에 대해 투자자와 정기적이고 투명하게 소통

CEO가 무작정 기업의 ESG 등급을 높이는 것에만 주력할 필요는 없겠지만, ESG에 관심이 많아지고 있는 투자자들과의 소통은 중요하다. 다만 투자자들과의 소통에 있어 몇 가지 오해는 불식시킬 필요가 있다.

먼저 대부분의 CEO는 '눈앞의 이익만을 쫓는 단기 투자자'에 의해 기업의 ESG 활동이 좌지우지될 수 있지만 이는 경영자 입장에서 어찌할 수 없는 일이라고 치부하는 경향이 있다. 틀린 말은 아니지만 꼭 그렇지만도 않다. 일본 최대의 제약회사 다케다武田약품공업이 2018년에 인수합병한 아일랜드의 다국적 제약사 샤이어Shire는 2006년부터 인수되기 전까지 ESG 과제를 자사 전략을 포함시켜 그 성과를 주주들에게 매해 보고했다. ESG 과제는 재무성과와도 직접적 연관이 있었는데, 이 과정에서 눈앞의 실적만을 중시하는 단기 투자자들의 압력이 거세지자 샤이어는 장기 보유를 전제로 한 투자자들을 설득해 차츰차츰 자사 주식 보유를 늘리도록 했고, 결국에는 투자자들의 구성을 장기보유 투자자들 중심으로 바꿔버렸다. 주식공개 기업 중에서는 예외적인 일이기는 하지만, 기업이 투자자 구성을 변화시킨 대표적인 사례이다.

또 다른 오해는 투자자가 기업 가치를 분석하거나 포트폴리오를 구성할 때 ESG 지표만 있으면 충분하다는 것이다. 하지만 실제로 투자자들이 ESG 지표를 파이낸스 모델에 적용하기란 쉽지 않은 일이다. 왜냐하면 이 지표들이 대체 어떤 의미를 갖는지 재무상에 어떤 영향을 미칠지 불투명하기 때문이다.

이에 대한 해결 방안의 하나로 제시되고 있는 것이 바로 '임팩트 가중회계Impact-Weighted Accounting'이다. 3장에서도 설명했듯이, 임팩트 투자는 투자 행위를 통해 수익을 추구하는 것뿐 아니라 사회나 환경 문제들을 해결해 긍정적인 영향을 미치는 사업이나 투자를 의미한다. 투자이기 때문에 단순한 사회공헌 활동이 아니라 구체적인 수익률을 가지고 사회나 환경 문제에 긍정적인 영향력을 발휘할 수 있는 사업에 장기적으로 투자를 한다. 2019년 기준 전 세계 임팩트 투자시장 규모는 약 800조 원인데, 시장 규모가 커지면서 SASB, GRI 등 여러 측정 지표가 쓰이고 있다. 하지만 통일된 측정 지표가 없다 보니 기업 입장에서는 임팩트 투자를 '비용'으로 인식하는 경향이 많다.

임팩트 가중회계는 기업의 임팩트를 회계에 반영하는 가치 측정 도구로, 하버드 경영대학원HBS 연구진이 주축이 돼 결성한 'IWAIImpact-Weighted Accounting Initiative'가 연구 중인 분야이다. IWAI가 분석한 결과, 많은 기업에서 발생하는 환경비용은 회계상 이익을 초과하고 있는 것으로 나타났는데, 2018년 기준 이익을 내고 있는 1694개 기업 중 252개 기업은 환경비용에 의해 이익이 남지 않았다. 거의 모든 기업에서 환경비용이 기업 이익의 25% 이상을 잠식하는 결과를 보였다. 고용 측면에서는 긍정적 효과도 있다. 2018년 미국 반도체 제조사 인텔의 고용 임팩트는 4조 원 수준인데, 고실업 지역에서의 고용 창출 등 고용의 '질'이 반영된 것이다. 문제는 이런 긍정적인 임팩트가 회계장부에 이익으로 반영되지 않는다는 점이다.

그래서 제시된 임팩트 가중회계는, 가중회계를 마련해 기업의 재무제표에 이를 반영해야한다는 것이다. 환경, 고용, 제품 측면에서 기업의 임팩트 성과를 측정해 화폐가치로 환산한 이후 이를 재무제표에 반영하는 구조이다. 가치 측정에서 끝나는 게 아니라 이를 환산해 펀드 수익률 등에 반영할 수 있게 된다. 재무지표에 함께 포함돼 전체 기업 밸류를 책정할 수 있으므로 이에 기반해 세금을 부과하거나 인센티브를 제시하는 것도 가능하다.

이렇게 ESG 활동을 정량화하고 수치화하면 기업과 투자자들과의 커뮤니케이션은 훨씬 수월하고 효과적일 수 있다. 기업이 수행하는 ESG 활동도 타당성을 인정받고 이는 더 큰 투자로 이어질 수도 있다. 직원들의 재교육이나 업무 능력 향상을 위한 연수 등에 투자된 금액은 재무제표상으로는 비용이 되지만 임팩트 가중회계에서는 투자로 인식된다. 탄소배출량 감소나 폐기물 처리에 드는 금액도 장부상으로는 매출 원가를 높이는 요인이 되지만, 환경 임팩트 차원에서는 더 큰 매출을 기대할 수 있다. 이렇게 일련의 ESG 활동들이 수치화되면 투자자들에게는 기업 가치 상승의 시그널로 받아들여지게 되고 이러한 회사에는 투자가 몰리게 된다.

ESG 활동은 점차 기업 홍보 수준에서 벗어나 기업의 차별화된 경쟁 우위를 만드는 경영의 근간이 되고 있다. 투자자들은 ESG 활동에 대해 기업이 선량한 의도를 가지고 있는지 여부를 파악하기보다 경영전략적으로 의미가 있는지, ESG 역량을 계속해서 향상시킬 능력을 갖고 있는지를 더 보게 됐다. 기업들은 내외부적으로 발생되는 모든 ESG

데이터를 확보 및 정량화하고 수치화해 고객, 투자자, 거래 기업 등 이해관계자들에게 지속적으로 제공해야 한다. 경쟁사와 차별화할 수 있는 유일한 길은 자사 사업과 적합성이 높은 ESG 과제를 경영전략 및 오퍼레이션의 축으로 삼아 경쟁사를 앞질러 뛰어난 성과를 창출하고 이를 측정해 공표하는 것이다.

ESG는 비용인가,
투자인가

경영자 입장에서 ESG를 경영에 도입함에 있어 가장 고민스러운 부분은 이것을 비용으로 보느냐, 미래 가치 창출을 위한 투자로 보느냐이다. 일반적으로 ESG에 관련돼 들어가는 돈(직원들에 대한 복지 및 교육비, 환경 보전을 위한 재활용 및 폐기물 설비, 사회공헌 활동 홍보비 등)은 대부분 비용으로 인식돼 영업이익에 영향을 미친다. 장기적 관점에서 ESG 도입의 중요성은 인지하면서도 당장의 제무제표상에는 그 효과가 바로 가시화되지 않기에 ESG 도입을 주저하는 CEO들이 적지 않다. 이런 허들을 해소하기 위해 ESG를 비용이 아닌 장래 기업 가치를 올리는 투자 요소로 인식해 수치화시키는 모델들이 개발되고 있다.

그중 하나가 ROE와 ESG를 연동시킨 ROESG 모델이다. ROESG 모델은 일본의 제약회사인 에자이의 CFO 야나기 료헤이 전무가 제시한 것으로, ESG에 투입된 비용을 미래 투자로 간주해 이를 이익에 반영시켜 ESG 스코어를 산출하는 모델이다. ROESG를 이해하기 위해서는 주가순자산비율PBR: Price Book value Ratio과 자기자본이익률ROE: Return On Equity에 대해 간략하게 살펴볼 필요가 있다.

기업 가치EV: Enterprise Value를 평가하는 지표로는 주가수익비율PER: Price Earning Ratio, 주가순자산비율PBR 등이 있는데, ROESG 모델에서는 PBR에 주목하고 있다. PBR은 회사의 주가와 순자산을 비교하는 척도로, 주가를 1주당 순자산가치로 나눈 것이다. 1주당 순자산가치는 전체 자산을 주식 수로 나눈 값이다. PER이 이익을 창출하는 가치와 주식 간의 비율이라면, PBR은 보유하고 있는 가치와 주식 간의 비율이다. PBR이 1 미만이라면 기업의 장부 가치보다 주가가 낮다는 의미로, 저평가된 기업으로 판단한다(다만 PBR이 1 미만인 기업이 무조건 좋은 것은 아니다). 반대로 PBR이 1 이상이 되면 시장에서 고평가됐다는 뜻인데, ROESG 모델에서는 이 고평가된 가치를 비재무적 자본, 즉 ESG 활동에 의한 가치로 해석을 한다.

실제로 제약회사 에자이의 10년간 PBR 추이와 기업이 시행했던 ESG 활동들의 상관관계를 통계적 방법으로 분석해보면 일련의 활동들이 PBR 상승과 상관관계가 있는 것으로 나타났다. 예를 들어 '인건비 투입을 10% 증가시키면 5년 후 PBR이 13.8% 증가', '탄소배출 저감을 위한 연구개발비를 10% 증가시키면 10년 후 PBR이 8.2% 증가', '여성 관리직 비율이 10% 늘어나면 7년 후 PBR이 2.4% 증가' 등 ESG 활동으로 500억~3000억 엔의 기업 가치가 창출된 것으로 추정됐다.

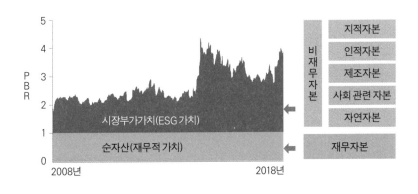

자료: 에자이 통합 보고서, 재구성

이러한 분석을 통해 기존에는 영업이익 계산 시 비용으로 간주했던 인건비나 연구개발비를 ROESG 모델에서는 미래 수익 창출을 위한 투자로 간주해 계산하는데 이를 'ESG EBITEarning Before Interest, Taxes(세전영업이익)'이라 한다. 비용으로 차감됐던 부분을 환원시키기 때문에 기존의 손익계산서에서 산출된 EBIT보다 당연히 ESG EBIT이 더 크다.

ESG 활동에 따른 영업이익의 증가는 ROE에도 영향을 미친다. ROEReturn On Equity는 자기자본이익률을 의미하는데, 자본을 이용해 얼마만큼의 이익을 냈는지를 나타낸다. 같은 자본을 이용해서 더 많은 이익을 내면 당연히 좋다. 예를 들어 자본총액이 1억 원인 회사가 1000만 원의 이익을 냈다면 ROE는 10(%)이 된다. ROE는 주주 입장에서 기업의 이익을 평가하는 가장 핵심적인 지표이다.

ROESG 모델은 이처럼 ESG 활동이 ROE 상승에 있어 중요한 상관

기존 영업이익과 ESG EBIT의 비교

기존 영업이익 계산	(원)	ESG를 고려한 영업이익	(원)
매출	100	매출	100
매출원가	70	매출원가	70
		생산활동에 관한 인건비	10
매출총이익(매출-매출원가)	30	ESG를 고려한 매출총이익 (매출-매출원가+생산활동 인건비)	40
연구개발비	5	연구개발비	5
판매관리비	10	판매관리비	10
		영업 활동에 관한 인건비	5
기타이익	1	기타이익	1
영업이익(EBIT) (매출총이익-연구개발비-판매관리비+ 기타이익)	16	ESG를 고려한 영업이익(ESG EBIT) (ESG 매출총이익-판매관리비+영업활 동 인건비+기타이익)	36

자료: 에자이 통합 보고서 2020를 바탕으로 작성

관계가 있다는 근거를 바탕으로 만들어진 공식으로, ROE에 ESG 스코어를 곱해 수치를 산출해낸다. (야나기 CFO는 이를 비재무적 자본ESG과 Equity Spread의 동기화 모델이라고 부른다. ROESG 모델에 대해 구체적인 내용을 알고 싶으면 "Strategic Finance: Integrating non-financials to create value By Ryohei Yanagi, CMA, CFM, and Nina Michels-Kim", 17 January, 2018 논문을 참고하기 바란다.)

ESG 스코어는 아라베스크Arabesque, 서스테이널리틱스Sustainalytics, FTSE, MSCI, 로베코Robeco 등 5개 ESG 평가기관의 평가 점수를 이용하는데, 각 사의 상위 10% 기업을 만점(1점)으로 해서 10% 단위로 0.1점씩 감점해 5사의 점수를 평균한다. 상위에는 최대 30%의 프리미

엄을 줘서 최고점을 1.3으로 하고, 각 사 IR 데이터를 참고로 해 ROE 의 3기 평균을 산출해 ESG 스코어와 곱해 ROESG 수치를 산출한다.

이 모델을 이용해 2019년에 주식 시가총액 300억 달러(약 3.2조 엔) 이상, 자기자본비율 20% 이상의 글로벌 기업 263사를 대상으로 'ROESG'를 조사해 100위권의 기업들을 발표했는데, 상위 30사의 90%가 유럽과 미국 기업으로 나타났다. 대체로 미국 기업은 ROE가 높고, 유럽 기업은 ESG 스코어가 높았다. 1위는 93포인트를 받은 덴마크 제약기업 노보 노디스크Novo Nordisk로 ROE가 79%로 높아 수익력과 지속력이 우수한 것으로 나타났다. ESG 평가에서도 공장 소비전력의 77%를 재생에너지로 충당하고, 개발도상국의 아이들에게 무상으로 인슐린을 제공하는 등 사회와 경제, 환경 모두를 배려하는 'Triple Bottom Line 경영'으로 높은 평가를 받았다.

3위인 유니레버 계열의 인도 힌두스탄유니레버는 '책임 있는 성장은 소비자의 기대나 시장 트렌드 변화에 대응할 수 있는 유일한 모델'이라는 기조 하에 ESG 활동을 추진해 좋은 평가를 받았다. 5위의 엔비디아는 사이버 보안을 중요 과제로 삼고 위원회를 설치하는 등 ESG 활동을 적극적으로 추진하고 있어, ESG 평가에서는 IT 기업인 시스코 시스템즈Cisco Systems의 뒤를 이어 2위를 차지했다. 한국 기업으로는 36위에 SK하이닉스, 79위에 삼성전자가 순위에 들었고, 일본 기업 중에서 순위가 가장 높은 기업은 56위에 오른 생활용품 제조회사 가오花王이다.

ROESG 모델이 ESG를 평가하는 데 있어 절대적이라고는 할 수 없다. 이 모델을 통해 도출한 수치에 대해 정말 유효한지에 대한 비판도 적지 않다. ESG 스코어의 출처가 모두 해외 평가기관에 근거해 미국, 유럽 기업에 유리하게 작용됐다는 점이나 ROE와 ESG의 인과관계가 충분히 설명돼 있지 않는다는 점 등이 문제점으로 제기되고 있기는 하다.

다만 ROESG 모델에서 강조하고 싶은 것은 수치나 순위보다 측정되기 어려운 비재무적 ESG 활동을 정량화하고 기업의 이익과 연결시켜 이것이 비용이 아닌 미래 가치 창출에 기여하는 투자임을 보여주려고 했다는 점이다. 에자이의 1만여 개 이상의 ESG 데이터와 28년분의 PBR를 빅데이터 분석해 상관관계를 도출해내고, 이를 토대로 ROESG 모델을 만들어냈다. 이렇게 AI, 빅데이터 등을 활용해 ESG를 정량화하고 가시화하려는 노력들은 현재 다른 여러 평가기관들에서도 진행되고 있다.

기업들도 이제는 ESG를 바라보는 시각이 달라져야 한다. ESG는 기부나 자선 활동이 아니다. 단순한 마케팅이나 기업 홍보, 혹은 직원 복지에서 돈을 쓰는 것이 아니라 명확한 비전 하에 기업 가치를 높이는 투자임을 인식하고 전략적 방향에 맞게 예산을 집행해야 한다. 가시화되고 측정 가능한 ESG 추구로 자본 조달비용은 감소하고 실적 및 기업 이미지, 브랜드 가치가 개선되면서 기업은 지속가능한 성장을 실현하게 될 것이다.

글로벌 Top 50 ROESG 순위(2019년 3월 기준)

순위	회사(국가, 산업)	POSEG points*
1	Novo Nordisk(Denmark, pharmaceuticals)	92.4
2	Altria Group(U.S., tobacco)	70.5
3	hindustan unilever(India, daily-use goods)	67.0
4	intuit(U.S., IT)	64.8
5	Nvidia(U.S., semiconductors)	52.9
6	Accenture(Ireland, IT services)	52.6
7	TJX Companies(U.S., retail)	52.1
8	3M(U.S., chemicals)	50.6
9	F. Hoffmann-La Roche(Switzerland, pharmaceuticals)	45.6
10	Illinois Tool Works(U.S., machinery)	45.3
11	Compass Group(U.S., restaurants)	45.3
12	Texas Instruments(U.S., semiconductors)	44.9
13	Applied Materials(U.S., electronic equipment)	42.5
14	Verizon Communications(U.S., telecommunications)	41.1
15	Amadeus IT Group(Spain, IT)	39.4
16	Zoetis(U.S., pharmaceuticals)	39.3
17	Atlas Copco(Sweden, machinery)	38.1
18	Apple(U.S., computing, mobile devices)	36.9
19	CSL(Austrailia, biotechnology)	36.9
20	Tata Consultancy Service(India, IT)	36.7
21	Diageo(U.K., beverages)	36.3
22	LyondellBasell Industries(India, IT)	36.3
23	Northrop Grumman(U.S., aerosapce)	35.9
24	Biogen(U.S., biotechnology)	35.4
25	British American Tobacco(U.K., tobacco)	34.5
26	Ross Stores(U.S., retail)	34.5
27	Canadian National Railway(Canada, railways)	33.9
28	Orsted(Denmark, power generaion)	31.1

순위	회사(국가, 산업)	POSEG points*
29	Inditex(Spain, retail)	30.9
30	Gilead Sciences(U.S., biotech)	30.8
31	Sands China(Macao, casinos)	29.8
32	Waste Management(U.S., environmental services)	29.7
33	Las Vegas Sands(U.S., casinos)	29.5
34	Adidas(Germany, retail)	28.8
35	Nike(U.S., retail)	28.3
36	SK Hynix(South Korea, semiconductors)	28.1
37	Estee Lauder(U.S., daily-use goods)	27.5
38	eBay(U.S., services)	27.2
39	Microsoft(U.S., IT)	26.7
40	TSMC(Taiwan, semiconductors)	26.6
41	Delta Air Lines(U.S., aviation)	26.3
42	Union Pacific(U.S., railways)	26.2
43	Baxter International(U.S., medical)	26.2
44	Naspers(South Africa, telecom)	26.1
45	Bristol-Myers Squibb(U.S., pharmaceuticals)	25.9
46	Adobe Systems(U.S., IT)	25.6
47	Infosys(India, IT services)	25.2
48	ITC(India, tobacco)	24.8
49	CSX(U.S., railway)	24.5
50	Edwards Lifesciences(U.S., medial)	23.4

- 해외 기업 재무 데이터는 Quick Factsheet 참고
- ESG 점수는 아라베스크, FTSE, MSCI 등 5개 평가기관의 2019년 3월 말 평가 기준
- 시가총액 300억 달러, 자기자본비율 20% 이상, 5개 기관 ESG 평가 보유 기업 263개사 대상

자료: Nikkei Asia, 2019

중소기업과 스타트업에게도
ESG는 필요하다

ESG 경영은 기업 규모에 상관없이 지속적으로 성장하기 위해서는 모든 경영자가 진지하게 고민해야 할 중요한 사안이다. 다만 대기업과 달리 중소기업 및 스타트업들은 ESG 경영까지 신경 쓸 만큼 여유가 많지 않은 것이 현실이다. ESG 전문 조직을 설치한다든가 제품 생산 전 과정에서 탄소배출 저감 시행 등의 노력은 현시점에서는 대기업 중심으로 이루어지고 있다. ESG에 대한 관심이 높아지고 있고 기업의 사회적 책임이나 ESG 정보 공개가 주로 대기업에게 요구되다 보니 중소기업이나 스타트업 입장에서는 ESG의 필요성을 체감하는 데 한계가 있다.

전국경제인연합회가 조사한 기업 규모별 국내 기업의 ESG 대응 현황을 봐도 선진국 10점을 기준으로 대기업이 7점, 중견기업이 5점, 중

기업 규모별 ESG 대응현황

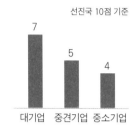

대기업	자산총액 5조 원 이상 상호출자제한집단
중견기업	자산총액 5000억 원 이상, 10조 원 미만, 상호출자제한집단에 속하지 않는 기업
중소기업	자산총액 5000억 원 미만, 평균매출 400억~1500억 원 이하

자료: 전국경제인연합회

소기업이 4점으로 나타나 대기업 대비 여력이 부족한 중소기업들의 ESG 준비가 아직은 미흡함을 알 수 있다.

하지만 이제는 중소기업 및 스타트업들도 기업 경영에서 ESG 요소를 고려할 수밖에 없는 환경으로 변해가고 있다. 당장 해외 시장을 타깃 삼아 사업을 전개하는 중소 및 스타트업들은 유럽연합과 미국의 ESG 강화 방침이 큰 허들로 작용한다. 유럽연합에서는 기업의 전 공급망에 걸쳐 환경과 인권 관련 침해 행위에 대한 자체 실사를 의무화하는 입법이 추진되고 있는데, 이는 ESG 경영을 권고하는 수준을 넘어 법률로 강제하겠다는 것이다. 원청이 하청업체의 환경오염물질 배출 여부, 노동자 근무 환경 등의 사항을 반드시 점검해야 한다는 것인데, 유럽 시장에 진출하려는 해외 기업도 적용 대상에 포함된다. 현지에 진출한 한국 기업들 중 대기업들은 발 빠르게 대처가 가능하지만 ESG 경영이 아직 도입되지 못한 중소·중견 기업들은 바로 대응하기가 쉽지 않다. 법안이 통과되면 이는 중소기업에 상당한 비용과 규제 부담으로 작용할 수 있어 타격이 크다.

미국의 바이든 행정부도 향후 자유무역협정FTA 체결·개정 시 환경과 인권 등의 규범을 최우선으로 할 방침이다. 아무리 저렴하고 우수한 제품을 출시해도 제조 과정에서 환경 파괴나 비윤리적 행위가 발견되면 수출이 제한된다.

기후변화 위기에 대한 글로벌 이니셔티브 주도의 온실가스 저감 캠페인도 중소기업에게는 직접적인 영향을 미친다. 기업에 필요한 전력을 100% 재생에너지로 공급받겠다는 RE100Renewable Energy 100%은 가입 기업뿐 아니라 제품의 공급망에 참여하는 협력사까지 재생에너지 사용의 동참을 요구한다. 실제로 국내 일부 대기업에서는 협력사 선정 시 제품 안전, 노동, 환경 등의 측면에서 협력사의 지속가능경영 수준을 평가하고 이를 선정 여부에 반영하고 있다.

ESG 요소를 고려하는 책임투자 규모가 매년 전 세계적으로 증가함에 따라 채권, 대체투자(주식, 채권 등 전통적인 투자 상품이 아닌 사모펀드, 헤지펀드, 부동산, 벤처기업, 원자재, 선박 등에 투자) 등으로 투자자산군이 확대되면서 중소기업과 비상장기업에 대한 ESG 정보 공개 요구 역시 강화되고 있는 추세이다. 또한 2021년 1월 금융위원회는 한국형 그린뉴딜 정책의 일환으로 2030년까지 전체 코스피 상장사 대상으로 '지속가능경영 보고서' 발간을 의무화하는 정책을 발표하면서 국내 중소기업의 ESG 정보 공시 부담은 가중될 전망이다.

은행권에서도 대출 심사 요건으로 기업의 ESG 수준을 고려하겠다는 계획을 발표하면서 자본 조달 측면에서 중소기업 및 스타트업들은

ESG 요소들을 관리해야 할 필요성이 높아졌다. 대신 ESG 경영만 잘 수행한다면 이전보다 자금 조달이 보다 수월해질 수 있다.

지속가능연계대출Sustainability-linked bond/loan은 기후변화와 환경오염 등 환경·사회 이슈에 대한 관심이 고조되면서 기업의 영리 활동에도 친환경·친사회적으로 지속가능한 경영을 요구하는 자금 조달 방식으로, 일반적으로 채권과 대출로 구분된다. 그린본드Green bond/loan(환경친화적 프로젝트에 투자할 자금을 마련하기 위해 발행하는 채권), 블루본드 Blue bond/loan(환경과 경제/기후를 위한 해양 프로젝트에 자금을 조달하기 위해 발행하는 채권), 소셜 본드Social bond/loan(저소득층과 중소기업 지원, 사회 인프라 구축, 범죄 예방 등 사회문제 해결을 위해 발행되는 채권) 등 이전까지는 채권시장을 중심으로 성장했는데, 최근 들어서는 글로벌 은행들을 중심으로 대출시장이 빠르게 성장하면서 금리 조건에 ESG 기준을 추가하는 경우가 늘고 있다.

차입 기업과 대출 은행의 협의에 따라 선정된 ESG 평가 기준을 충족하는 기간은 낮은 금리를, 충족하지 못할 경우는 높은 금리를 적용하는 방식을 택하는데, 이때 ESG 평가기준은 온실가스, 에너지, 친환경 관련 지표들이 적용된다. 또한 일반적인 기업대출에 비해 지속가능연계대출은 ESG 외부 평가기관이 차입 기업의 지속가능 활동 평가를 위해 대출 거래에 개입한다. 대출 기간에도 ESG 외부 평가기관은 차입 기업의 ESG 등급을 주기적으로 모니터링하는데, 은행은 ESG 평가기관이 평가하는 차입 기업의 등급에 따라 대출금리를 조정한다.

프랑스협동조합그룹 CACrédit Agrico는 패션 기업 프라다Prada에 직원

교육 및 재생 나일론 사용 관련 지표를 적용해 500만 유로를 대출했고, 스페인의 BBVA(빌바오 비스카야 아르헨타리아) 은행은 멕시코 부동산 투자회사 피브라우노Fibra Uno에 관리 부동산의 에너지 사용 효율 지표를 적용해 213억 5000만 페소를 대출하는 등 다양한 ESG 지표가 적용된 지속가능연계대출이 이뤄지고 있다.

이처럼 지속가능연계대출이 글로벌 금융시장에서 자리를 잡고 증가하는 추세에 맞춰 국내 금융회사들도 기업 대출 심사나 조직 활동에 ESG 지표를 반영하고 있다. 중소기업 대출 중개 플랫폼 '고펀딩'은 핀테크 업체인 지속가능 발전소가 만든 '중소기업 지속가능 신용정보 서비스'를 기반으로 대출 신청 기업에 대한 신용평가 보고서를 연계 금융사에 제공하는데, ESG를 대출 심사 때 반영하면 중소기업들이 지속가능성만으로도 대출이나 투자를 받을 수 있다. ESG 경영을 통해 사회공헌도가 높고 노사관계가 좋은 중소기업은 대출을 받을 때 유리해진다.

그동안 은행 등 금융사들은 대출·투자 심사 때 기업 재무정보에만 의존해 업력이 짧거나 신용도가 낮은 중소기업들은 대출을 받기가 쉽지 않았다. 비재무정보 기준 역시 부재해 담당자가 자의적으로 해석해 신용평가의 일관성도 떨어졌는데, ESG 지표 도입으로 ESG 경영 활동이 우수한 중소기업들의 대출 문턱이 크게 낮아진 것이다.

이처럼 ESG 도입을 요구하는 시장 환경의 변화는 중소기업 및 스타트업들에게 부담으로 작용할 수 있지만, 오히려 이러한 상황을 잘만 이용하면 새로운 시장 기회 및 경쟁우위를 만들어낼 수도 있다. 중소

기업 및 스타트업이 ESG 경영을 수행했을 때 다음과 같은 이점을 얻을 수 있다.

(1) 보다 폭넓은 투자자 유치

투자자들은 점점 더 ESG 요소를 재무성과와 함께 투자 결정 과정에 통합하려 하고 있다. 비즈니스를 수행하는 과정에서 발생할 수 있는 ESG 요소를 예측하고 해결하지 못하면 그로 인해 야기되는 사회적 반발, 민사소송, 정부 기관의 벌금 등으로 막대한 손실을 입을 수도 있기 때문이다. 또한 임팩트 투자자 같은 경우는 ESG 성과가 강한 비즈니스에만 관심이 있다. 따라서 ESG 경영을 제대로 수행한다면 중소기업 및 스타트업의 잠재적 투자자 기반이 넓어질 수 있다.

(2) 경쟁우위 창출

일반적으로 중소기업 및 스타트업은 자사가 보유한 우수한 기술이나 높은 제품 품질을 내세워 소비자들에게 어필한다. 대기업처럼 마케팅 역량이나 유통망이 강력하지 않기 때문에 시장에서 경쟁하려면 제품 자체에 승부를 걸 수밖에 없다. 실제로 우수하면서도 혁신적인 중소기업 및 스타트업 제품에 많은 소비자들은 호응을 보내 왔고, 그렇게 성공을 이뤄낸 기업들도 많다.

그런데 ESG 이슈가 대두되면서 소비자의 의식도 변화하기 시작했다. 단순히 저렴하거나 품질이 좋다고 해서 제품을 선택하기보다는 '이 제품은 어떤 과정을 통해 만들어졌는지, 이 제품이 사회나 환경에 미치는 영향은 어느 정도인지'를 보고 판단하게 된 것이다. 이러한 소비 기준에 따라 자신의 신념에 부합하는 브랜드에는 충성하고 사회나 환경에 해로운 제품의 브랜드는 배제시킨다.

비슷비슷한 제품들 중에서 ESG를 고려한 제품에 고객들은 더 많은 관심을 보이게 되고, 이는 헌신적인 고객 기반을 만들어 지속가능한 성장을 이끌어낸다. ESG 중심의 경영은 자사의 경쟁력 원천(혁신 기술, 가격 경쟁력 등)과 결합해 차별화된 경쟁우위를 만들어내고, 이는 더 많은 고객을 끌어들이는 선순환 구조를 형성하게 된다.

(3) 평판 향상

ESG 경영은 기업의 평판(브랜드) 향상에 기여한다. 제품 생산 및 관리에 주력하는 중소기업 및 스타트업은 기업 브랜드 관리에까지 신경을 쓰기가 쉽지 않다. 하지만 ESG 경영을 통해 소비자와의 신뢰를 구축하고 자사 비즈니스를 어필하면 제품 및 기업 인지도는 급속도로 확산될 것이다. 특히 ESG 경영은 신생 기업의 평판을 향상시킬 뿐만 아니라 긍정적인 언론 보도도 기대할 수 있다. 이를 통해 많은 소비자로부터 지지를 받게 되면 자연스럽게 투자자들에게도 주목을 받게 될 것이다.

(4) 우수 인재 유치

중소기업 및 스타트업의 가장 큰 고민은 우수 인재의 확보이다. 대기업으로만 몰리는 인재 쏠림 현상으로 중소기업과 스타트업은 늘 좋은 인재 마련에 고심 중이다. ESG 경영은 이러한 중소 및 스타트업들의 고민을 조금이나마 해결해줄 수 있을 것이다. 취업을 준비 중인 많은 MZ세대들은 사회적으로 가치가 있는 일을 하고자 한다. 미국 밀레니얼 세대의 40%는 회사의 지속가능성 활동을 보고 기업을 선택하고, 70% 이상은 환경에 대한 확고한 비전과 사명을 가진 기업에서 일하게 된다면 기꺼이 급여 삭감도 감내할 수 있다고 한다.

직원의 개인적인 가치를 존중하고 이를 ESG 경영으로 실천하는 기업은 직원의 이직률을 줄이고 생산성을 높일 수 있다. 그리고 이는 결국 수익성 증대 및 기업 가치 향상으로 이어진다.

소니
게임과 미디어로 업을 전환해
친ESG 기업으로 변신

세계에서 가장 ESG 경영을 잘하는 기업은 어디일까? 평가기관마다 저마다의 기준과 방식이 있겠지만, 미국의 공신력 있는 경제 전문지 《월스트리트저널》은 2020년 12월 '지속가능한 세계 100대 기업The 100 Most Sustainably Managed Companies in the World' 순위를 발표했는데 1위 는 바로 일본 기업 소니Sony가 차지했다. 국내 기업 중에서는 100점 만 점에 76.9점을 받은 LG전자가 6위, 74.2점을 기록한 삼성전자가 28위, LG생활건강 86위, GS건설 92위, 아모레퍼시픽 99위 등이 100위 안에 선정됐다.

《월스트리트저널》이 선정한 지속가능 100대 기업은 매년 ESG 평가 기관인 아라베스크Arabesque의 기업경영지수 평가시스템S-Ray을 기반 으로 세계 5500여 개 기업의 지속가능성 관련 주요 지표에 순위를 매 겨 선정된다. 상장기업의 사업 모델, 혁신성, 사회공헌과 노동, 환경,

경영 방식 등의 평가지표를 AI와 ESG 분석가가 평가해 장기적으로 주주들에게 이익을 줄 수 있는 기업을 선정했다.

5500여 개의 글로벌 기업들을 제치고 소니가 1위로 선정된 가장 큰 이유는 기업 정보에 접근할 수 있는 투명성과 기업의 지속가능성을 최우선 과제로 두고 2018년부터 ESG 분야에 투자해온 점을 높이 평가했기 때문이다. 특히 부문별 사업 모델 및 혁신 부분에서 7위, 인적자본 부문에서 13위, 사회적 자본 부문에서 20위, 환경 부문에서 74위에 올라 총 100점 만점에 78.8점을 받아 최고 지속가능경영 기업에 선정됐다. 눈여겨볼 대목은 바로 사업 모델 및 혁신 부분이다. 대체 무엇 때문에 소니는 이 부분에서 높은 평가를 받았을까? 소니는 뼈를 깎는 노력으로 워크맨의 성공 신화에서 탈피해 환경오염에 비교적 영향력이 작은 소프트웨어 미디어 기업으로 변신하는 데 성공했고, 그러한 혁신이 ESG 고평가로 이어진 것이다.

소니 하면 제일 먼저 떠오르는 것이 카세트테이프 재생기기인 '워크맨Walkman'이다. 1980년대 워크맨의 세계적인 성공으로 소니는 글로벌 기업으로 급부상했고, 이후 브라비아BRAVIA TV, 노트북 등 고품질의 가전제품을 출시하며 명실상부 일본을 대표하는 가전기업으로 성장했다. 그러나 세계 전자 업계를 호령했던 소니가 2000년대 들어 한국·중국 업체에 밀리면서 위기가 시작됐다. TV·노트북 사업이 부진을 면치 못했던 2000년대 중반 소니는 게임·영상 사업을 키우겠다며 미디어·엔터테인먼트 전문가인 하워드 스트링거Howard Stringer 소니 필름 총괄역을 CEO로 선임했다. 스트링거는 부진했던 전자 사업들을 정리하며 실적을 개선해 주주들에게는 기대를 받았지만, 단기 성과에 급급한 경영진에게 실망한 기술자들이 회사를 떠나면서 사세가 기울기 시작했다. 그 결과 소니는 2011년 역대 최악인 4600억 엔 적자를 기록했다. 이런 소니의 구원투수로 나선 사람이 히라이 가즈오 전 회장이다. 2012년 소니는 보유한 기술력과 콘텐츠를 융합하는 전략을 구축했는데, 하나의 콘텐츠를 가전·스마트폰·게임기에서 모두 사용할 수 있게 제작해 수익을 극대화하는 이른바 '원소스 멀티유즈One Source-Multi Use' 구조를 확립시켰다. 스파이더맨이 대표적이다. 자사가 판권을 가진 만화 스파이더맨을 영화, 게임, 애니메이션 소재로 활용하고, 자체 제작하던 게임 소프트웨어를 외부 업체와 공동 개발해 다양성을 확보했다. 온라인 게임 구독 서비스도 발 빠르게 선보였는데, 자사 게임기 플레이스테이션의 온라인 유료 회원 수(4600만 명)는 경쟁사인 마이크로소프트 X-Box(1500만 명)의 3배가 넘는다. 소니의 2000년 회사 전체 매출율을 보면 전자 사업이 69%, 음악·영상 16%, 게임 9%였으나, 2020년에는 게임이 31%, 전자 22%, 음악 19%로 이제는 게임이 소니의 주력 사업이 됐다. 전 세계 게이머들이 기다려온 플레이스테이션 5는 2020년 11월에 출시된 이후 여전히 물량 부족을 겪을 만큼 인기가 높다. 여기에 소니가 제작한 애니메이션 〈귀멸의 칼날〉이 미야자키 하야오 감독의 〈센과 치히로의 행방불명〉을 제치고 역대 일본 영화 흥행 1위에 오르는 등 콘텐츠 사업에서도 대박을 터뜨리며 완벽하게 소프트웨어 미디어 기업으로 변신했음을 보여주었다.

물론 화려한 부활의 이면에는 구조조정의 아픔도 있었다. 하지만 샤프(TV·가전), 도시바(노트북·반도체) 등 다른 일본 제조업체들이 기존 전자 사업에 집착하다 주력 사업체들이 해외에 팔려간 것과 달리 과감한 혁신으로 체질 변신에 성공한 소니는 실적에서도 좋은 결과를 보였다. 2020회계연도(2020년 4월~2021년 3월) 잠정 순이익이 전년 대비 86.4% 증가한 1조 850억 엔(약 12조 원)을 기록할 전망이라고 발표됐는데(2021년 1월 기준), 순이익 1조 엔 달성은 일본 소니가 1946년 창립된 이래 처음 있는 일이다. 순이익 1조엔 전망치를 발표한 당일 뉴욕 증시에서 소니 주가는 12% 넘게 오르며 사상 최고치를 경신했다.

소니는 환경 활동에 있어서도 구체적인 목표를 설정해 적극적으로 추진 중이다. 2050년까지 환경에 대한 영향을 '0'으로 만들기 위한 '로드투제로Road to Zero' 목표를 수립하고 이 목표를 이루기 위해 2025년까지 환경 중기 목표인 'Green Management 2025'를 설정해 실행하고 있다.

로드투제로는 네 가지 환경 측면에 대한 각각의 목표를 설정해 제품과 비즈니스 활동에 있어서 지구환경에 미치는 영향을 2050년까지 제로(0)로 달성하기 위한 글로벌 환경 계획이다. 그리고 이에 대한 구체적인 실행 방안이 그린 매니지먼트 2025인데, 주요 목표로는 '제품 1대당 플라스틱 사용량 10% 줄이기', '신규 설계 소형 제품의 플라스틱 포장재 전면 폐지', '사무소의 온실가스 배출량 5% 줄이기', '총전력 사용량 중 신재생에너지 전력 사용을 15% 이상 높이기' 등이 있다.

이 밖에도 2020년 9월에는 환경 기술에 특화한 벤처를 대상으로 투자를 시행하는 '소니 이노베이션 펀드Sony Innovation Fund'를 설립하는가 하면, 소니의 두뇌 집단이라 할 수 있는 소니컴퓨터사이언스연구소

Green Management 2025

2025년까지 소니는 제로에 더욱 가까워집니다.

2010 › 2015 › 2020 › **2025** › 2030 › 2035 › 2040 › 2045 › 2050

Green Management 2025로
소니의 환경활동의 영역이 확대됩니다.

Value chain에게 요구

부품 공급업체나
제조위탁처에게
환경 영향을 줄이기 위한
노력을 요구합니다.

소니 그룹의 대응을 강화

소비전력 및 온실가스
배출량 줄이기,
재생에너지 활용 등
다양한 분야에서 대응을 강화합니다.

사회·소비자의 계몽

엔터테인먼트 사업으로
전 세계 20억명 이상을 대상으로
지속가능성의 과제를 개발하고,
행동을 촉구합니다.

자료: 소니코리아 HP

(소니CSL)에서 연구 중인 '협생농법(다양한 식물을 혼생시켜 생물의 힘으로 생태계를 꾸려나가는 농법)'에 투자하는 등 그린 ITGreen IT 분야에도 적극적으로 투자하고 있다.

환경을 지키기 위한 신기술 개발에서도 남다르다. 소니는 재생 플라스틱 'SORPLASSustainable Oriented Recycled Plastic'를 개발해 재활용이 불가능한 자원 사용을 최소화하고 있다. 전자제품에 재활용 플라스틱을 도입하는 경우 난연제를 더해 안전성을 확보해야 한다. 이 때문에 보통 재활용 플라스틱이라 해도 재활용 재료의 사용 비율은 약

자료: 소니코리아 HP

30% 정도에 지나지 않는다. 하지만 소니는 1%도 되지 않는 첨가량으로 기존과 동등한 효과를 얻을 수 있는 유황계 난연제를 개발해 재활용 재료 사용 비율을 최대 99%까지 높였다. 이렇게 개발된 플라스틱이 SORPLAS이다.

SORPLAS는 제조 공정에서의 이산화탄소배출량도 일반 난연성 폴리카보네이트 수지에 비해 최대 80%를 감소시키는데, 실제로 자사 제품인 브라비아 TV 제조에도 사용돼 생산 중 이산화탄소배출량이 크게 감소했다. 그뿐만 아니라 공장에서 배출되는 폐 디스크나 폐 시트, 공병 등의 '포스트 컨슈머 재료(사용 후 배출된 폐기물을 재원료화한 재료)'를 주요 원료로 적극 활용해 사회적인 자원 순환에도 기여하고 있다.

다만 소니의 친환경 계획 추진에 있어 일본 내 공장이 걸림돌이다. 애플은 2020년 7월 '환경보호 성과 보고서'를 발표하고 2030년까지 자사 제품과 글로벌 공급망에서 탄소중립을 달성하겠다는 목표를 세웠다. 그러면서 해당 요구 사항을 자사 사업장뿐 아니라 부품 공급업체에까지 확대했는데, 이에 따라 애플에 부품을 공급하는 소니 역시 오는 2040년까지 전 세계 모든 생산시설의 가동 전력을 친환경 에너지로 전환하고 2050년까지는 자사의 모든 제품과 기업 활동의 탄소 발자국 '제로(0)'를 달성한다는 방침을 세운 것이다.

이미 유럽과 중국 지역의 소니 공장에서는 완전히 재생에너지 전환을 완료했고, 북미 지역 생산시설 역시 오는 2030년까지 100% 전환을 마칠 예정이다. 문제는 일본 내 공장이다. 2020년 11월에 일본의 고노다로 행정개혁장관과 일본 기업 100여 개로 구성된 '일본 기후변동 이니셔티브JCI'의 대표 CEO들이 면담을 가졌는데, 일본 정부는 2018년 기준 17%에서 2030년 24%까지 자국의 재생에너지 이용률을 높이기로 했다. 그러나 JCI 측은 2030년 목표치가 40% 이상은 돼야 한다고 지적하며, 일본 정부의 미적지근한 기후변화 대응책에 강한 항의를 쏟아냈다. 특히 소니는 일본의 재생에너지 이용률이 낮아 2030년까지 애플의 RE100Renewable Energy 100%(경영 활동에 필요한 전력의 100%를 재생에너지로 대체) 요구를 달성하지 못한다면 결국 일본을 떠날 수밖에 없다는 입장을 밝히는 초강수를 두었다. 그동안 소니는 기술 유출 우려 때문에 카메라 이미지 센서 공장 등의 해외 이전을 꺼려왔다. 하지만 환경 규제가 점점 심해지고 ESG 평가 원칙에 따라 투자 대상을 결정하는 추세에서 온실가스 배출량은 투자 결정에 상당한 영향을 미칠 수 있기에 정책이 이를 뒷받침해주지 않는다면 일본도 떠날 수 있다고 항변한 것이다.

소니는 저출산이라는 사회문제 해결 및 직원의 근무 환경 향상을 위해 사원의 불임치료 지원제도도 도입했다. 남녀 성별에 관계없이 전 사원이 대상이고, 사원의 배우자도 지원 대상이다. 일본 후생노동성 조사에 따르면 일하면서 불임 치료를 경험한 사람의 16%가 일과 치료의 양립이 어려워 직장을 그만둔 것으로 나타났다. 우수한 직원이 회사를 그만두면 그만큼 회사의 생산성에도 마이너스이다. 이에 소니는 비용 지원을 비롯해 휴가와 근무시간 단축 등을 이용하기 쉽게 해 사원의 이직을 방지한다. 구체적으로는 기본급의 70%를 지급하는 연 12회 유급휴가, 1년간 휴직(무급), 1년간 단축(6시간)근무, 연 20만 엔(약 223만 원), 100만 엔(약 1116만 원) 상한 치료비용 보조 등을 지원한다.

소니는 2014년에 국제신용평가사 무디스로부터 '투자 부적격'의 '정크' 선고를 받는 수모를 겪은 적도 있었다. 더 이상 혁신적인 제품을 내놓지 못할 것이란 비판 속에서 회생은 절망적이라는 회의적 시각이 지배적이었다. 그런 상황 속에서 ESG 경영은 언감생심焉敢生心이었을 것이다. 하지만 소니는 과거의 성공 방식을 버리고 소프트웨어·미디어라는 새로운 길을 택했다. 앞에서 ESG 경영이 차별화된 경쟁우위를 가지려면 우선적으로 차별화된 사업모델을 갖춰야 한다고 설명한 바 있다. 소니는 각고의 노력 끝에 사업 모델 혁신에 성공했고, 이를 토대로 한 ESG 경영은 타사가 모방할 수 없는 경쟁우위를 만들어냈다. 그리고 이는 결국 '지속가능한 세계 100대 기업' 1위라는 결과로까지 이어졌다.

노보 노디스크
순환경제로
환경오염 제로 세상을 만든다

2019년 ROESG 평가에서 1위를 차지한 노보 노디스크Novo Nordisk
는 대중들에게 그다지 잘 알려진 기업이 아니다. 하지만 이 회사는 전
세계 당뇨병 환자들에게 없어서는 안 될 구세주와도 같은 기업이다. 전
세계 당뇨병을 앓고 있는 인구는 약 4억 1500만 명으로 인류에게 큰
위험이 되고 있는 당뇨병의 가장 강력한 치료제는 인슐린이다. 노보 노
디스크는 90년간 인슐린을 생산하며 수많은 당뇨병 환자들을 구한 세
계 인슐린 시장 1위의 덴마크 제약회사이다. 노보 노디스크는 노벨생
리의학상 수상자인 덴마크 의사 아우구스트 크로그가 1923년 설립한
회사로, 아우구스트의 부인이 당뇨병을 앓고 있었기에 당뇨병과 그 치
료법에 관심이 많았다.

노보 노디스크는 인슐린 외에도 비만, 혈우병, 호르몬 치료제도 생
산한다. 2015년 출시한 비만 치료제 '삭센다Saxenda'는 미국에서 35%

의 시장점유율을 차지하고 있고, 미국을 포함한 15개국에서 판매되고 있다. 또한 혈액 응고 능력에 장애를 일으키는 혈우병 치료제 및 성장 호르몬 치료제 역시 노보 노디스크의 사업 분야이다.

ROESG에서 1위를 할만큼 노보 노디스크의 사업 실적은 탄탄하다. 인슐린 판매로 글로벌 제약회사로서의 입지를 다진 노보 노디스크는 연간 약 20조 원의 매출을 기록하고 있다. 성공의 비결은 과감한 투자에 있다. 전 세계적으로 서구식 식단을 채택하면서 당뇨병 환자가 급증하게 됐고 이들은 평생 인슐린을 주입하는 치료를 받아야 했다. 이에 노보 노디스크는 인슐린 시장에 과감하게 투자해 경쟁 기업보다 우위를 차지했다. 2000년대 한때 라이벌 기업인 일라이 릴리에게 상당 부분 점유율을 빼앗긴 적이 있었는데, 노보 노디스크는 5000만 달러의 투자를 단행하면서 정면돌파에 나섰다. '글로벌 기업으로 성장하려면 과감한 투자 말고 돌아가는 길은 없다'라고 판단해 혁신적인 기술을 개발했고, 그 결과 주사기나 유리병 같은 의학 용품에 거부감을 느낀 당뇨병 환자에게 펜 타입 치료제를 제공하는 등 고객 니즈에 부합하는 제품을 제공하면서 시장 탈환에 성공했다.

노보 노디스크는 사회적 책임을 다하는 데에도 앞장선다. 노보 노디스크는 의약품을 시장에 내놓기 전에 안전성을 철저히 검증하는 기업으로도 유명한데, 1990년대 연구실에서 새롭게 개발된 인슐린을 처방받은 동물에 종양이 생기자 3년 동안 관련된 모든 개발을 중단하기도 했다. 종양을 발생시킨 문제를 확실히 밝히고 나서야 개발은 재개됐다. '건강·생명과 연관된 제품을 만드는 회사에서는 그 어떤 이슈도 안전보다 중요하지 않다. 우리는 언제나 안전 문제에 신경 쓰고 주의한 다'는 기업의 철학이 경영에도 철저히 반영된 것이다.

제품의 연구개발에 있어서도 보다 엄격한 평가 기준을 적용한다. 심지어는 모든 연구개발 프로젝트를 더 철저히 조사하고 상업적 성공 가능성도 보다 높은 기준으로 평가하겠다고 했다. 수익을 최우선으로 하는 기업이 상업적 성공을 뒤로하고 안전성을 더 우선시한다고 하는 것은 주주나 투자자 입장에서는 불만족스러울 수 있다. 하지만 경영진은 '고객 안전이 최우선'이라는 모토 하에 제품의 안전성을 철저하게 추구했고, 이는 결과적으로 회사를 성장시키는 원동력이 됐다

노보 노디스크는 사업성과도 우수하지만 ESG 활동도 적극적이다. 무엇보다 사회적 책임을 다하며 이 과정에서 비즈니스 기회를 잡는 전략을 추진하는 것이 주목할 만하다. 이는 사회적 책임을 다하는 것이 곧 수익으로 연결된다는 강한 신념을 갖고 있기 때문이다. 사회적 책임을 다하면 장기적으로 금융 이슈로 연결되고 이는 기업 가치 상승으로 이어진다는 것이다. 반反사회·반환경 기업 활동은 결국 정부 규제로 이어지고, 규제는 다시 기업의 비용 증가로 귀결되기에 사회적 책임을 다하는 것이 기업 실적에도 도움이 된다는 논리다.

이러한 논리를 바탕으로 만들어진 경영 이념이 바로 환경에 전혀 영향을 미치지 않는 'Circular for Zero'이다. 'Circular for Zero'는 순환경제Circular Economy에 기반한 전략으로, '① 글로벌 운영 및 환경오염으로 인한 환경 영향을 어떻게 줄일 수 있을까? ② 기존 제품을 어떻게 업그레이드하고 재사용 및 재활용을 촉진하는 새로운 제품을 설계

할 수 있을까? ③ 순환 소싱 및 조달로 전환하기 위해 공급업체와의 협력을 어떻게 개선할 수 있을까?'라는 세 가지 질문에서 출발한다.

순환경제Circular Economy란 자원 절약과 재활용을 통해 지속가능성을 추구하는 친환경 경제 모델을 말한다. '자원채취take-대량생산make-폐기dispose'가 중심인 기존 '선형경제'의 대안으로 등장한 것으로, 폐기물 최소화에 집중하는 자원순환에서 그치지 않고 '채취-생산-소비-재활용'의 선순환 구조를 이루어 환경오염 방지에 초점을 맞추고 있다.

탄소배출량을 제로Zero로 만드는 탄소중립의 핵심은 이런 순환경제를 통해 재사용과 재활용을 강화해 자원과 에너지 사용을 최소화하고 온실가스를 감축하는 것이다. 온실가스의 55%는 에너지 사용에

순환경제 개념

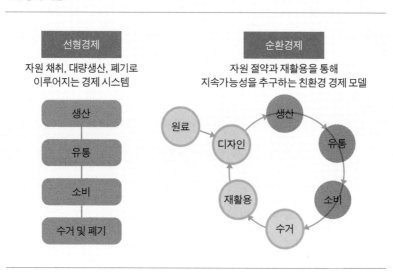

자료: 복합소재기술연구소

서, 나머지 45%는 제품 생산에서 나오므로 재생원료 기반으로 물질 전환을 해야 탄소중립을 실현시킬 수 있다.

노보 노디스크의 'Circular for Zero'의 시작은 1970년대로 거슬러 올라간다. 1975년에 생산과정에서 발생하는 폐수, 소음, 냄새를 측정하기 위한 독립적인 환경팀을 설립했고, 1994년에는 덴마크에서 최초로 회사의 자원 소비, 배출, 실험 동물 이용을 설명하는 환경보고서를 만들어 공개했다. 이후 매년 새로운 환경 목표를 세웠는데, 이 목표에는 자원의 효율적인 활용, 실험 동물 이용의 최소화 등이 포함돼 있다. 2002년에는 인권, 노동, 환경 및 반부패를 위한 좋은 기업 원칙을 장려하는 유엔글로벌컴팩UNGC: United Nations Global Compact에 서명했고, 2006년에는 세계자연기금WWF: World Wide Fund for Nature의 클라이밋 세이버Climate Saver의 하나인 탄소 정보 공개 프로젝트에 참여해 2014년까지 이산화탄소배출량을 2004년 대비 10% 감축할 것을 약속했다. 이 약속에 따라 모든 활동과 가치사슬Value Chain에서 이산화탄소배출을 줄이기 위해 노력했다.

노보 노디스크가 생산에 사용하는 모든 전기는 풍력, 태양열 및 수력 발전을 포함한 재생 가능한 원천에서 비롯되며, 전 세계 생산시설에서 재생 가능한 전력으로 전환하고 있다. 2007년에는 덴마크 에너지 회사 DONG 에너지와 파트너십 계약을 체결하고, 덴마크 내 시설에서 생산 시 필요한 모든 에너지 절약을 위해 새로운 해상 풍력발전단지의 친환경 에너지인 녹색 전기 구매로 전환했다.

수자원 역시 재사용을 통해 환경 보전에 기여한다. 인슐린의 생산과

충전은 물에 의존하고 있고, 제품의 품질을 유지하려면 매우 높은 수질이 필요하다. 이를 위해 많은 수처리 단계가 필요하지만, 수자원 보존의 오랜 전통을 가진 노보 노디스크는 가능한 한 물을 재사용한다. 전 세계 모든 생산 현장에서 물 소비량을 모니터링하고 생산공정을 최적화함에 따라 전체 물 사용량이 감소했다. 2030년 환경 전략에서는 물 사용을 줄이고 생산 현장에서 물을 재사용하는 데 중점을 두었다.

노보 노디스크가 추진하는 Circular for Zero

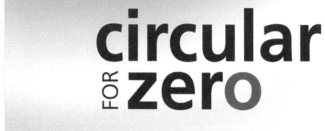

자료: 노보 노디스크 HP

노보 노디스크는 사회공헌 활동에도 앞장서고 있다. 2009년부터 개발도상국의 당뇨병 소아 환자들을 대상으로 인슐린을 무상으로 제공하는 'Changing Diabetes' 프로그램을 실시하고 있는데, 2020년까지 약 2만여 명의 당뇨병 소아 환자들에게 약품과 의료 서비스가 제공됐다.

의약품과 주입 펜의 생산 및 유통에 많은 양의 에너지, 물 및 원료를 사용하는 기업으로서 노보 노디스크는 환경 영향을 줄이고 사회에 공헌하는 것이 회사의 책임이며 장기적인 위험을 완화하는 방법이라고 강조한다. 노보 노디스크는 순환적 사고방식을 채택해 재활용 또는 재사용할 수 있는 제품을 설계하고, 비즈니스 관행을 재구성해 소비를 최소화하고 폐기물을 제거하며 공급업체와 협력해 기업의 지속가능 성장을 실현하려 하고 있다.

여기에는 남다른 CEO의 리더십도 큰 역할을 했다. 노보 노디스크의 전 CEO 라스 레비엔 소렌슨Lars Rebien Sørensen은 《하버드 비즈니스 리뷰HBR》가 선정한 세계 최고 CEOthe world´s best-performing CEO 순위에서 2015년, 2016년 2년 연속으로 1위를 차지한 인물이지만 화려함과는 거리가 먼 사람이다. 하지만 그 어떤 CEO보다 ESG에 대한 신념과 비전은 뚜렷하다.

그는 글로벌 기업의 총수이지만 자가용 비행기를 거부하고 낮은 연봉을 받는다. 대부분의 CEO들은 바쁜 일정을 소화해야 한다는 이유로 1분 1초 시간을 소중히 여기고 이를 위해 전용 비행기를 타며 세계를 돌아다닌다. 하지만 라스 소렌슨은 "내가 개인 비행기를 타면 내

Globalising out of the Nordics:

ARE TOP EXECUTIVES EXPORTING A SCANDINAVIAN LEADERSHIP STYLE?

An exclusive group of Nordic business leaders have made it to the top of the international corporate world, either as top executives or in board roles outside the Nordic region. Does their international success stem from a Scandinavian leadership style that is increasingly in tune with global trends? And is it exportable?

자료: HBR

부하직원들에게 '나의 시간은 너의 시간보다 중요하다'는 신호를 주는 것"이라며 자신보다 직원을 우선시했다.

　의사결정에 있어서도 CEO 독단보다는 합의를 통해 결정 내렸다. 이는 성과를 강조하는 미국식 경영과 달리 수평적인 문화와 협업, 사회적 책임을 강조하는 스칸디나비아식 경영에 기반했기 때문이다. 노보노디스크는 중요한 결정을 내릴 때 직원 의견을 수렴하고, 팀워크를 중요한 가치로 여긴다. 사회적 책임을 다하면서 경제적 이익도 창출한다는 기업 철학도 스칸디나비아식 경영에서 비롯된 것이다. CEO의 낮은 연봉도 스칸디나비아식 경영의 특징으로, 소렌슨 전 CEO는 "연봉은 기업 내부 응집력에 대한 열의를 반영하는 것. 결정을 내릴 때 그 과정에는 모든 조직원이 참여해야 하고, 결정에 따른 성과는 CEO 주머니만 채우는 것이 아니라는 것을 직원이 알아야 한다"며 경영자 중심의 미국식 사고방식을 지적했다.

당뇨병·비만·혈우병 등의 질병 치료제를 생산해 사회적 책임을 다함으로써 새로운 시장을 창출하고 경제적 이익을 얻는 노보 노디스크의 선순환 전략은 비영리기구 '세계당뇨병재단' 설립으로까지 이어졌다. 이 재단의 목표는 당뇨병 치료 인프라가 취약한 동남아시아, 라틴아메리카, 아프리카 등의 지역을 지원하고 치료 능력을 길러주는 것이다.

환경을 생각하고 직원을 배려하며 의료 취약 국가들을 지원하는 노보 노디스크의 행보를 보면 왜 이 기업이 ROESG 평가에서 1위를 했는지가 이해가 된다. ESG 경영은 돈만 들고 실적에 도움도 안 되고 실천하기도 어렵다고 말하는 기업들에게 노보 노디스크는 두 마리 토끼를 어떻게 하면 잘 잡는지를 보여주는 본보기가 될 것이다.

엔비디아

혼자가 아닌 같이 하는
ESG 경영

컴퓨터 그래픽 카드인 '지포스GeForce' 시리즈로 잘 알려진 엔비디아NVIDIA는 이후 자율주행차 전용 반도체를 공개하고 AI 기술과 관련된 사업영역으로 확대하면서 AI 분야에서도 두각을 나타내고 있다. 2020년 9월에는 세계 최대 반도체 설계 기업 ARM을 지금까지 진행된 반도체 M&A 사상 최대 규모인 400억 달러(약 47조 3000억 원)에 인수한다고 발표하면서 세간의 주목을 모았다(다만 2021년 2월 기준 구글, 퀄컴, MS 등의 반대로 인수합병에 난항을 겪고 있는 상황이다).

엔비디아는 애플, MS 등 다른 ICT 기업들과 비교해 ESG 활동이 크게 눈에 띄지 않는다. MS는 CES 2021에 나와 워싱턴 주 퀸시에 위치한 30만 ㎡ 이상 규모의 MS 데이터센터를 소개하며 개인정보를 위해 자사가 얼마나 애쓰고 있는지를 역설했고, 애플은 팀 쿡 CEO가 직접 나와 흑인대학과 협력해 전국에 학습 허브 100여 곳을 설립하는 등 인종차별 해소를 위해 1억 달러를 투자하겠다고 선언했다. 하지만 이런 ICT 기업들을 제치고 ESG 평가에서 1위를 차지한 기업은 다름 아닌 엔비디아이다.

미국 경제지 《인베스터비지니스데일리IBD: Investor's Business Daily》가 발표한 2020년 ESG 기업 순위에서도 세일즈포스닷컴Salesforce.com, 어도비Adobe 등 50개 회사가 상위권에 올랐는데 이 중에서 엔비디아는 1위를 차지할 정도로 ESG 경영 측면에서 좋은 평가를 받고 있다. 그뿐만이 아니다. 《하버드 비즈니스 리뷰》가 선정한 '2019년 글로벌 CEO 경영 평가The Best-Performing CEOs in the World, 2019'에서도 엔비디아의 CEO 젠슨 황Jensen Huang이 1위에 올랐다. 실적과 ESG 경영 모두에서 좋은 평가를 받고 있음을 보여준 것이다.

엔비디아의 ESG 활동은 지극히 일반적이다. 투자에 앞서 이사회 수준의 위원회가 ESG 문제를 감독한다. 칩을 만드는 데 필요한 텅스텐과 주석 등 필수 광물들이 분쟁 지역에서 수입된 것이 아닌지 생산과정에서의 공정거래에 특히 중점을 둔다. 코로나 사태가 발생했을 때에는 직원 1만 7600명 대부분을 재택근무로 전환하면서 커리어 개발이나 정신건강 등을 지원하는 센터를 설립하기도 했다.

엔비디아가 다른 ICT 기업들의 ESG 활동과 다른 점은 혼자서 모든 활동을 다 하는 것이 아니라 파트너사와 같이 수행한다는 점이다. 대표적인 사례가 야마하, 쿠보타 등과 협력해 스마트 팜 사업을 추진해 지역 농가에 도움을 주고 파트너사의 성장에도 기여하는 것이다.

2018년, 오토바이, 모터보트 등 소형 운송기기를 전문으로 제작하는 야마하모터Yamaha Motor는 신성장 사업으로 산업용 무인 차량 및 로봇, 드론에 주목하고 있었다. 이륜차 부문에서 세계 2위의 규모를 자랑하던 야마하모터는 자신들의 운송기기 제작 노하우를 살려 무인 농업용 차량UGV: Unmanned Ground Vehicle 및 드론을 개발해 스마트 팜을 하려는 농가에 제공하고자 하는 계획을 세우고 있었다. 이를 위해서는 무인 차량에 탑재할 자율주행 기술이 필요했는데, 야마하모터는 그런 AI 기술을 보유하고 있지 않았다. 자동차 업체들이 개발 중인 자율주행 기술은 사람이 탑승한 승용차를 대상으로 개발된 기술이라 농기계에서 요구하는 자율주행 기술과는 다소 차이가 있고 비용이나 개발 속도 등의 문제도 있다.

일본 내 농업 종사자 평균연령은 67세로 이미 초고령화 단계에 진입했고, 농업인구 역시 계속 감소 중이다. 이 때문에 무인농업용 차량이나 로봇에 대한 시장 니즈가 증가해 야마하모터는 이 시장에 빨리 진입하고자 했다. 특히 공공도로를 주행하는 자율주행 차량과 달리 무인농업용 차량은 법 규제가 없어 바로 시장에 투입할 수 있어서 야마하모터는 2020년에 제품을 출시하고자 했다.

무엇보다 야마하모터는 자신의 핵심 기술은 지키면서 무인농업용 차량 개발 단계부터 같이 참여해 자사에 맞는 제품을 만들 파트너사를 찾고 있었다. 무인농업용 차량과 드론, 노인들을 태우고 이동하는 저속 전기차 등 앞으로 출시할 자사의 모든 제품을 하나로 운영, 관리할 통합 플랫폼의 개발까지도 같이 고려해야만 했다. 그런 야마하모터에게 손을 내민 곳이 바로 엔비디아였다. 엔비디아는 자율동작 머신 개발 환경인 'ISAAC 로봇 플랫폼'과 여기에 사용되는 임베디드 컴퓨터 'Jetson AGX Xavier'를 야마하모터에 제공해 무인농업용 차량 개발에 협업하기로 했다.

　야마하모터는 엔비디아와 함께 UGV 플랫폼 및 무인농업용 차량을 개발하기 시작했고, 마침내 2020년 12월 포도 수확용 무인자율주행 차량의 프로토 타입을 선보였다. 이 차량은 포도밭 사이를 스스로 돌아다니면서 로봇팔을 이용해 다 익은 포도를 수확하고 바구니에 넣는 작업까지 수행한다(플랫폼 및 차량 개발에는 엔비디아뿐만 아니라 다른 파트너사들도 참여했다고 야마하모터는 밝혔다). 모빌리티와 로봇 기술을 접목시킨 이 차량은 일손이 부족한 농가에 큰 도움이 될 것으로 예상되는데,

엔비디아와 공동 개발한 야마하모터의 포도 수확 자율주행 로봇

자료: 야마하모터, 언론 종합

야마하모터는 향후 미국 시장에도 진출해 다양한 농산물 수확에 응용될 수 있도록 할 계획이다.

엔비디아는 2020년 10월에 트랙터 등 농기계 전문 제조업체인 쿠보타Kubota와도 농기계 자율주행 분야에서 전략적 제휴를 맺고 완전 무인화된 농기계를 제작하기로 했다. 쿠보타는 날씨 데이터를 이용해 그날그날의 기후와 작물 생육 상태를 파악해 그에 맞게 스스로 움직이는 완전무인 농기계를 개발하고자 했다. 이에 엔비디아는 엣지 AI(상황에 따라 클라우드까지 가지 않고 단말 단에서 바로바로 정보를 처리하는 AI) 기술이 탑재된 '엔비디아 젯슨NVIDIA Jetson'을 쿠보타에 제공해 컴퓨터 비전(딥러닝을 사용해 시각적 데이터를 분석하는 AI)을 활용한 완전무인화 농기계 개발을 함께 진행 중에 있다.

엔비디아는 제휴와 파트너십 구축을 통해 기업들의 DXDigital Transformation(디지털 트랜스포메이션)를 적극 지원할 뿐만 아니라 AI 교육 및 투자를 통해 AI 보급 확대에도 노력하고 있다.

엔비디아는 엔비디아 젯슨 플랫폼을 59달러(약 6만 8000원)에 보급형 개발자 키트로 확대 공급해 학생 및 교육자를 비롯해 AI에 관심이 있는 누구나 합리적인 가격으로 AI와 로보틱스의 세계를 경험하도록 했다. 또한 무료 온라인 교육과 AI 인증 프로그램도 제공한다고 발표해 누구나 쉽고 저렴한 비용으로 자율주행차, 산업용 사물인터넷IoT, 헬스케어, 스마트시티와 같은 분야에서 획기적인 AI 제품을 만들 수 있게 지원한다.

또한 엔비디아는 2016년에 AI 및 데이터 과학을 기반으로 4차 산

엔비디아-쿠보타가 선보인 완전무인 트랙터 콘셉트 모델

자료: 쿠보타, 언론 종합

업혁명을 이끌 차세대 스타트업을 지원하는 글로벌 프로그램 '엔비디아 인셉션 프로그램Inception program'을 선보였는데, 인셉션 프로그램에 참여하는 기업이 7000개를 돌파했다. 엔비디아는 이 프로그램에서 엔비디아의 최신 GPU 기술을 바탕으로 다양한 기술 지원과 교육 및 협력 네트워크를 무상으로 제공한다. 스타트업들은 엔비디아가 보유한 최신 GPU 하드웨어와 딥러닝 SDK(소프트웨어 개발자 키트), 딥러닝 GPU 트레이닝 시스템, GPU 추론 엔진 등에 대한 초기 접근이 가능하고, 엔비디아 딥러닝 전문가 및 엔지니어링 팀에서 지원도 받을 수 있다. 일정 요건을 갖춘 스타트업에는 자금도 지원한다.

엔비디아는 제휴 협력을 통해 자사는 물론 파트너사와 함께 동반성장하는 것을 목표로 한다. 전 세계 370여 개 자동차 관련 기업들과 파트너십을 맺고 자율주행 생태계를 만들어나가는가 하면, 아마존과도 손잡고 자사의 클라우드 플랫폼을 아마존 AWSAmazon Web Services에도 제공해 엔비디아의 고객들이 아마존 플랫폼에서 쉽게 서비스를 이용할 수 있도록 하고 있다. 이런 파트너십 경영 철학이 ESG에도 반영돼 사회공헌 활동에 있어서도 혼자 하기보다는 '같이 가치를 창출'하는 데 중점을 두고 있다.

많은 기업이 'ESG 경영' 하면 자기가 중심이 돼 '우리 기업이 무엇을 하면 좋을까'부터 생각한다. 하지만 엔비디아는 파트너사가 원하는 바가 무엇이고 그것을 실현하기 위해 어떻게 도와주면 좋을지를 우선적으로 생각한다. 이것이 엔비디아가 ESG 평가에서 높은 등급을 받게 하는 성공 요인일 것이다.

유니레버
ESG와 경영은 한 몸이다

ESG 경영을 위해 일반적으로 기업이 제일 먼저 하는 것은 아마도 조직 내에 ESG 전담부서를 만드는 일일 것이다. 전담부서에만 ESG를 맡겨놓고 ESG 활동을 홍보하는 것이 ESG 경영이라고 착각하는 CEO 도 있다. 경영 따로, ESG 따로 식의 운영으로는 제대로 된 ESG 경영 효과를 기대할 수 없다. 이와는 반대로 ESG 경영을 위해 아예 관련 부서를 없애버린 기업이 있었으니, 바로 유니레버Unilever이다.

도브Dove 비누로 유명한 유니레버는 1930년에 비누를 제조하는 영국의 레버 브러더스Lever Brothers와 마가린을 생산하는 네덜란드의 마가린 유니Margarine Unie가 합병하며 설립된 다국적 생활용품 제조기업이다. 본사는 영국의 런던과 네덜란드의 로테르담에 있으며 현재 생활용품, 화장품, 식음료, 동물 사료, 화학약품 등을 취급, 제조하고 있다. 화장품 폰즈POND'S와 비누 도브, 럭스LUX, 썬실크, 바셀린, 홍차 브랜드 립톤Lipton, 스프 브랜드 크노르, 소스 브랜드 라구와 베르톨리, '리본표'로 유명한 마요네즈 브랜드 헬만스 베스트푸드 등 우리 생활 주변에서 늘 눈에 띄는 제품의 브랜드들이다. 다국적 기업답게 세계 88개 국가에 진출해 제조시설을 갖추고 있다.

유니레버는 2000년 초반까지 1위 P&G에 밀려 고전을 면치 못해 위기를 극복하고자 2009년에 폴 폴먼Paul Polman 전 CEO를 새로운 수장으로 불러왔다. 당시 네슬레 미국 법인 부사장이던 폴 폴먼은 경쟁사인 P&G에서도 근무한 적이 있는 적장敵將이었다. 유니레버가 창립 이래 처음 맞는 외부 출신 CEO이기도 한 폴 폴먼은 '선택'과 '집중', 그리고 '지속가능성'의 3대 경영전략 방향을 내세워 유니레버의 혁신을 주도했다.

그가 유니레버로 옮기면서 가장 먼저 한 일 중 하나는 그동안 사회공헌 활동을 수행해온 CSR(기업의 사회적 책임) 전담부서를 해체한 것이다. 환경이나 빈곤 문제를 CSR로 분리해 사업과 별개로 운영하는 것은 맞지 않는다는 것이 이유였다. 사회문제 해결은 일개 부서가 아니라 유니레버 직원 16만 9000명이 모두 사업 목표로 설정해야 한다고 강조하며 CSR 부서를 없애버린 것이다.

사실 전통적으로 이해관계자 자본주의를 따르고 있는 유럽의 기업들은 굳이 ESG 경영을 선포하거나 ESG 전담조직을 만들지 않는다. 환경과 함께 투자자, 노동조합, 지역사회, 정부 등 광범위한 이해관계자들을 고려한 유럽식 자본주의 경영을 수행하기만 하면 되기 때문이다. 유럽은 옛날부터 기업과 은행이 주식을 상호 소유했는데, 정부는 감독과 규제 장치를 통해 은행을 관리하면서 기업이 단기 이익을 극대화하기보다는 환경과 이해관계자들의 이익을 고려하면서 경영 활동을 할 수 있기를 기대했다. 그렇게 구축된 것이 유럽식 이해관계자 자본주의로, 폴 폴먼 CEO의 CSR 부서 폐지도 그런 배경 하에서 이루어진 것이다.

'사회적 책임과 경영은 하나'라는 비전 하에 폴먼은 '고급·친환경' 제품 브랜드를 인수합병해 신흥국 및 젊은 층을 적극적으로 공략하기 시작했다. 아이스크림 브랜드인 그롬GROM이나 홍차 브랜드인 T2, 약국 화장품 더말로지카Dermalogica, 기초 화장품 전문인 케이트서머빌Kate Somerville 등이 대표적이다.

특히 환경을 중요시한 폴먼의 경영철학은 아시아, 아프리카 등 신흥 시장에서 큰 효과를 거두었다. 인도에서는 손씻기 캠페인을 벌이면서 해당 지역의 위생을 개선할 뿐 아니라 유니레버 대표 브랜드인 라이프부이Lifebuoy나 선라이트Sunlight 비누 판매도 늘렸다. 유니레버의 인도 법인 힌두스탄 유니레버가 2008년 출시한 정수 필터 퓨어잇Pureit을 판매할 때에는 NGO와 손잡고 오염된 물을 마시는 것이 얼마나 위험한지 알리고, 물을 끓여 마시는 것보다 정수 필터를 사용하는 것이 돈과 시간을 절약하는 길이라고 홍보했다.

베트남에서 출시한 물절약 헹굼 세제 '콤포트 원 린스Comfort One Rinse'는 환경 보전의 철학과 베트남의 환경적 요소를 결합시켜 큰 효과를 거두기도 했다. 기존 베트남 사람들의 손빨래 방법은 때를 지운 후 두 번 정도 헹굼을 거친 다음 섬유유연제를 사용하며 한 번 더 헹구는 방식이 보편적인데, 이러면 물 낭비가 심하다. 콤포트 원 린스를 사용하

자료: 언론 종합

면 세척 후 이 제품을 탄 물에 빨랫감을 담그는 것만으로 헹굼과 섬유 유연제의 효과를 동시에 얻을 수 있다. 빨래를 헹구는 데 드는 시간과 노동력이 줄어들고 헹굼에 필요한 물도 두 양동이로 절약할 수 있다.

사실 이 세제가 인기를 얻은 이유는 '물 절약'보다는 '시간 절약' 때문 이었다. 1년 내내 25~35도로 더운 베트남에서는 매일 땀 때문에 빨래 가 필수이다. 호치민과 같은 대도시에는 상수원도 충분하고, 비용도 저렴한 수준이다. 손빨래가 일상적인 베트남 시민들에게 콤포트 원 린 스는 물 절약보다는 세탁 시간을 줄여준다는 기능적 측면에서 더 유 용하다. 구매 동기야 어쨌든 콤포트 원 린스의 인기로 베트남 내에서는 '물 절약'이라는 사회적 가치가 확산됐고, 유니레버는 제품 출시 후 베트남 정부, 시민단체 등과 협력해 물 절약 세탁 방법을 적극적으로 알렸다. 이에 경쟁사들도 유니레버가 추구하는 '물 절약'에 자연스럽게 동참하게 됐다.

이처럼 베트남에서 팔리는 유니레버의 제품 대부분은 개발 단계부터 사회문제 해결에 초점을 맞춘다. 치아 관리 부실이라는 사회문제에서 출발한 치약 브랜드 피에스P/S는 '베트남 미소 보호'라는 슬로건을 걸고 올바른 양치 습관을 확산시켰다. 화장실 청소 세정제 브랜드인 빔VIM은 '깨끗한 화장실 보급 사업'을, 비누 브랜드 라이프부이는 '손씻기 캠페인' 등을 내세웠다. 유니레버는 사회공헌 캠페인을 다시 광고에 활용해 '유니레버가 베트남 사회문제 해결을 위해 노력하고 있다'는 메시지를 내보낸다. 긍정적 이미지는 브랜드에 대한 신뢰감으로 이어지고, 다시 판매량 증대로 연결된다.

이런 선순환 구조는 ESG 활동도 어떻게 전개하느냐에 따라 얼마든지 실적 증대로 이어질 수 있음을 보여주고 있다. 폴 폴먼의 경영과 사회공헌 활동이 하나가 된 혁신적인 ESG 경영은 바로 실적으로 나타났다. 취임 첫해 그룹 매출은 전년 대비 30% 이상 늘어난 527억 유로(약 70조 7000억 원)를 기록했고 영업이익은 50% 넘게 증가했다. 특히 아시아, 아프리카, 중동 등 신흥국 매출 비중이 크게 늘어 그룹 매출 증대에 크게 기여했다.

폴 폴먼은 '기업의 지속가능성'을 경영의 핵심 가치로 삼고 있다. 제품 개발부터 인사관리, 홍보까지 모든 것이 이 가치를 기반으로 움직인다. 폴먼은 무조건 허리띠를 졸라매는 경영 방식에 부정적으로, 인건비 등 비용을 삭감하는 방식으로 실적을 개선하는 것은 유니레버 방식이 아니라며 일축한다. 단기적 성과에 연연하지 않고 장기적 관점에서 사업 체계를 준비하는 것이 유니레버의 미래에 도움이 되고, 이는 주주 가치 상승으로 이어진다고 투자자들을 설득한다. 이런 노력은 단기 성과에 민감한 투자자들에게 신임을 얻음으로써 자유로운 경영전략을 추진할 수 있었다.

그는 회사 업무도 중요하지만 비정부기구NGO나 세계경제포럼WEF 등에서 지속가능경영에 대해 발표하는 것도 중요한 일로 여기고 활발히 활동했다. 2015년에 유엔총회에서는 사회의 지속가능한 발전을 위한 목표SDG 17개를 채택했는데, 이 목표의 초안을 작성한 전문가 중 기업인은 폴 폴먼 CEO 단 한 명뿐이었다. 폴먼은 빈곤 종식이나 물 부족, 위생 개선 등이 유니레버의 세탁 세제 제조, 차 재배 등에 이르기까지 기업 운영 전반에 중대한 영향을 미친다고 주장하며 "망하고 있는 사회에서 기업만 성공할 수는 없다. 장기적인 관점에서 기업 경영도 사회 문제 해결의 일부가 돼야 한다"고 강조한다.

폴먼의 경영 철학을 토대로 2010년 유니레버는 '유니레버 지속가능성 리빙 플랜USLP: Unilever Sustainable Living Plan'을 만들었다. 회사가 성장을 거듭하면서도 환경에는 유해한 영향을 미치지 않고 긍정적인 사회적 영향력을 확대하는 내용이 골자를 이룬 플랜이다. '유니레버 지속가능성 리빙 플랜' 추진으로 지금까지 총 6억 100만 명의 소비자들이 유니레버의 손씻기, 위생, 구강 건강, 자존심 및 안전한 음용수 확보

자료: 유니레버 HP

프로그램으로부터 혜택을 보았다. 또한 전 세계 36개국에 위치한 유니레버의 109개 생산공장들은 100% 재생 가능한 스마트 그리드 전력 grid electricity을 사용하고 있다. 유니레버는 71만 6000여 소규모 농가의 농업기술 향상 및 소득 배가를 위한 지원 활동도 전개하고 있다.

또한 유니레버는 2039년까지 온실가스 순배출량을 제로(0)로 줄이고 기후변화 예방을 위한 프로젝트에 10억 유로(약 1조 3600억 원)를 투자할 계획도 발표했다. '기후 및 자연기금Climate and Nature Fund'을 통해 산림녹화, 수질 보존, 탄소배출 저감, 야생동물 보호 등의 프로젝트에 투자할 계획인데, 이는 파리기후협약에서 마련된 기한(2050년)보다 11년이나 빠른 일정이다.

무엇보다 탄소배출 감축에만 집중하는 지속가능성 전략 대신 모든 제품의 원자재 조달부터 완제품 판매 시점까지 온실가스를 완전 제거하거나 상쇄하는 총체적인holistic 접근을 통해 탄소배출을 줄이겠다고 하는 점이 유니레버 방식답다. 원료나 부품을 제공하는 공급자들은 그들이 제공하는 제품과 서비스의 탄소배출 비중을 회사에 제출해야 하고, 회사는 제품을 생산하고 소비자에게 전달되는 전 과정에서 얼마나 많은 탄소가 배출됐는지를 공개할 것이다. 전 세계에 6만여 개의 공급사를 보유하고 있는 유니레버는 자체 탄소배출 목표를 설정한 업체를 우선 선정하겠다고 밝혔다.

또한 2023년까지 삼림 벌채 공급망을 지속가능성을 위해 위성 모니터링, GPS 추적 및 블록체인과 같은 새로운 디지털 기술을 사용해 공급망의 추적가능성traceability과 투명성transparency을 높일 계획이다. 유니레버는 데이터 기술 분석회사 오비탈 인사이트Orbital Insight와 협력해 인도네시아 현지 공급망을 모니터링하는 파일럿 프로그램을 시작했는데, 이를 통해 '지질로케이션Geolocation' 데이터를 사용해 인도네시아의 팜유(야자기름) 공장의 공급망을 한눈에 파악하고, 산림파괴 현장까지도 관찰할 수 있다.

오비탈 인사이트 기술의 핵심은 GPS 데이터 신호를 통해 팜유 농장과 생산공장 사이의 교통량이 일정한 지역을 확인해 원료 생산농장을 실시간으로 추적할 수 있는 것이다. 익명화된 GPS 신호를 AI로 분석해 트럭의 이동 패턴을 파악하고, 교통량이 일정한 장소를 확인해 어느 농장에서 재배됐는지, 이 공급망과 팜유 공장까지 어떻게 이동하는지 등을 구체적으로 모니터링할 수 있다. 산림 벌채는 기후변화의 주 원인으로 전 세계 이산화탄소의 최대 15% 배출량을 차지하고 있다. 유니레버는 전 세계 공급망 내 산림 벌채를 근절하기 위해 수년간 노력해왔는데, 최신 ICT 기술 이용으로 마침내 노력이 결실을 맺게 된 것이다.

이런 여러 ESG 경영 활동으로 유니레버는 《포춘》지가 매년 선정하는 '세계에서 가장 존경받는 50대 기업World's Most Admired Companies 50'에서 늘 순위권에 들었는데, 2021년 2월에 발표한 '2021년 세계에서 가장 존경받는 50대 기업'에서는 30위를 차지해 미국을 제외한 외국 기업으로서는 가장 높은 순위를 기록했다.

유니레버는 늘 고민한다. '세계는 어떻게 지구의 천연자원을 고갈시키지 않고, 90억 명 이상의 사람들에게 식량을 공급해야 하는 도전에 응할 수 있을 것인가? 소비자의 신뢰를 유지하면서, 다른 한편으로 긍정적인 사회적 영향과 사업 성장을 위한 새로운 기회를 동시에 창출하는 공급망을 통해 책임감 있는 성장을 이뤄내려는 유니레버의 포부를 어떻게 이뤄낼 것인가?'

유니레버는 공급자와 소비자의 이해관계를 만족시키면서, 다른 한편으로 부정적인 환경적 영향을 줄이는 경영전략으로 유니레버의 지속가능경영을 실현시킨다. 이를 위해서는 기업 전체가 일치단결돼 유기적이면서 통합적으로 ESG 활동이 이루어져야 한다. 폴 폴먼 전 CEO가 CSR 부서를 없앤 이유도 이 때문이다. ESG 경영이 특정 조직만의 미션이 아닌 기업 전체의 과제가 되기 위해서는 전담부서 설치보다 먼저 명확한 비전과 목표가 마련되고 공유돼야 할 것이다(핵심은 ESG 조직이 필요 없다는 것이 아니라, 오히려 기업 경영의 중심이 되어 경영 활동 전반에서 ESG가 확산될 수 있도록 해야한다는 점을 강조하는 바이다).

파타고니아

ESG라 말하지 않아도
경영 자체가 ESG인 기업

'착한 기업', '친환경 기업', '지구를 살리는 환경 파수꾼'

이 모두는 미국의 아웃도어 의류기업 파타고니아Patagonia를 가리키는 말이다. ESG 붐이 불면서 많은 기업들이 ESG 경영을 외치고 있지만, 파타고니아는 그럴 필요가 없다. 모든 경영 활동이 바로 ESG 그 자체이기 때문이다.

2011년 11월, 블랙 프라이데이를 앞두고 미국의 《뉴욕타임즈》 전면에 이상한 광고가 실렸다.

'DON'T BUY THIS JACKET(이 자켓을 사지 마세요).'

'우리 제품은 싸고 좋습니다. 많이많이 사주세요'라고 광고를 내도 모자랄 판에 사지 말라는 광고라니, 그것도 1년 중 최고 매출을 내야하는 블랙 프라이데이 시기에 말이다. 더 황당한 것은 이 광고를 사진 속 제품을 만든 기업인 파타고니아가 냈다는 것이다.

자료: 언론 종합

　이유는 환경보호 때문이다. 재킷 한 벌을 만들려면 수많은 물을 사용한 목화가 필요하고, 원산지와 물류센터를 오가는 과정에서 많은 양의 탄소가 배출되니 꼭 필요한 옷만 사라는 의미의 광고이다. 게다가 블랙 프라이데이는 1년 중 가장 많은 소비가 이루어지는 날이다. 저렴한 가격에 현혹돼 쓸데없는 소비까지 발생할 수 있다. 과소비는 가계 지출에도 영향을 주지만 환경에도 악영향을 미친다. 제품 제조 과정에서도 많은 탄소가 배출되고 폐기물 등이 발생하지만, 소비에 따른 포장과 배송 과정에서도 탄소와 쓰레기가 나오고 있다. 가격비교 사이트 머니닷UK와 비영리 환경기구 BAN에 따르면, 블랙 프라이데이 배송으로 발생하는 탄소배출량은 약 42만 9000톤이고, 블랙 프라이데이 이후 버려진 전자 폐기 물량은 연간 5000만 톤에 달하며 여기서 나온 납과 수은 등 독성 화학물질이 토양으로 누출돼 심각한 환경오염을 일으킨다고 지적했다. 이런 이유로 파타고니아는 자사 제품을 안 사도 좋으니 환경보호를 위해 블랙 프라이데이만이라도 소비를 자제해달라는 의미로 충격적인 전면광고를 낸 것이다.

그런데 아이러니하게도 자사 제품을 사지 말라고 하면 할수록 고객들은 더 많이 파타고니아의 제품을 구매한다. 파타고니아는 2019년 기준 매출액 7억 달러를 넘겼고 현재 미국에서 노스페이스, 콜롬비아 스포츠 등과 함께 3대 아웃도어 전문 브랜드로 꼽히고 있다. 국내에서도 파타고니아의 인기는 높다. 2013년 한국에 진출한 파타고니아는 매년 두 자릿수 매출 성장을 이뤘고, 2018년에는 흑자 전환에 성공해 2020년 기준 매출액 427억 원으로 전년 대비 30% 이상 성장했다.

파타고니아의 인기 비결은 '착한 소비', '의식 있는 소비'이다. 파타고니아는 매년 매출 1%를 '지구에 내는 세금1% for the Planet' 명목으로 환경단체 후원에 쓰는가 하면, 유기농 목화 등 친환경 소재만 고집한다. 대량생산을 지양해 시장에 풀리는 물량이 적어서 희귀성 때문에도 젊은 마니아들의 소비 심리를 자극한다. 2016년에는 블랙 프라이데이에 발생한 '매출'을 모두 기부했고, 2019년에는 도널드 트럼프 전 대통령이 기업 감세 정책을 펴 1000만 달러의 세금을 감액하게 되자 '무책임한 세금 감면'이라고 비난하며, 그 액수를 전 세계 풀뿌리 기후 위기 대책 조직들에 지원하겠다고 밝혔다. 이렇게 친환경 가치를 지켜가고 반기업적 행동을 고수하면서 파타고니아의 충성 고객, 이른바 팬덤은 계속 늘어가고 있다.

파타고니아의 이본 쉬나드 회장은 파타고니아 설립 전 등산장비 사업을 했는데, 자신이 만든 장비가 산을 훼손한다는 사실을 깨달은 이후로 경영 활동을 통해 환경을 위한 일들을 해나가기 시작했다. 파타고니아의 소셜 미션은 이런 이본 쉬나드 회장의 철학에 기초한 '환경보호'이다. 사명도 'We're in business to save our home planet(우리는 지구를 지키기 위해 사업한다)'이다.

파타고니아는 원재료부터 리사이클링 원단 혹은 유기농이다. 제품을 생산하는 제3세계 국가 생산자들이 유통 과정에서 입는 피해를 줄이기 위해 공정무역위원회에 지원금을 직접 지급하는 공정무역 제품을 사용하기도 한다. 당연히 비용이 더 많이 들지만 파타고니아는 이익에 연연하지 않는다. 대량생산에 따른 환경오염도 지양한다. 적당한 유통 경로를 확보하고, 원자재 제공자에게 적절한 대가를 제공하며, 재생 원단으로 전환하는 등 환경오염은 최소화하면서 제품을 생산하는 방법을 택하고 있다.

파타고니아는 환경에 미치는 영향을 줄이기 위해 옷을 오래 입을 수 있도록 품질관리에도 신경을 쓰고 있다. 또한 구입한 제품의 수선은 평생 보장한다. 아무리 환경을 생각한다 하더라도 품질이 떨어지는 제품을 지속해서 구매하는 소비자는 없다. 파타고니아는 의류의 품질, 사후 관리, 디자인 등 제품의 전 생산과정과 '환경보호'라는 기업의 미션을 일치시켜 제품의 구매력을 극대화시켰다. 이 때문에 사지 말라고 부탁해도 필요하면 반드시 파타고니아의 제품을 구매하는 '충성도' 높은 고객들이 생겨나는 것이다.

파타고니아는 사회적 미션을 가진 스타트업을 직접 지원하는 벤처 캐피털도 운영한다. 2013년 2000만 달러 규모로 시작된 '틴 쉐드 벤처스Tin Shed Ventures'에는 재생 가능 에너지 인프라 구축, 재생 유기농업 실행, 물 절약, 폐기물 전환 및 지속가능한 재료 생성 등을 실현하는 스타트업들을 지원하는데, 지금까지 12개 기업에 약 4000만 달러(약 450억 원)을 투자했다. 투자 대상 기업은 세 가지 심사 기준을 거친 뒤 투자를 받는다.

① 단기적인 수익보다 환경보호와 공익적인 가치 추구를 우선시하는가?
② 파타고니아의 비즈니스 네트워크를 함께 활용할 수 있는가?
③ 오픈소스를 지지하는가?

흥미로운 부분은 오픈소스에 대한 지지 여부이다. 다시 말하면 스타트업들에게 고생해서 만든 기업의 핵심 기술을 공개할 수 있느냐를 묻는 것이다. 환경보호도 좋고 지구를 지키는 것도 좋지만 기업의 미래까지도 걸려 있는 원천기술을 누구나 가져다 쓰라고 공개할 스타트업이 과연 몇이나 있을까? 이에 대해 파타고니아는 원천기술 공개를 통해 경쟁사에게도 파타고니아와 함께하자는 사인을 보내 모두가 함께 공익적인 가치를 추구하고 생태계를 키우려고 하는 것이 목적이라고 밝혔다.

파타고니아는 2007년에 환경보호 차원에서 합성고무로 만든 잠수복 제작을 중단하고 대안이 될 새로운 소재를 찾기 시작했다. 200개가 넘는 소재를 살펴봤지만 마땅한 재료는 발견되지 못했는데, 그러던 중 천연고무 제작사인 율렉스Yulex가 과테말라에서 채취한 식물성 고무 재료에서 돌파구를 찾았다. 그리고 10년이라는 긴 시간 동안 새로운 재료와 제품의 연구를 거듭하면서 마침내 친환경적인 잠수복을 개발했고, 판매 거점 및 제조 공장까지 확보하게 됐다. 보통의 기업이라면 각고의 노력 끝에 얻은 기술과 노하우를 기업 비밀로 하거나 특허를 내서 기업의 자산으로 만들었겠지만, 파타고니아는 일말의 고민도 없이 오픈소스로 공개했다. 환경을 보호하면서 회사 규모를 키우는 것이 양립할 수 있다는 것을 보여주어 자신들과 같은 여정을 가는 회사가 많아지기를 바라는 의도에서였다.

틴 쉐드 벤처스의 투자 기업들도 당연히 이를 지지했다. 누마트 테크놀로지NuMat Technologies는 에너지를 효율적으로 사용해서 합성 신소재를 만드는 기술 플랫폼을 개발하는 스타트업으로, 오픈소스를 지지하면서 원천기술 일부를 깃허브GitHub에 올리는 등 파타고니아와 같은 행보를 보였다.

틴 쉐드 벤처스가 투자한 결실도 나타나기 시작했다. 파타고니아는 최근 버려진 폐그물을 재활용해 만든 '부레오 햇Bureo Hat 컬렉션'을 출시했는데, 이 제품은 폐그물을 재활용한 재생 소재 '넷플러스'로 만든 것으로 '부레오Bureo'라는 소셜 벤처가 기술을 개발했다. 부레오는 '틴 쉐드 벤처스'의 첫 투자 기업이다. 부레오는 5년간 칠레와 아르헨티나의 어촌 공동체에서 사용한 폐그물을 수거해 100% 리사이클 플라스틱

자료: 파타고니아, 언론 종합

소재 '넷플러스'를 개발했고, 이것은 유연성과 내구성이 뛰어나 모자의 챙 등에 적합하다. 파타고니아와 부레오는 이번 컬렉션 개발을 통해 한 해 약 35톤 이상의 폐그물로부터 바다를 보호할 수 있게 됐다.

파타고니아가 추진하는 경영전략은 '도넛경제 모델'에 기반하고 있다. '도넛경제Doughnut economics 모델'은 영국의 경제학자 케이트 레이워스 Kate Raworth가 2011년 발표한 경제 모델로, 인간과 환경을 함께 지켜내기 위해 넘지 말아야 할 선을 도넛 모양으로 표현한 것이다. 도넛의 안쪽에는 맑은 물, 주택, 보건위생, 에너지, 교육, 의료, 양성평등, 소득, 참정권 등 개개인들이 '좋은 삶'을 위해 기본적으로 누려야 할 최소한의 조건들로, 그 기준선 밑으로는 절대 떨어지지 말아야 한다. 도넛의

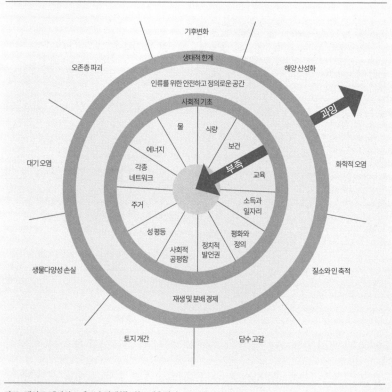

기후변화

생태적 한계

해양 산성화

오존층 파괴

인류를 위한 안전하고 정의로운 공간

사회적 기초

물 식량

에너지 보건

대기오염

각종
네트워크

화학적 오염

교육

주거

소득과
일자리

성평등

평화와
정의

사회적
공평함

정치적
발언권

생물다양성 손실

질소와 인 축적

재생 및 분배 경제

토지 개간

담수 고갈

부족

과잉

자료: 케이트 레이워스, 《도넛 경제학》, 학고재출판사, 2018.

바깥쪽 고리에는 기후, 토양, 바다, 오존층, 담수, 생물다양성 등이 자리하고 있는데 일정 정도를 넘으면 지구 시스템에 위기가 닥치게 된다. 안쪽 고리와 바깥쪽 고리 사이, 즉 도넛에 해당하는 부분이 지구가 베푸는 한계 안에서 균형을 이루며 인간의 필요와 욕구가 충족되는 영역인 것이다.

21세기 경제 개념으로 주목받고 있는 도넛 경제는 지속가능한 발전을 생각하는 사회적 기업가, 정치 활동가, 환경운동가들에게 많은 호응을 얻고 있는 가운데, 2020년에는 도넛 경제학의 아이디어를 행동으로 옮기기 위한 '도넛 경제학 액션 랩DEAL: Doughnut economics action lab'이 출범하기도 했다.

도넛 경제의 핵심은 '성장 중독'에서 벗어나 재생과 분배가 경제 설계의 중심 원리가 돼야 한다는 것이다. '생태적으로 안전하면서도 사회적으로 정의로운 공간'은 인류가 지향해야 하는 균형을 의미한다. '좋은 삶'을 달성하려면 성장이 아닌 재생적·분배적 경제로 전환해야 한다는 측면에서 '순환적 경제Circular Economy'와도 유사하다. 특히 오픈소스나 코먼스, 블록체인 등 새로운 분배적 기술에 기반한 아이디어를 글로벌하게 무료로 공유해 그런 기술들이 핵심이 되는 경제를 설계해야 한다고 강조하고 있어 파타고니아가 추구하는 경영 및 투자 철학과 일맥상통한다. 파타고니아가 해외에 지사를 설립하는 이유도 다른 기업이 성장을 위해 규모를 확장하는 것과는 달리 환경 및 사회 문제 해결 활동을 위해서다. 지역에 따라 발생하는 환경문제, 사회적 이슈 등이 다르기 때문이다.

2022년 9월, 파타고니아의 이본 쉬나드 회장은 자신이 소유한 지분 전부를 환경단체에 기부하겠다고 선언해 또 한 번 세상을 놀라게 했다. 30억 달러(약 4조 2000억 원) 규모로, 파타고니아의 지분 100%를 전부 기부한 것이다. 기부된 지분은 비영리 단체인 '홀드패스트 컬렉티브'와 '파타고니아 퍼포즈 트러스트'에 양도되었다. 홀드패스트 컬렉티브는 파타고니아의 환경보호 활동을 지원하는 단체이고, 파타고니아 퍼포즈 트러스트는 파타고니아의 사회적 책임을 관리하는 단체이다.

쉬나드 회장은 "파타고니아는 지구를 위해 싸우는 회사가 돼야 한 다"며 "이번 기부가 파타고니아의 활동에 동력을 불어넣고, 회사가 더욱 강력해지길 바란다"고 기부 이유를 밝혔다. 이본 쉬나드 회장의 기부는 기업의 사회적 책임에 대한 새로운 기준을 제시했다는 평가를 받고 있다.

파타고니아의 인기는 환경을 지키려는 시대 흐름과도 부합한 측면이 있다. 중요한 점은 창립한 지 30년이 지났음에도 시대의 흐름에 상관없이 꾸준히 본연의 미션을 실천해왔다는 것이다. ESG 붐이 불건 말건 파타고니아는 이제까지 ESG 경영을 해왔고 앞으로 계속 해나갈 것이다. 그리고 그 활동들은 굳이 ESG라는 단어로 포장하지도, 포장될 필요도 없다. 자연을 위해, 지구를 위해, 이 지구에 사는 아이들의 미래를 위해 기업이 해야 할 당연한 일들을 파타고니아는 묵묵히 실행하고 있는 것이다.

ICT로 가속화되는
ESG DX

Environmental
Social
Governance

ESG를
디지털 트랜스포메이션(DX)하다

ESG는 크게 투자자 관점에서 기업 활동 내용을 수집·분석해 등급을 매기는 ESG 평가와 기업 입장에서 회사의 가치를 높이기 위해 수행하는 ESG 경영 활동으로 구분될 수 있다. 그런데 최근 들어 이 두 분야에서 ICT 기술을 도입해 활용하려는 움직임이 두드러지고 있다.

ESG 평가에서는 나날이 늘어가는 방대한 양의 ESG 데이터 수집·처리와 이들 데이터 간의 상호 연관성을 정확히 분석하기 위해 AI, 클라우드를 활용한다. 유럽계 ESG 운용 기관인 아라베스크Arabesque는 'S-Ray'라는 서비스를 선보였는데, 이것은 머신러닝machine learning과 빅데이터를 활용해 세계 47개국 상장기업 4000개사를 대상으로 ESG를 평가하는 시스템이다. 200개 이상의 ESG 지표를 15개 카테고리 5만 개 이상의 소스로부터 수집한 뉴스와 결부시켜 각 기업의 ESG 평가 결과를 도출한다. ESG 평가에 있어 가장 어려운 점은 정보의 업데이트이다. 사람의 손으로 일일이 정보를 찾고 분석해 결과를 내는 데에만 최소 3개월의 시간이 걸린다. 과거의 정보에 기반한 분석한 ESG 결과와 현재의 기업 가치와는 3개월의 시간차가 존재할 수밖에 없고, 이는 ESG 평가의 신뢰성에도 영향을 미친다. 이 때문에 기업의 최신 정보를 실시간으로 반영하고, 여기서 발생되는 막대한 양의 데이터를 처리하기 위해 AI를 평가에 도입하는 기관들이 늘고 있다.

ESG 활동에서는 주로 환경E과 사회S적 항목에서 ICT 도입이 활발하다(G의 지배구조 항목에서는 이사회의 시스템 도입 등이 있다). AI 및 클라우드로 친환경에너지를 관리하고 탄소배출을 감소시키거나 폐기물 처리에 로봇을 이용하는 등 환경 분야에서의 ICT 이용은 4차 산업혁명 시대에서의 큰 흐름 중 하나이다. 또한 5G, AI 등을 기반으로 한 사회 공헌 활동과 코로나 사태로 확산된 일하는 방식의 혁신은 기업의 사회적 이미지 개선에 도움을 준다.

이처럼 ESG와 관련된 활동들에 ICT를 접목시켜 업무의 효율성을 높이는 동시에 결과에 대한 객관성과 정확성, 신뢰 및 투명성을 높이는 것이 ESG DXDigital Transformation(디지털 트랜스포메이션)이다. 디지털 트랜스포메이션DX은 스웨덴의 에릭 스톨터만 교수가 2004년에 발표한 개념으로, 원래는 '디지털 기술을 생활에 침투시킴으로써 생활을 더욱 풍요롭게 만드는 것'이라는 의미를 담고 있다. 이 개념이 확산된 것은 2016년 4차 산업혁명이 등장하면서부터인데 AI, 5G, IoT, 클라우드 등 ICT 기술을 통한 산업의 '디지털 전환'을 일컫는 말로 통용되기

시작했다. ESG DX도 평가에서 경영에 이르는 전반적인 ESG 활동에 있어서 ICT 도입을 통해 모든 ESG 정보들을 데이터로 관리하고, 기존 ESG 경영에서 수행하기 어려웠던 활동들을 ICT 도입으로 해결하는 등 혁신적인 '디지털 전환'을 꾀하고 있다.

환경보호에서 사회공헌까지 ICT로 디지털화되는 ESG 활동들

글로벌 ESG 평가기관이 평가한 ESG 등급을 보면 상위권에 ICT 기업이 대거 편입돼 있음을 알 수 있다. MSCI 등급을 예로 보면 가장 상위권인 AAA에 마이크로소프트, 엔비디아, 세일즈포스닷컴 등이 있고 AA에는 구글(알파벳), A는 애플과 테슬라 등이 있다. ICT 기업들이 ESG 평가에서 높은 등급을 받는 이유는 몇 가지가 있는데, 우선 이들 기업들이 제공하는 제품이나 서비스가 자체가 기존 제조업체들이 만드는 제품과 속성이 달라 탄소를 배출하거나 환경을 오염시킬 일이 적기 때문이다. ICT 기업들의 제품은 대부분 소프트웨어이다. 자동차나 TV, 냉장고처럼 공장에서 만드는 것이 아니기 때문에 제품 생산과정에서 탄소를 배출할 일이 적다. 대신 서버 운영 등 엄청난 전력 소비를 하기에 에너지와 관련해서는 다른 기업들보다 더 많은 친환경 노력이 요구된다.

조직 문화 및 일하는 방식에 있어서도 전통적인 기업들보다 상대적으로 수평적이면서 다양성을 존중하고 투명하게 운영되고 있다는 점도 높은 평가를 받는 이유 중 하나이다. 무엇보다 코로나 사태를 통해 재택근무가 확산되면서 이미 이러한 근무 방식에 최적화된 ICT 기업들은 타 기업보다 빠르게 일하는 방식을 변화시킬 수 있었다. 일하는 방식의 혁신은 직원들의 만족도를 높이고 기존 업무 공간에서 발생할 수 있는 성추행 문제나 파워 하라스먼트power Harassment(권력 폭행으로 직장 상사가 권력을 믿고 부하를 다루는 것) 등을 방지하는 효과를 유발했다.

또 하나, ICT 기업이 ESG 평가에서 유리한 점은 자사가 보유한 ICT 역량을 ESG 활동에 우선적으로 도입할 수 있다는 점이다. 4차 산업혁명의 핵심이라 할 수 있는 ICT는 비용을 절감시키면서 생산성을 향상시키는 데 있어 중요한 역할을 한다. AI, IoT, 클라우드 등 혁신적인 ICT 기술들을 친환경 에너지, 수자원 보호 등의 환경 보전 활동에서부터 조직 내 인사 및 업무 프로세스 개선에 이르기까지 폭넓게 도입하면 기업 가치 향상 및 실적 개선도 가능하다.

MSCI의 ESG 키 이슈를 살펴보면 ICT를 적용시킬 수 있는 부분들

3필라	10테마	37 ESG 키 이슈	
환경 (Environmental)	기후변화	탄소배출 탄소 발자국	친환경 파이낸싱 직접투자 기후변화 취약성
	천연자원	물 부족 생물다양성 & 부지 사용	원자재 조달
	오염&낭비	유독성 물질 배출 패키징 원자재	전력 낭비
	친환경 기회	클린테크 기회 그린빌딩 기회	신재생에너지 기회
사회 (Social)	인적자본	노무관리 건강 & 안전	인적자본 개발 공급망 노동자 표준
	제조물 책임법	제품 안전성 & 퀄리티 화학제품 안정성	개인정보 & 데이터 보안성
		금융상품 안전성	책임 투자 건강 & 인구구조 위험
	주주 항의	논쟁의 원천	
	사회적 기회	커뮤니케이션 접근성	헬스케어 접근
		금융에 대한 접근성	영양 & 건강 기회
지배 (Governance)	기업 지배구조	이사회 지불	오너십 회계
	기업 행태	기업윤리 비경쟁 요소 세금 투명성	부정부패&불안정성 금융시스템 불안정

ESG 요소에 ICT를 적용

Green IT

자료: MSCI, 재작성

이 많음을 알 수 있다. 탄소배출, 유해성물질 배출, 전력 낭비, 클린테크, 그린빌딩 등 환경E 분야에서는 오래전부터 '그린 IT'라고 하여 ICT를 활용해 환경을 깨끗하게 하려는 활동들이 추진돼왔다. 최근에는 AI나 로봇 등을 활용해 폐기물을 처리하고 에너지를 관리하는 등 활용 범위가 점점 확대되고 있다. 사회S 분야에서는 직원들의 건강, 노무관리를 비롯해 제품 생산과정에서의 안정성과 유해성 관리, 개인정보 보호, 그리고 지역사회의 발전을 돕는 사회공헌 활동 등에서 ICT가 큰 역할을 할 수 있다. 이렇게 자사의 ESG 활동에 ICT를 적극적으로 도입하고 있는 기업이 바로 ESG 평가에서 최상위 등급 평가를 받은 마이크로소프트이다.

ESG DX로 새로운 가치를 창출하는 마이크로소프트MS

MS가 여러 ESG 평가 높은 등급을 받고 있는 이유는 적극적인 ESG 활동 때문인데, 특히 자사의 ICT 역량을 이용한 환경 분야에서의 활동은 남다르다. 2020년 9월, MS는 소비하는 물의 양보다 더 많은 물을 보충하기 위한 물 보존 정책, '워터 포지티브Water Positive'를 발표해 눈길을 끌었다. 매년 사용할 수 있는 담수의 공급량은 4조 3000억m³ 비율로 고갈되고 있는데, 이러한 물 부족 사태를 해결하기 위해 MS는 2030년까지 글로벌 지역의 자사 캠퍼스에서 사용하는 물의 사용량을 줄이고, 물 재활용 시스템을 통해 재생수를 보급하는 '워터 포지티브'를 추진하겠다고 한 것이다.

MS의 실리콘밸리 캠퍼스의 모든 잡용수는 빗물 수집 시스템과 폐기물 처리 공장을 통해 재활용 자원에서만 나온다. 이러한 통합 물 관리 시스템으로 매년 430만 갤런의 물을 절약할 수 있다. 이스라엘 헤르츨리야Herzliya에 위치한 캠퍼스는 효율적인 배관 설비를 구축해 물 보존량을 약 35% 늘리도록 했다. 에어컨에서 배출된 모든 물은 식물에 재사용해 물 사용량을 줄인다. 신규 건설 중인 인도 하이데라바드Hyderabad 캠퍼스 역시 조경, 플러싱flushing(이물질을 물로 배출하는 과정), 냉각탑 등에 재활용 폐수를 사용한다. 2021년에 오픈하는 미국 애리조나의 신규 데이터센터는 화씨 85도(섭씨 약 30도) 이하의 열에는 물 대신 외부 공기를 사용하는 단열 냉각 시스템을 사용해 반년 이상 냉각에 물을 전혀 사용하지 않는다. 그 이상의 온도는 다른 수계 냉각 시스템에 비해 물을 최대 90% 적게 소모하는 증발식 냉각 시스템을 사용한다.

또한 기존 전기 발전 대신 태양광 업체 퍼스트 솔라First Solar와 제휴해 태양광발전을 이용해 연간 3억 5000만 리터 이상의 물을 절감할 계획이다. 원자력발전이나 화력발전에는 많은 물이 사용되는데, 원전의 경우 100만 원에 해당하는 에너지를 생산할 때 1800리터의 물을 직접적으로, 5797리터의 물을 간접적으로 사용되는 것으로 추정된다(자료: 김하나 세종대 기후변화협동과정 교수, '에너지─물 상호의존성: 한국의 에너지원별 물 이용 집약도의 시사점') 석탄 화력발전소의 경우는 연간 190억 m^3의 물이 되는데 이는 10억 명이 사용할 수 있는 물의 양이

마이크로소프트의 워터 포지티브 프로젝트

자료: MS HP

다. 신재생에너지는 직접적으로 물을 이용하는 양은 없고 간접적으로만 사용되므로 태양광발전을 활용한다면 엄청난 양의 수자원을 절약할 수 있다.

주목할 점은 이 워터 포지티브 프로젝트에 사용되는 기술이 자사의 클라우드 서비스 애저Azure의 '현실 인지 엔진Perception Reality Engine'이라는 것이다. 마이크로소프트 애저Microsoft Azure는 2010년 출시한 MS의 클라우드 컴퓨팅 플랫폼으로 약 600개의 서비스를 제공하고 있다. '현실 인지 엔진'도 애저에서 제공되는 기능 중 하나로, 이것을 이용하면 강수량, 지표수 양, 식물 성장 등의 데이터로 지역 물 공급 상황을 파악하고, 물 부족 위험 지역을 식별해 통보하는 방식으로 물 부족 사태를 미리 방지한다.

만약 ICT를 활용하지 않고 수자원을 보호한다고 하면 어떠했을까? 대개는 물 적게 쓰기 캠페인 등을 통해 일상생활 속에서 물 낭비를 하지 않도록 하고, 회사 내에서도 물 사용을 자제하는 지침을 마련하는 등 물 부족 현상을 실감하고 절약하는 방향으로 유도했을 것이다. 이러한 활동도 의미 있고 필요하다. 하지만 MS는 한 걸음 더 나아가 자사의 ICT 역량을 활용해 수자원을 관리하고 물 부족 사태를 원천적으로 방지해 물도 보호하면서 이용에 있어서도 부족함을 느끼지 못하도록 했다. 이것이 타사와 비교했을 때 ESG 등급에서 높은 평가를 받은 차별점이다.

사회공헌 활동에도 ICT는 활용된다. 인구 증가에 따른 식량 수요 증가 문제를 해결하고, 지속가능한 농업 환경을 위해 MS는 농부의 지식과 경험에 기반한 데이터를 기반으로 농가의 생산성을 높이는 동시에 생산비용도 줄일 수 있을 방안을 모색했다. 다만 전기 공급이나 인터넷 연결 등 원활한 ICT 인프라를 갖추지 못한 농장들의 경우 기술 적용에 한계가 있고 농업 종사자들 대부분이 최신 ICT 기술에 친숙하지 않다는 허들이 있다. MS는 이를 해결하기 위해 센서에서부터 클라우드까지 모든 일련의 과정들을 통합적으로 농장에 적용하기로 했다.

농장 전체를 실시간으로 볼 수 있도록 농장을 인터넷으로 연결하고, 수십 개의 센서들로 토양의 온도와 습도를 측정해 라우터로 여러 개의 센서들을 잇는다. 저가의 헬륨 풍선에 공중 카메라, 자동운전 드론 등을 설치, 농장 곳곳을 실시간으로 살펴보며 관리할 수 있게 했다. 이렇게 수집된 데이터들은 MS 애저에 저장돼 머신러닝 알고리즘을 통해 처리된다. 이 알고리즘은 농장의 열지도heat map를 만들어 앞으로 일어날 상황을 예측해 궁극적으로 효율을 높이면서도 자원을 절약하는 목적을 위해 사용된다.

ESG DX는 ESG 평가나 ESG 경영을 수행함에 있어 비용적·효율적 측면에서도 큰 기여를 하지만, MS의 ESG 사례처럼 기존에는 불가능했던 전혀 새로운 가치를 창출하는 데 더 큰 의미가 있다. 이는 신규 사업으로도 연결될 수 있는 좋은 기회이다. ESG 경영을 추진하고 싶은 기업들이 있다면 주저하지 말고 ICT를 도입하기를 권한다. 복잡하거나 어렵지도 막대한 비용이 들지도 않는다. 왜냐하면 과거와 달리 DX를 지원해줄 회사들이 많이 등장했기 때문이다. CEO가 해야 할 일은 ESG를 정확히 이해하고, ESG 경영을 추진하면 될 뿐이다.

AI로 ESG를 평가하고
대시보드로 가시화

 ESG 등급을 평가하는 데에는 많은 데이터가 필요하다. 또 기업이 ESG 관련 정보를 100% 다 공개한다는 보장도 없다. 특히나 기업에 불리한 정보가 공개될 확률은 매우 낮다. 게다가 기업이 공표하는 정보는 연 1~2회 정도로 투자에 반영하기에는 시의성이 다소 떨어진다. 투자자들 입장에서는 최신 데이터를 기반으로 ESG 평가가 이루어져야 보다 정확하고 효과적인 투자를 할 수가 있다.

 그래서 ESG 평가기관들은 정부나 NGO, 연구기관, 언론 등이 공개하는 정보 등을 포함해 다양한 정보원으로부터 정보를 수집한다. 기본적으로는 인터넷에 게재되는 방대한 양의 정보를 수집해서 분석하는데, 인력으로는 이 엄청난 양의 데이터를 분석하고 연관성을 찾는 것이 보통 일이 아니다. 게다가 인력에만 의지하면 데이터 이용 방법 및 등급 기준에 있어 개인적 주관이 포함될 우려도 있다. 그래서 최근 들어서는 사람의 개입을 최소화하고 AI를 활용해 ESG 등급을 도출하는 평가기관들이 등장하고 있다. ESG 평가에 AI를 도입한 대표적인 기관으로는 아라베스크 파트너스Arabesque Partners, 서스테이나Sustaina, 국내 기관으로는 지속가능발전소 등이 있다.

영국 런던과 독일 프랑크푸르트에 본사를 둔 ESG 퀀트 전문 자산운용사 아라베스크 파트너스는 빅데이터와 AI를 결합한 S-Ray 시스템을 이용해 기업의 지속가능성을 평가한다. S-Ray는 기업의 ESG 성과에 관심 있는 모든 이해관계자가 전 세계 4000여 개 기업 정보를 매일 모니터링할 수 있는 온라인 플랫폼이다. 아라베스크 파트너스는 전 세계에 상장된 7만 7000여 개 기업의 정보를 매일 수집해 자금 유동성과 회계 분석, '글로벌 콤팩트Global Compact 가이드라인' 준수 여부, ESG 데이터 분석 등을 통해 기업들을 산업·지역별로 구분해 공개한다. S-Ray는 평가자의 주관적인 견해를 최소화하고, 다양한 기관의 평가로 얻어진 데이터를 금융공학의 알고리즘을 이용해 기업의 지속가능경영에 대해 직관적으로 판단할 수 있도록 한다. S-Ray는 글로벌 콤팩트 바로미터GC와 ESG 스코어로 구성돼 있다. GC 바로미터는 유엔 글로벌 콤팩트의 인권, 노동, 환경 및 반부패의 10대 원칙을 각 기업이 준수하는지 분석한 것이다. 유엔 글로벌 콤팩트는 전 세계 160여 개국 9000여 개의 기업이 참여하는 세계적으로 가장 큰 유엔의 지속가능경영 기구로, GC 바로미터는 기업의 인권, 노동, 환경 및 반부패 가치의 준수 등 계량화가 어려웠던 내용을 수치화해 정보로 활용할 수 있게 한 척도이다. ESG 스코어는 ESG 이슈에 각 기업이 어떻게 전략적으로 대응하는지를 분석한 내용이다.

국내 기관인 지속가능발전소는 ESG와 관련한 정보를 AI로 분석해 투자자와 기업에 제공하는 스타트업으로, 해당 기업의 환경·사회·지배구조 이슈와 관련해 SNS의 평판과 달리 실제 리스크 요인이 어느 수준인지를 정확히 가늠할 수 있다. ESG 성과 분석Performance Analytics과 사건 분석Incidents Analytics 솔루션을 이용하는데, ESG 성과 분석은 지속가능경영 평가 수치를 AI가 자동으로 분석해 알려주고, 사건 분석은 매일 벌어지는 사건·사고를 분석해 기업 리스크를 알려준다. AI가 지표와 뉴스를 중심으로 객관적으로 분석하는 것이 특징인데, SNS에 나타나는 기업 평판은 실제와 다를 수도 있기 때문이다. ESG는 앞에서도 설명했듯이 착한 기업을 가려내는 것이 목적이 아니라 기업의 리스크 대응 수준을 파악하는 것이 핵심이다. 그렇기에 SNS상의 정보만으로 ESG를 평가해서는 기업의 리스크를 파악하기 어렵다. 사회적 물의를 일으킨 기업을 일부 과격한 소비자들이 SNS상에서 공격하면 기업의 이미지는 낮아질 수 있어도 그 기업의 진짜 리스크가 무엇인지는 알 수가 없다. 오히려 자극적인 언론 뉴스 등에 묻혀 리스크가 파악되지 못해 ESG 평가의 본질이 흐려지거나 결과가 왜곡될 수도 있다.

일본종합연구소는 ESG 정보 수집 단계에서 AI를 활용해 작업시간을 대폭 줄였다. ESG 정보 수집은 ESG 평가 작업의 80%를 차지할 정도로 작업량이 많은데, 기존에는 이 작업을 모두 사람이 직접 하느라 많은 시간이 소요됐다. 하지만 자연어 처리NLP, Natural Language

Processing가 가능한 AI를 도입해 AI 솔루션이 수백만 개의 문서를 읽고 관련 개념을 추출해 유사한 의미의 용어를 전문 지식과 대조해 분류, 정리해주어 정보 수집에 드는 작업 부담을 절반으로 줄일 수 있었다.

한편 많은 ESG 평가기관들이 공들이고 있는 부분이 ESG 콕핏Cockpit, ESG 대시보드Dashboard 등을 통한 ESG 가시화이다. 기업의 ESG 평가 내용은 물론 어느 부분이 가장 리스크가 높은지, 파트너사들의 리스크 현황을 파악해 공급체인에는 문제가 없는지를 한눈에 파악할 수 있게 하고 있다. 이런 ESG 가시화 노력은 ESG 평가기관뿐만

ESG 평가기관 SteerImpact가 구현한 ESG 대시보드

자료: SteerImpact HP

아니라 ESG 경영을 추진하는 기업들도 자회사 및 생태계 관리 측면에서 적극적으로 도입하고 있다.

　이렇게 방대한 ESG 정보들을 모으고 AI를 통해 이를 연관 분석해 평가한 후, 그 결과를 다양한 방식으로 가시화해주는 일련의 과정들이 디지털로 이루어지면서 ESG 평가 시스템이 새로운 디지털 플랫폼으로 급부상하고 있다. 향후 기업들이 ESG 경영을 전개함에 있어 디지털 ESG 플랫폼을 어떻게 관리하고 활용하는지에 따라서 경쟁우위 효과도 크게 차이가 날 것이다.

그린 IT에서
그린 AI로 진화하다

 환경문제를 ICT 기술로 해결하려는 고민과 노력은 ICT 붐이 일기 시작한 2000년대부터 진행돼왔다. 2000년대 후반 미국, EU, 일본 등이 IT 제품의 환경 기준을 강화하고 무역장벽을 형성하면서 ICT 산업에서 환경문제가 새로운 이슈로 부각됐다. 그러면서 등장한 것이 '그린 IT'였다. 환경을 의미하는 녹색Green과 정보기술IT의 합성어인 '그린 IT'는 IT 기반의 친환경 기술을 포괄하는 개념으로 유해물질 대체, 에너지 효율화 시스템, 대체에너지 등 친환경 IT 기술을 의미한다. 기업이 낭비와 오염을 감소시키고 에너지와 자원을 절약하는 IT 제품과 서비스를 생산하겠다는 활동까지도 포함되는데, IT 부문과 비 IT 부문의 환경오염 방지와 에너지 소비 및 탄소배출 절감 활동 등이 해당된다.

 그린 IT는 미국의 에너지 스타Energy Star 프로그램, 스웨덴의 TCO(스

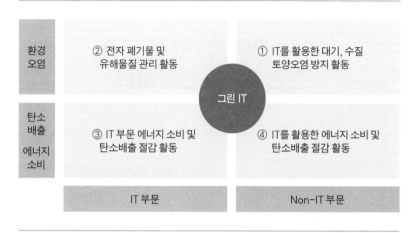

환경 오염	② 전자 폐기물 및 유해물질 관리 활동	① IT를 활용한 대기, 수질 토양오염 방지 활동
탄소 배출 에너지 소비	③ IT 부문 에너지 소비 및 탄소배출 절감 활동	④ IT를 활용한 에너지 소비 및 탄소배출 절감 활동
	IT 부문	Non-IT 부문

자료: 한국정보사회진흥원, '저탄소 녹색성장을 위한 주요국 그린 IT 정책 추진 동향과 시사점', 2008

웨덴 전문직 노동자 조합)인증제도 등 친환경 전자제품 확산에서 유래됐다. 미국은 2000년 이후 정부를 중심으로 자국 수요제품에 대한 전기·전자 제품 규제를 강화하며 그린 IT가 본격화됐다.

EU 역시 범유럽 연구개발 프로그램인 7차 Framework ProgramFP7에서 IT를 통한 에너지 효율화 과제가 포함되면서 공론화가 시작됐다. 독일은 그린 IT를 위해 2030년까지 원전을 모두 폐기하기로 결정했으며, 영국 정부는 에너지와 주요 자원의 대형 소비자로서 중앙정부 차원의 그린 IT 비전을 제시했다. 또한 영국의 방송통신 규제기관인 오프콤 Ofcom은 이산화탄소배출 총량을 줄이기 위해 'Project Footprint' 이니셔티브를 수립한 바 있다. 덴마크도 2007년 7월 'Green IT Action Plan'을 발표하고 8대 이니셔티브 제시했다.

한국의 그린 IT 정책은 2005년 시작된 'Standby Korea 2010' 대기 전력 저감 프로그램이 시초라 할 수 있다. 당시 지식경제부는 신정부 IT 전략으로 제시한 '뉴 IT 전략' 12개 세부 과제 중 하나로 그린 IT를 선정했고 IT 제품 에너지 효율을 2012년까지 20% 향상한다는 목표를 제시한 바 있었다. 이후 2020년 7월 14일에 '한국판 뉴딜 종합계획'의 일환으로 그린뉴딜 계획이 발표됐고 2020년 12월에는 '2050 탄소중립 추진전략'을 발표하며 탄소 줄이기를 선언했다.

어둠 속에서 홀로 빛난 테슬라 전기차의 에너지저장장치ESS

ICT를 이용해 에너지를 관리하는 '스마트 에너지'는 탄소배출 저감의 핵심이라 할 수 있는 친환경 신재생에너지 이용을 확대시키는 데 있어 중요한 역할을 수행한다. 예를 들면 'AI를 통한 신재생에너지 발전량 예측'이 있다. 태양광, 풍력, 지열, 수력 등 신재생에너지 운영에 있어 어려운 점 중 하나는 불확실성이다. 날씨 변화에 따라 에너지를 얻는 정도가 크게 차이가 나기 때문이다. AI 알고리즘을 이용하면 신재생에너지의 발전량을 예측할 수 있는데, 풍력발전의 경우 과거의 기상 데이터와 운전 데이터를 학습해 5분부터 1시간 단위로 1주일간의 발전량을 예측할 수 있다. 발전량을 정밀하게 예측하면 발전량이 적은 날에 풍차를 멈추고 발전기기를 보수 점검할 수도 있는데, 안정적 운영을 통해 발전량은 5% 증가하고 보수비용은 20% 절감이 가능하다.

신재생에너지 발전량 예측 AI 알고리즘은 실시간 위성, 레이더, 기상 데이터와 운전 데이터를 축적해 상관관계를 학습해서 발전량을 예측한다. AI는 기온과 기압, 풍향 변화에 맞추어 풍차 날개의 각도를 조절하는 기술도 제공할 수 있다. 태양광 또한 기상에 의존하기 때문에 발전량이 매우 간헐적인데, 태양광 발전량의 불확실성을 줄이고 경제성을 향상시키기 위해 정확한 발전량 예측이 필요하다. 기상 요소인 기온, 강수량, 풍향, 풍속, 습도, 구름량 등을 토대로 일조 및 일사량을 예측하고, 예측된 일사 및 일조량을 이용해 실시간 태양광 발전량을 예측하는 딥러닝 모델이 활용되고 있다.

AI로 전력 수요를 예측해서 전력을 사용하지 않을 때는 전력을 저장했다가 필요에 따라 사용할 수도 있다. 2021년 2월, 미국 텍사스 주에 기록적인 한파와 눈폭풍이 덮치면서 풍력발전 터빈이 어는 등 발전 시설이 멈추어 대규모 정전 사태가 발생했다. 텍사스 주 전역에 걸쳐 400만 가구가 정전 피해를 입었고, 정전으로 난방이 어려워진 주민들은 가정에서 담요를 덮은 채 추위를 견뎌야 할 정도로 상황은 심각했다. 그런데 대규모 블랙아웃 사태가 벌어진 속에서 홀로 환하게 불을 밝히고 있는 집이 있었다. 전기자동차 테슬라의 에너지저장장치ESS: Energy Storage System를 이용해 전기를 사용한 것이다. ESS는 원하는 시간에 전력을 생산하기 어려운 태양광, 풍력 등의 신재생에너지를 미리 저장했다가 필요한 시간대에 사용할 수 있도록 해주는 시스템인데, 전기차인 테슬라에도 탑재돼 있어 이번 정전 때 대활약을 한 것이다.

이처럼 ESS의 핵심인 에너지 관리 플랫폼은 실시간으로 전력 사용 현황을 AI가 24시간 체크해 건물의 에너지 소비와 생산 패턴을 실시간으로 분석하고 예측한 후 고객의 용도에 맞게 사용할 수 있도록 에너

한파로 인한 대규모 정전 사태 속에서도 테슬라의 ESS 덕분에 나 홀로 불을 밝힌 주택

자료: Tesmanian.com, Derek White 사진

지를 최적으로 운영하고 관리한다. AI로 시간, 요일, 기상 등의 변수에 따라 달라지는 건물의 에너지 소비 패턴을 분석하고, 머신러닝으로 '진단-예측-최적 제어' 전 과정을 자동화한다. 태양광, 풍력, 디젤 발전기 등 여러 개의 발전원과 각종 기기들을 동시에 연결해서 안정적으로 전원을 공급할 수도 있다.

또한 에너지 공급과 수요는 매번 달라져 매칭이 쉽지가 않은데, AI를 이용하면 공급자 측에서 신재생에너지가 얼마나 생산될 것인지 예측하고, 수요자 측에서도 에너지가 얼마나 소비될 것인지 예측해 실시간으로 서로를 매칭시킬 수 있다.

환경을 생각하는 올바른 AI 활용법, 그린 AI

최근에는 ICT 기술의 발달, 특히 AI 기술이 급속도로 진화하면

서 AI와 환경 이슈를 접목시킨 그린 AI가 주목을 모으고 있다. '그린 AIGreen AI'는 미국의 앨런 AI 인스티튜트Allen Institute for Artificial Intelligence에서 2019년에 발표된 논문 제목에서 비롯된 개념이다 ('Green AI', Roy Schwartz, Jesse Dodge, Noah A. Smith, Oren Etzioni, 2019). AI 기술이 진화됨에 따라 보다 환경 친화적이고, 적극적으로 환경 이슈를 아우를 줄 알아야 한다는 것이 핵심이다.

이런 주장이 나온 배경은 AI를 작동시키는 컴퓨터가 환경오염의 주범으로 지목되고 있기 때문이다. AI가 인간을 위해 쉴 새 없이 작동될수록 더 많은 전기가 소모되고, 그 과정에서 적지 않은 이산화탄소가 배출된다. 한 연구에 따르면, AI 언어 모델 하나가 작동될 때 발생하는 탄소배출량이 가솔린 차량 다섯 대가 평생 운용되는 동안 발생하는 수치와 맞먹는 것으로 나타났다. Open AI에 따르면 2012년 알렉스넷AlexNet 이후 불과 6년여 만에 무려 30만 배의 컴퓨팅 성능 향상이 이뤄졌는데, 이와 동시에 컴퓨터 사용도 급증하면서 전기 소모도 크게 늘어났다. 2019년에는 언어처리 AI 모델을 구축한 후 GPUGraphics Processing Unit(컴퓨터 시스템에 그래픽 연산을 빠르게 처리해 결과값을 모니터에 출력하는 연산장치)가 27년 동안 계산해야 하는 분량을 6개월간 학습하는 실험을 진행했는데, 실험 결과 이 과정에서 약 35톤에 달하는 탄소가 배출된 것으로 추정됐다. 이는 사람이 평생 내뿜는 탄소배출량의 2배에 달하는 양이다.

AI는 24시간 쉬지 않고 학습을 해야 하기에 지능이 높아질수록 처리해야 할 데이터도 많아져서 탄소배출량은 계속 증가할 수밖에 없다. 2020년 6월에 Open AI가 공개한 범용 AI인 'GPT-3Generative Pre-Training-3'는 기존 GPT-2 모델보다 더 많은 데이터를 학습한다. GPT-2는 구성된 매개 변수가 15억 개였지만, GPT-3는 무려 1750억 개의 매개 변수로 구성돼 있다. 리소스 사용량도 GPT-3가 GPT-2에 비해 100배 정도 많다. 그러다 보니 GPT-3는 학습 과정에서 상당한 에너지를 사용하는데, 이는 덴마크 가정 126가구의 연간 소비량과 맞먹는다고 한다.(자료 : Sarah DeWeerdt, 'It's time to talk about the carbon footprint of artificial intelligence', 2020.11.10)

2018년 11월 구글이 공개한 AI 언어 모델 버트BERT, Bidirectional Encoder Representations from Transformers는 자연어 처리 딥러닝 모델로 30억 개의 단어 데이터 세트를 학습했는데, 이 과정에서 약 284톤의 탄소가 배출되는 것으로 추정됐다. 문제는 AI의 진화가 이게 끝이 아니라는 것이다. AI에 사용되는 리소스는 매년 3~4배씩 증가하는데, 그때마다 소모되는 에너지와 배출되는 탄소량도 어마어마할 것이다. 인간을 이롭게 하기 위해 만들어진 AI가 쓰면 쓸수록 우리의 환경을 오염시킨다는 이 모순을 어떻게 해결해야 할지가 지금의 ICT 기업들이 떠안은 숙제이다.

이에 대한 해법으로 마이크로소프트는 2017년 12월에 AI와 클라우드를 이용해 환경문제를 해결하는 '지구환경 AI 프로젝트AI for Earth'를 발표하고 5년간 5000만 달러(약 543억 원)를 투자하겠다고 밝혔다. 2018년부터 추진 중인 이 프로젝트는 AI로 지구환경 문제를 해결하고 지속할 수 있는 미래를 만들기가 목적으로, 코끼리 울음 소리로 생사

자료: MS HP

를 확인하는 소머즈 AI, AI로 원숭이 출몰 해결, 위성사진으로 남극 펭귄 개체 수를 예측하는 펭귄 프로젝트 등이 있다.

줄어드는 코끼리 개체 수 보호를 위한 소머즈 AI 프로젝트는 머신러 닝 기술과 MS 클라우드를 활용한 정교한 알고리즘으로 시끄러운 열대 우림에서 코끼리 소리를 빠르고 정확하게 다른 소리와 구별한다. 기존 에는 국립공원에서 몇 달간 축적된 소리 데이터를 처리하는 데 약 3주 의 시간이 소요됐는데, MS 클라우드 플랫폼 애저를 이용하면 동일한 양의 작업을 단 하루 만에 마칠 수 있다. 이를 통해 코끼리 개체 수 측 정은 물론 코끼리 서식지를 추적하고 보호하는 데 활용하고 있다.

반대로 급증하는 원숭이의 개체 수 증가를 막기 위해 AI를 사용하 기도 한다. 인도의 도시 지역에서는 원숭이 개체 수가 몇 년간 통제할 수 없을 정도로 급증하고 있어. 델리의 한 연구소는 딥러닝과 머신러 닝 툴을 이용해 개체 탐지 및 인식을 포함한 애플리케이션을 개발했 다. 그리고 원숭이 개체 수 관리 AI 모델을 지속적으로 트레이닝하기 위해 MS 애저의 데이터 처리 기술을 활용한다. 또한 머신러닝을 야생 생태계 모니터링 과정에 적용해 원숭이 개체 수 문제를 효과적으로 해 결하는 솔루션도 개발할 것이다.

탄소배출 줄이기에 총력을 기울이는 글로벌 AI 기업들

구글, 아마존, 애플 등 AI 기술 개발을 주도하고 있는 빅테크 기업들 도 탄소 제로를 선언했다. 특히 ICT 기업들이 이용하는 데이터센터는 전 세계 탄소배출의 3.6%를 차지하고 있는데, 구글의 CEO 순다 피차 이는 2030년까지 모든 데이터센터와 사무실에서 온실가스를 배출하 지 않겠다고 선언했다. 아마존 CEO 제프 베조스도 2040년까지 탄소 제로를 실현하겠다고 동참했다. MS도 클라우드 사용량에 따른 탄소 배출량을 확인할 수 있도록 '지속가능성 계산기sustainability calculator' 라는 서비스를 공개하면서 2025년까지 클라우드 데이터센터를 100% 재생에너지로 가동하겠다고 밝혔다.

슈나이더 일렉트릭은 데이터센터를 운영하는 데 소모되는 에너지 를 절감하고 PUEPower Usage Effectiveness(인터넷 데이터센터 전력 사용 효 율)까지 낮출 수 있는 솔루션을 제시하기도 했다. 미국 내 데이터센터 들은 미국 공조냉동공학회ASHRE에서 권장하는 18~27도보다 낮은 온 도로 데이터센터를 운영하고 있는데, 지속적으로 낮은 온도를 유지하기 위해서는 많은 에너지를 소모하기 때문에 에너지 효율이 떨어지고 운영비용이 증가한다. 데이터센터 서버에 공급되는 쿨링 온도를 1도만 올리더라도 전체 에너지 비용의 4%를 절감할 수 있다.

슈나이더 일렉트릭의 DCIMData Center Infrastructure Management 솔루션은 AI를 활용해 데이터센터의 인프라 전력, 쿨링, 랙 공간 확보, 자산관리를 가능하게 한다. 특히 온도를 조절하는 항온·항습 및 쿨링 시스템을 관리하는 슈나이더 일렉트릭의 쿨링 옵티마이즈Cooling Optimize는 지그비 센서를 이용한 데이터센터의 IT 부하에 따른 쿨링 적용 방식으로, AI 기반의 머신러닝을 통해 AI가 스스로 학습하고, 부하에 따라 쿨링의 온오프 설정 및 팬 스피드를 조절한다. 기존의 데이터센터 쿨링 장비 운전 방식은 23도로 설정된 온도에 맞춰 팬 속도가 85~100%로 모든 쿨링 장비에 동일하게 적용된다. 하지만 쿨링 옵티마이즈 솔루션을 적용하면 AI 기반 IT 장비 콜드Cold 존의 실시간 온도 변화에 따라 최적화된 쿨링 용량으로 조절할 수 있다.

실제로 이 솔루션을 도입한 일본 통신사의 데이터센터 2곳은 연간 7억 쿨링 에너지를 절감했고, 미국의 통신사는 24개 데이터센터에서 연간 5500만 kWh를 절감했다.

아예 알고리즘 개발 단계에서 탄소배출을 줄이려는 연구도 진행되고 있다. MIT는 탄소배출을 줄일 수 있는 딥러닝 신경망 연구와 알고리즘을 고안해 GPU 사용 시간을 줄이고 전력 소비를 크게 감소시켰다. MIT가 개발한 IBM의 슈퍼컴퓨터는 초당 2000조 개의 계산이 가능하지만 탄소배출은 기존보다 1000분의 1 수준으로까지 줄인 세계

아밋 탈워커 교수가 제시한 그린 AI 전략

재현성을 강조하라	똑같은 AI 모델을 계속 만들어 컴퓨팅 파워를 쓰지 않아도 될 수 있도록 이미 개발된 AI 모델들을 공유하자.
하드웨어 성능을 높이자	와트(watt)당 퍼포먼스의 개념에서 더 나은 성능의 하드웨어 개발이 이어져야 한다. 더 나은 그래픽카드(GPU)는 딥러닝을 위한 더 나은 성능도 가져오지만 효율성도 높일 수 있다.
딥러닝에 대한 이해를 높이자	딥러닝이 어떻게 작동하고, 왜 성능을 내는지에 대해 좀 더 자세히 알아야 한다. 이를 통해 이 모델의 강점과 한계를 알고, 이를 기반으로 더 정확하고 효율적인 모델을 만들 수 있다.
딥러닝 기술을 널리 퍼뜨려라	이미 현존하는 딥러닝 중에는 충분히 정확도가 높은 모델도 많다. 정확도 100%에 도달하려고 하기 보다는 딥러닝을 업계에 널리 적용해 에너지 효율을 높이는 편이 더 합리적이다.
더 많은 파트너가 필요하다	글로벌 ICT 기업들이 스타트업, 인큐베이터, 대학 연구진과 함께 AI 전략을 구축할 것을 추천. 기업 단독 연구만으로는 AI 효율을 높이는 데 한계.

자료: AI in the 2020s Must Get Greener—and Here's How The push for energy efficient "Green AI" requires new strategies By Ameet Talwalkar, 14 Feb 2020

최고 친환경 슈퍼컴퓨터이다.

꼭 학습에 필요한 컴퓨팅 리소스만 사용하거나 AI 학습을 클라우드에서 진행할 때 재생에너지를 사용해 탄소배출을 낮출 수도 있다. 전 세계에 흩어져 있는 데이터를 통합, 관리 및 연구하는 것도 중요하다. 효율적인 데이터 학습과 매개 변수 수집, 불필요한 학습 줄이기, 에너지 효율적인 하드웨어 사용 등으로 탄소배출 저감에 기여할 수 있다.

AI는 환경 측면에서 보면 '양날의 검'이다. 전력량을 예측해 효율적으로 신재생에너지를 비축하는 친환경적 기술이면서도, 쓰면 쓸수록 전력 소모가 늘어나 탄소배출을 증대시키는 환경오염의 주범이기도 하다. 뒤에서 다룰 'AI 윤리'에서도 이 문제는 중요한 이슈이다. 알고리즘 개발 단계부터 환경적 요인을 고려하지 않으면 향후 범용 AI 이용에 있어 어려움이 발생할 수도 있기 때문이다. 그런 관점에서 미국 카네기멜론대학의 아밋 탈워커 교수가 발표한 '그린 AI 전략'은 ESG에 AI를 어떻게 접목시키면 좋을 지에 대한 방향을 제시해줄 수 있을 것이다.

환경을 지키는
그린 로봇들

코로나 팬데믹으로 사람들은 이동을 줄이고 만남을 줄이며 집 안에서 모든 것을 해결했다. 식사도, 업무도, 학교 수업도, 운동까지도 집에서 다 해야만 했다. 덕분에 늘어난 것은 일회용 쓰레기다. 코로나 사태로 일회용품 사용량이 크게 늘면서 쓰레기도 폭증세이다. 마스크 같은 방역용품과 의료 소모품 폐기물은 물론, 인터넷 쇼핑과 음식 배달이 늘어나며 생활 쓰레기도 넘쳐났다. 이런 현상은 국내뿐만 아니라 전 세계가 비슷한 상황을 겪으면서 '글로벌 쓰레기 대란'이 우려될 정도이다.

환경부가 전국 공공시설에서 수거한 폐기물량 조사에 따르면 2019년 상반기(1~6월) 하루 평균 폐기 물량 4890톤에서 2020년에는 5439톤으로 늘어났다. 특히 비닐 폐기물 발생량은 하루 평균 951톤,

플라스틱 폐기물은 하루 평균 848톤을 기록했다. 2019년 동 기간 대비 각각 11.1%, 15.6% 증가했다. 종이류는 하루 평균 폐기물 발생량이 687톤에서 889톤으로 29.3% 증가했다.

플라스틱류 폐기물은 종이류보다 양은 적지만 잘 썩지 않아 땅속에서 분해되는 데만 수십 년에서 많게는 수백 년이 걸린다. 유엔무역개발협의회UNCTAD는 코로나로 발생한 플라스틱의 약 75%가 매립지를 가득 채우고 나중에는 바다에 떠다니며 오염을 일으킬 것이라고 경고했다.

플라스틱 폐기물을 줄이는 방법은 두 가지다. 안 쓰거나 폐플라스틱을 재활용하는 것이다. 미국 워싱턴대학 국제 공동연구팀에 따르면 재활용을 통해 2040년까지 플라스틱 폐기물을 2016년 대비 40% 수준으로까지 줄일 수 있다고 한다. 하지만 문제는 급증하는 재활용 쓰레기를 선별할 공간도 인력도 부족하다는 점이다. 쓰레기가 쌓여가는 속도를 인간의 힘만으로는 도저히 따라가기 어렵다는 것이다.

또 하나 코로나 팬데믹으로 야기된 새로운 쓰레기 문제가 마스크 및 의료 폐기물이다. 외출 시 마스크가 필수품이 되면서 한 번 쓴 마스크와 일회용 장갑, 의료 폐기물 등이 엄청나게 증가한 것이다. 전 세계 78억 인구가 한 달에 사용하는 마스크 개수만 약 1290억 개, 의료용 장갑 개수는 약 650억 개로 추정될 정도이다. 이런 쓰레기들은 함부로 처리하다가는 감염의 위험이 있기 때문에 각별히 신경 써서 처리해야 하지만, 이 역시 일손 부족 등 여건이 여의치 않아 제대로 처리하기가 쉽지만은 않다.

이런 어려움을 해결해주는 것이 바로 '로봇'이다. 인간을 대신해서 더 빠르고 정확하게 쓰레기를 분류하고, 감염 위험이 있는 마스크나 의료용 폐기물을 대신 처리해준다.

미국의 로봇 기업 'AMP 로보틱스'는 재활용 분류 로봇 'AMP 코텍스'를 개발해 현재 미국 내 기업과 지자체들에게 임대해 주고 있다. 월 이용료는 6000달러(약 651만 원) 수준으로, 미국 폐기물 관리 업체인 웨이스트 커넥션Waste Connections과 24개의 로봇 시스템 공급 계약을 체결하기도 했다. 이 로봇은 AI를 기반으로 하여 재활용 쓰레기를 99%가 넘는 정확도로 분당 80개 이상 분류한다. AMP의 로봇 시스템은 컴퓨터 비전과 딥러닝을 활용해 재활용 가능한 쓰레기를 선별하는데, 로봇이 색상, 크기, 모양, 불투명도, 소비자 브랜드 등을 기준으로 컨베이어

AI 로봇이 컨베이어벨트에 있는 쓰레기를 선별하는 모습

자료: AMP 로보틱스

벨트에 있는 쓰레기를 선별하며, 인식한 각 쓰레기에 대한 데이터를 축적한다. 다양한 종류의 쓰레기들에 대처할 수 있도록 수백만 개에 달하는 이미지를 통해 지속적인 훈련을 받는다. 사람보다 2배나 빠른 속도로 분류가 가능한데, 로봇 시스템은 모듈식으로 설계돼 기존의 워크 플로어(작업 흐름)에 쉽게 적용할 수 있다.

빈 병 주면 강냉이 대신 포인트 주는 순환자원 로봇

AI 기반의 순환자원 로봇도 등장했다. 옛날에는 동네를 돌아다니며 오래된 잡지나 헌 신문지, 버리는 빈병, 신발, 쇠붙이 등을 갖다 주면 그에 대한 보상으로 강냉이를 주는 분들이 계셨다. 아마도 이것이 순환자원의 시초일 것이다. 자판기처럼 생긴 순환자원 로봇은 페트병·캔 등을 투입 후 휴대전화 번호를 입력하면 수거 가능한 폐기물을 AI가 판별해 알아서 골라내고 보상으로 포인트가 적립된다.

AI는 이미지를 기반으로 자원의 외형을 학습하고, 축적된 학습 데이터에 따라 자원의 종류를 판단하는데, 마치 사람이 눈으로 자원을 보고 기존 지식에 따라 종류를 구분하는 것과 동일하다. 그 때문에 형태나 바코드가 훼손돼도 정확한 감별이 가능하다. 새로운 형태의 페트병이 나와도 새로 투입되는 자원에 대한 끊임없는 학습(딥러닝 방식)이 진행된다. AI가 스스로 순환자원을 판단하고 자동으로 선별하면 수집된 자원은 전용 물류 차량을 통해 재활용 처리 공장으로 운송된다. 그곳에서 순도 높은 자원을 통해 고품질의 재활용 원료를 생산하는 순환자원 소재화가 이루어진다. 순환자원 로봇은 대중들에게 AI를 통해

자료: 수퍼빈 HP

재활용이 환경에 어떻게 영향을 미치는지 인지시키면서 보상을 통해 재활용에 대한 동기와 긍정적인 경험을 제공한다. 특히 일상 공간 속에 배치해 재활용을 생활 습관으로 자리매김하고 지속적인 관심과 실천을 확장시킬 수 있다는 점에서 의미가 있다.

자율주행 기능이 로봇에 적용돼 의료 폐기물 처리 등 인간이 직접 수행하기 위험한 일을 대신할 수도 있다. 이탈리아에서는 코로나로 인한 의료진 감염이 더 심각한 문제로 대두됐는데, 이를 해결하기 위해 AI 로봇을 투입했다. 이탈리아 북부 롬바르디주 도시인 바레세에 있는 서콜로Circolo 병원에서는 코로나 환자를 치료하는 의료진을 돕기 위해 로봇 6대가 배치됐다. '토미'라는 이름의 간호사 로봇들은 몸체에 설

의료 폐기물 로봇(왼쪽)과 토미 간호사 로봇(오른쪽)

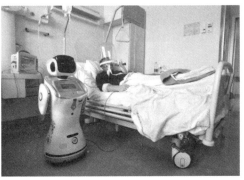

자료: 해외 언론 종합

치된 카메라를 이용해 주기적으로 병실을 이동하면서 환자들의 상태를 의료진에 전달한다. 1m 정도의 어린이 크기의 이들 로봇의 얼굴은 터치스크린으로 돼 있다. 환자들은 로봇 얼굴을 터치해 자신의 상태나 필요한 진료를 녹음해서 의사에게 보낼 수 있다. 병원 측은 로봇 간호사를 이용해 의사와 간호사와 환자와 직접 접촉을 최소화해 의료진 감염률을 낮추고 있다고 설명했다. 국내 병원에서도 자율주행 기능이 있는 의료 폐기물 로봇을 도입해 마스크와 환자복 등 바이러스가 묻어 있을 가능성이 있는 의료 폐기물을 운반하고, 살균 로봇은 보균자들이 접촉하는 구석구석을 소독해 30초 만에 바이러스를 99%까지 제거한다. 이러한 AI 의료용 로봇은 소독과 방역 등에서 의료진을 도울 뿐만 아니라 의료 폐기물 처리에서 발생할 수 있는 감염 위험까지도 낮출 수 있어 활용도가 더욱 늘어날 전망이다.

우주 쓰레기도 '로봇'이 책임진다

쓰레기는 지구에만 있는 것이 아니다. 저 먼 우주에도 있다. 우주에 남겨진 위성 잔해, 수명이 끝난 인공위성, 로켓 파편 등 현재 우주를 떠도는 1mm 이상 1cm 미만의 우주 쓰레기는 약 1억 3000만 개 이상이다. 이런 쓰레기는 너무 작아서 추적도 할 수 없다. 직경 10cm 이상의 우주 쓰레기 조각은 3만 4000여 개, 1~10cm의 파편은 90만 개에 이른다. 우주로 위성을 쏘아 올린 후 수명이 다 돼 기능이 정지됐거나, 사고나 고장으로 제어할 수 없는 인공위성, 위성 발사에 사용된 부품들과 파편, 심지어 우주 비행사가 떨어뜨리고 수거하지 못한 공구들까지 우주엔 쓰레기가 무수히 많다. 영국 일간지 《더 가디언》에 따르면 지구 궤도에는 3500개가량에 달하는 폐위성과 75만 개에 달하는 소형 파편들이 흩어져 있는데, 이들이 지구 궤도를 시속 2만 km의 속도로 이동하면서 서로 충돌해 파편이 되거나 정상적으로 작동하는 위성에 타격을 줄 우려가 있다고 경고했다.

넷플릭스에서 공개된 송중기·김태리 주연의 SF(공상과학)영화 〈승리호〉에 우주 쓰레기 청소선이 등장하는데, 실제로 로봇을 이용한 '우주 쓰레기' 청소 사업도 급부상 중이다. 일본의 스타트업 애스트로스케일 Astroscale은 '로봇 위성'을 쏘아 올려 자석을 이용해 우주 쓰레기를 치우는 기술로 1억 9100만 달러(약 2110억 원)의 투자를 받았는데, 전 세계 우주 궤도 스타트업 중 가장 큰 규모다. 주 고객층은 위성을 통한 통신·지형 관측·인터넷 사업을 하는 대기업, 발사체·위성을 쏘아 올리는 각국 정부기관이다. 스위스 스타트업 클리어스페이스ClearSpace

애스트로스케일의 우주 쓰레기 제거 로봇 위성(왼쪽)과 클리어스페이스의 로봇(오른쪽)

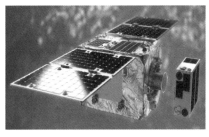

자료: 언론 종합

는 4개의 로봇팔을 이용해 100kg급의 쓰레기를 수거해 지구 대기권에 재진입하는 과정에서 마찰열로 소각하는 방식의 우주 쓰레기 청소선을 2025년에 선보일 예정이다. 클리어 스페이스의 첫 시험 임무는 2013년에 발사된 소형 위성 '베스파Vega Secondary Payload Adapter'의 잔해 수거로, 먼저 로봇 쓰레기 수집기robotic junk collector인 체이서를 우주선에 실어 지구 궤도 500km 지점에 쏘아 올린다. 체이서가 궤도에 올라 목표물에 접근하면 4개의 로봇 팔을 이용해 베스파를 확보하고 우주 쓰레기와 같이 대기권으로 재진입해 마찰열로 연소시키는 것이다.

무인살균 로봇이 코로나 종식을 앞당긴다

로봇은 쓰레기 처리 외에도 인류의 건강을 위협하는 바이러스 퇴치에도 이용된다. 아마존의 홀푸드마켓Whole Foods Market은 매장과 창고에서 활용할 목적으로 자외선 살균 소독 로봇을 개발하고 있다. 아마존은 홀푸드마켓 매장 내 코로나 바이러스 확산을 방지하기 위해 자

UV 램프를 탑재한 무인살균 자율주행 로봇

자료: 언론 종합

외선을 활용한 살균 소독 로봇을 개발 중인데, 살균 소독 로봇은 호텔 고객용 짐 카트와 유사한 모양으로 밑에는 4개의 바퀴가 달려 있고 프레임 한쪽에는 10개 이상의 긴 형광등 모양으로 된 자외선 조명기기가 부착돼 있다. 이 로봇은 홀푸드마켓 매장의 복도를 돌아다니며 고객의 손이 닿은 냉장고 손잡이와 식료품 표면의 바이러스를 자외선으로 살균한다. 자외선 살균로봇은 여러 업체에서 개발해 CES 2021에서도 등장해 주목을 모았는데, 향후 사무실, 병원, 도서관, 학교 등 사람들이 많이 모이고 이용하는 장소에 투입돼 바이러스를 없애는 데 기여한다.

이처럼 로봇의 이용은 쓰레기 처리, 자원 재활용, 바이러스 박멸을 비롯해 우주 쓰레기 수거에까지 확대될 정도로 범위가 넓어지고 있다. 시장조사 업체 스태티스타Statista는 전 세계 로봇 시장이 매년·26%씩 성장해 2025년에는 약 340조 원에 이를 것으로 예측했다. 특히 그동안 일부 영역에 적용돼 개념적으로만 증명됐던 로봇이 코로나 사태로 광범위한 현장에서 이용 가능하다는 것이 증명되면서 제조업부터 서비스업까지 다양한 분야에서 로봇 사용이 증가할 것으로 전망된다. 무엇보다 환경 보전과 함께 코로나와 같은 바이러스들로부터 인간을 지켜주는 든든한 파수꾼 역할을 한다는 점에서 로봇의 이용은 우리의 일상으로 자리 잡게 될 것이다.

일하는 방식의 DX로
직원들의 만족도를 높인다

ESG 중 S(사회Social적 요인)를 평가하는 부분에서 기업 내부의 이해관계자라 할 수 있는 종업원에 대한 케어는 기업 브랜드 제고는 물론 실적 향상과도 이어질 수 있는 중요한 요소이다. 특히 코로나 사태 이후 종업원에 대한 건강이나 감염 리스크 관리 및 재택근무와 같은 일하는 방식의 혁신은 기업의 지속가능경영에도 상당한 영향을 끼친다. 구글, MS, 애플 등 ICT 기업들은 수평적 기업 문화와 일하는 방식의 혁신을 통해 의사결정 속도와 업무의 효율성을 높여 ESG 평가에서도 높은 등급을 받았다.

텍스트 메시지 및 이메일 작성, 알림 및 업무 목록 작성 또는 일정 항목의 처리 등 모바일 환경에서의 업무가 늘어나면서 음성인식 비서를 업무에 도입하는 기업들이 늘어나고 있다. 전체 검색 중 50퍼센트는 음성을 통해 이루어지고, 약 30퍼센트는 화면 없이도 이루어질 정도로 음성인식 기능의 활용은 점점 더 증가하고 있다. 클라우드상에서 5G와 AI가 결합되면 기계학습 속도가 빨라져서 AI 비서는 언어를 더 잘 이해할 수 있게 된다. 아마존, 구글 및 엔비디아 등은 AI 기반 문자 음성 변환 서비스를 제공하고 있어 시각장애가 있는 직원들은 팟캐스트처럼 PDF 문서나 프레젠테이션 노트 내용을 들을 수 있다

한편 코로나 사태로 비대면의 수요가 높아지면서 무인 키오스크와 같은 AI 자동화 시스템의 등장으로, 새로운 기술을 배우는 리스킬링과 기존 업무 역량을 높이는 업스킬링은 더욱 중요해지고 있다. 보스턴 컨설팅그룹BCG은 기업 내 디지털 트랜스포메이션으로 업무의 60%만이 기존과 같은 수준의 업무를 수행하고, 15%는 새롭게 생겨난 업무, 25%는 더 이상 필요 없는 업무가 된다고 하면서 기존 업무는 스킬을 높이고Upskill, 없어지는 업무는 새 업무로 바꾸는Reskill 노력이 필요하다고 주장했다.

또한 전기차의 등장과 같이 산업의 패러다임 전환으로 인해 리스킬링과 업스킬링이 요구되기도 한다. 부품 수가 3만여 개에 이르는 내연기관차에 비해 전기차의 부품 수는 1만 5000여 개로 절반에 불과하다. 제작 과정이 단순해지다 보니 조립 라인에 들어가는 인력 소요 역시 적어지므로 유휴 인력에 대한 재교육과 직종 전환이 필요해진다.

정비 및 고장 수리에 있어서도 전기차는 특성상 부품이나 소모품 등 정비 항목이 적은 데다 구조적으로 고장 가능성까지 낮다. 자동차의 주요 정비 품목인 파워트레인(엔진에서 발생된 동력을 전달하는 기관으로 트

랜스미션, 클러치, 등속 조인트 등으로 구성)을 보면, 내연기관차는 부품 수가 170개 정도이지만, 전기차는 35개에 불과해 고장 요인이 적다. 게다가 전기차에는 엔진이나 트랜스미션이 아예 없고 전기차 부품의 핵심인 배터리의 경우는 수리가 불가능한 모듈 형태로 돼 있어 기존 경정비 업체에서는 손을 댈 수가 없다. 십수 년간 노하우를 쌓아 온 자동차 정비 전문가들도 전기차에 대해 완전히 새롭게 공부해야 하는 것이다.

이런 상황 속에서 기업들은 직장 내에 ICT를 도입해 업무 방식을 디지털 트랜스포메이션DX함과 동시에 직원들의 재교육을 통해 급변하는 4차 산업혁명 시대에 고부가가치를 창출할 수 있는 핵심 인재로 거듭날 수 있도록 많은 노력을 기울이고 있다. 특히 새로운 직무 기술에 대한 업스킬링Upskilling은 직원들이 일하기 좋은 기업Great Place to Work의 핵심 요소로 많은 주목을 받고 있다. 예를 들어 액센추어Acenture는 새로운 자체 직무 기술 프로그램을 통해 차별화된 업스킬링 개념을 선보였다. 신기술의 등장으로 기존 업무가 없어진 직원들에게, 계속 회사를 다닐 수 있도록 새로운 직무 기술을 배울 기회를 제공한다.

아마존은 이미 2019년부터 7억 달러(약 8000억 원)가 넘는 예산을 투입해 미국 내 직원 10만 명을 재교육하기 시작했는데, 아마존 전체 직원 3명 중 한 명꼴로 민간기업이 실시하는 재교육 프로그램으로는 사상 최대 규모다. AI와 로봇이 대체할 가능성이 높은 물류센터, 상품 배송 등의 인력을 사내 데이터 분석 업무 등의 고급 일자리로 옮기게 하거나 회사 밖의 다른 직업을 찾도록 지원한다.

일자리 변화와 업무에 필요한 역량 조건 역시 빠르게 변화함에 따라, 이에 대응하기 위해 기업들은 교육 프로그램을 적극적으로 운영하고 있다. 프랑스의 이동통신사 프리 모바일Free Mobile 회장인 자비에르 니엘Xavier Niel은 프랑스의 미래가 디지털 산업에 있다 판단하고, 이를 이끌어갈 스타트업 기업과 ICT 인재 육성을 목적으로 '에콜42Ecole 42' 학교를 설립했다. 에콜42는 100% 무상이며, 학력의 제한 없이 만 18~30세에 해당하는 누구나 입학이 가능하다. 실제 비즈니스 현장과 유사한 팀 프로젝트를 통해 코딩과 문제 해결 능력, 커뮤니케이션 역량 등을 교육시킨다. 에콜42는 4차 산업혁명 시대에 특화된 교육 시스템을 제공하고 현장에 즉시 투입이 가능한 현장형 인재를 양성한다는 점에서 주목받고 있는데, 2018년 기준으로 에콜42의 졸업생들이 창업한 스타트업은 150개에 달하며, 재학생의 30%는 스타트업에 근무하면서 동시에 학업을 진행하고 있다.

AI를 활용한 인사 평가 및 직원 배치도 최근 일하는 방식의 트렌드

교수도 교과서도 학비도 없는 프랑스의 ICT 기술학교 에콜42

자료: 해외 언론

중 하나이다. 인사는 기업의 미래를 좌우할 만큼 중요하고 신중한데, 금융권을 중심으로 많은 기업이 AI를 활용한 인사 시스템을 도입해 좋은 성과를 얻고 있다. 직원들의 다면 평가, 자격증, 자기관리, 부서장 추천 등 각 항목별로 가중치를 달리하고 최적화시킨 모델을 딥러닝으로 구현해 이를 토대로 직원의 승진 여부를 결정하는 방식이다. 학연이나 지연 등 주관적 요소가 배제돼 비교적 공정하게 평가가 이루어진다는 점에서 젊은 직원들로부터 호응도가 높다.

AI 도입은 직원의 거주지나 적성 등을 고려한 적재적소 배치로 업무 만족도를 높이는 데에도 기여한다. 미취학 자녀가 있는 워킹맘 직원들을 고려해 AI가 영업점과 거주지와의 거리 및 시간, 자녀의 연령 등을 분석해 10세 미만 자녀가 있는 여성 직원은 대중교통으로 출퇴근 시간이 40분이 넘지 않는 영업점에 배치시켰다. 그러자 직원들의 만족도는 높아졌고 영업 실적도 크게 증가했다. 또한 AI는 새로 취득한 자격증, 적성, 성향 등을 고려해 원하는 직무로 배치시키기도 해 업무효율

재택근무의 확산으로 직원들은 회사가 아닌 원하는 장소에서의 근무가 가능해졌다

자료: Capital GES, Uplers, 해외 언론

성 증대는 물론 퇴사·이직률 감소에도 크게 기여한다. 퇴사나 이직자가 많아지면 기업의 지속성장 동력에도 문제가 생긴다. AI 평가는 기업의 지속성장을 위해서라도 꼭 필요하다.

AI 인사 시스템은 인사 평가의 정확성과 신뢰성, 투명성을 높이는 데에도 기여할 뿐 아니라 인사 업무의 효율성을 높이는 데도 일조한다. 인력만으로 제한된 시간 내에 모든 변수를 고려해 수백~수천 명이 넘는 직원들을 평가하고 배치하는 것은 현실적으로 어려운 일이다. 게다가 직원의 적성이나 동료와의 관계 등 부서 실적을 좌우하지만 '눈에 보이지 않는 요소'를 AI가 분석하고 수치화해 인사 평가자가 놓칠 수 있는 부분도 알려준다.

지역사회 DX로
가치를 높이는 사회공헌 활동

　지역주민과 지역사회를 위한 지원은 기업의 중요한 사회공헌 활동 중 하나이다. 지역사회 발전과 환경 보전을 위해 주민들과 지속적으로 커뮤니케이션 하면서 교육, 의료, 생업 등 지역 내 여러 문제들을 해결해주는 것은 ESG의 사회적 항목S 평가를 높이는데 크게 기여한다. 과거에는 주로 지역 사회 내 취약 계층을 지원하거나 자연재해로 피해를 입은 농가나 시설 등을 복구하는 활동 등이 많았지만, 최근 들어서는 지역의 특성을 살린 맞춤형 사회공헌 활동이 늘고 있다. 특히 ICT를 이용해서 단발적 지원이 아닌 지속적인 가치 창출에 초점을 맞추어 지역 사회 발전에 기여하는 추세이다.

　대표적인 사례가 스마트 팜이다. 지능형 농장이라고도 하는 스마트 팜은 비닐하우스·유리온실·축사 등에 ICT를 접목해 '시간과 공간의 제약 없이' 원격 및 자동으로 작물과 가축의 생육 환경을 적정하게 유지·관리할 수 있다. 농장의 DX화를 통해 농업 종사자들의 수고를 덜어줌과 동시에 고부가가치를 높일 수 있다는 점에서 지역사회에서도 도입이 늘고 있다.

최근에는 데이터 농업이라고 농작물과 동물을 키우는 데 필요한 날씨 정보, 종자와 농약 정보, 각종 기자재 정보, 농업 지식 서비스, 유통 정보 등 다양한 데이터들을 IoT 센서와 AI, 스마트 디바이스 등을 통해 통합 관리할 수 있다. 특히 초보자들도 쉽게 농사를 지을 수 있도록 귀농 서비스도 지원하고 있어, 농사 경험이 없는 초보 농부들에게 스마트 팜 시설과 관련 정보를 제공하고 판매까지 대행해준다. 이렇게 되면 농촌으로의 인구 유입이 증가해 지역사회 활성화에도 도움이 된다.

예전에는 이런 스마트팜 서비스를 주로 지자체가 나서서 농가를 지원했는데, 이제는 기업들이 사회공헌 활동의 일환으로 직접 나서서 자사의 역량과 접목시켜 서비스를 제공하는 움직임을 보이고 있다. 국내에서 클라우드 사업을 전개하고 있는 아마존 동아시아팀은 사회공헌 사업의 하나로 금산군의 한 깻잎 농장에 자사의 AI 시스템과 클라우드를 접목시킨 스마트 팜 서비스 제공을 계획 중이다. 깻잎은 온도와 습도 관리를 섬세하게 해야 하고 조금만 실수해도 병해충이 잘 생기는 작물이다. 갑자기 비가 내리거나 밤 기온이 급강하하면 바로 비닐하우스로 뛰어가야 하는데 고령자인 경우에는 쉬운 일이 아니다. 아마존은 AWS를 이용해 깻잎 생육과 관련된 데이터를 축적하고 분석해 날

원격으로 농작물을 관리, 제어하는 스마트 팜으로 농가의 부담을 덜어준다

자료: 언론 종합

씨, 온도, 습도 등에 최적화된 재배 방법을 제공한다. 스마트폰을 통한 원격 제어도 가능해 고령화 농가에도 도움이 된다. 비닐하우스 설비를 자동화하고, AI를 활용해 날씨를 정확히 예측할 수 있게 됨에 따라 집 안에서 농사를 지을 수 있게 된 것이다.

사회공헌 활동과 관련한 또 다른 움직임은 지역사회 니즈 및 특성을 고려해 지역사회 인프라를 DX화해 가치를 창출한다는 점이다. 기존의 사회공헌 활동은 요양원을 방문해 봉사 활동을 하거나 김장을 도와주는 등 시설 단위나 개인 단위로 이루어져 일회성에 그치는 것이 대부분이었다. 하지만 최근에는 지역사회별로 안고 있는 문제나 니즈를 파악하고, 각 지역의 특성을 고려한 맞춤형 사회공헌 활동을 전개하는

2020 x Regional Revitalization Project

Utilizing ICT, the NTT Group is pursuing projects aimed at providing solutions
to various issues that local governments and businesses face.

자료: NTT HP

데, 일회성에 그치는 것이 아닌 인프라의 DX화를 통해 지역사회의 가
치를 높이고 주민들의 편의성을 높이는 데 초점을 맞추고 있다.

대표적인 사례가 일본의 통신사업자 NTT 그룹이 추진하고 있는 '지
역창생地域蒼生 프로젝트'이다. 지역창생 프로젝트는 각 지역사회 및 지
자체의 문제점들을 NTT 그룹이 보유한 5G, AI, 클라우드 등의 ICT를
이용해 같이 고민하고 해결해 지역사회를 탈바꿈시키겠다는 사회공헌
활동이다.

NTT 그룹은 교육, 의료, 관광, 교통, 신재생에너지 등 분야별로 지
역사회 니즈에 부합하는 프로젝트들을 전개하는데, 예를 들어 고령자
는 많은데 의료기관이 적어 병원까지 직접 가기가 어려운 지역에서는

5G를 이용한 원격진료 서비스를 제공한다거나, 학생 수는 많은데 교직원 수가 적어 관리가 쉽지 않은 지역에 대해서는 클라우드 기반의 통합 학습 시스템을 제공해 교직원의 업무 부담을 줄여주는 사회공헌 활동을 전개한다. 또한 스마트 시티와 같이 지역사회 전체를 DX화하는 프로젝트에는 NTT 그룹의 모든 회사들이 참여해 각 사가 보유한 ICT 기술 및 서비스를 제공한다.

한편 코로나 팬데믹으로 비대면 서비스가 확산되면서 사회공헌 활동에도 비대면을 도입하는 사례가 늘고 있다. 설날이나 추석 등 명절을 맞아 코로나로 인해 면회가 금지된 노인 요양원을 대상으로 영상통화를 활용한 면회 서비스를 제공하거나, 화상 솔루션을 통한 시니어 디지털 교육 프로그램 운영 등이 대표적이다.

ESG에서 사회적 활동의 평가 척도는 기업이 얼마나 착한 활동을 많이 했느냐가 아니라 문제 해결을 통해 얼마나 사회적 가치 창출에 이바지했느냐이다. ICT는 그러한 가치 창출에 있어 분명 효율적인 수단이다. 간과하지 말아야 할 것은 기술력의 과시가 돼서는 안 된다는 점이다. 지역사회 안으로 직접 뛰어들어 주민들의 이야기에 귀를 기울이고, 지역사회의 니즈가 무엇인지를 정확히 파악해야 그에 맞는 해법을 제시할 수 있다. 지역사회와의 커뮤니케이션을 무시한 채 기업 경영을 운영하면 리오 틴토의 동굴 훼손 사태와 같은 악영향만 초래할 뿐이다.

ICT는 중소기업 ESG의
든든한 지원군

5장에서 대기업뿐만 아니라 중소기업과 스타트업 역시 ESG가 필요하다고 강조한 바 있다. 기업 규모에 상관없이 지속적으로 성장하기 위해 ESG는 진지하게 고민해야 할 중요한 사안이며, 특히 미국, EU 등 해외 시장에서 사업을 전개하는 중소 및 스타트업들은 점점 강화되고 있는 ESG 규제를 극복하기 위해 ESG 경영 도입을 서둘러야 한다. 문제는 비용과 시간이다. 사람도 많지 않고 ESG에까지 투자할 여력도 녹록치 않은게 중소기업 및 스타트업의 현실이다. 그렇다고 방법이 없는 것은 아니다. 기업의 디지털 혁신, 즉 디지털 트랜스포메이션DX을 통해 업무를 효율화하고 생산성을 높이면 그만큼의 여유를 ESG 경영에 투입할 수 있다. ESG 활동 자체에도 DX를 적용할 수도 있다.

특히 코로나 사태 이후, AI, 클라우드 등 ICT 도입의 필요성을 느낀

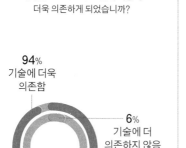

귀사는 COVID-19로 인해 기술에
더욱 의존하게 되었습니까?

94%
기술에 더욱
의존함

6%
기술에 더
의존하지 않음

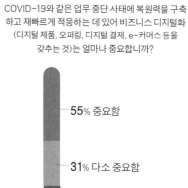

COVID-19와 같은 업무 중단 사태에 복원력을 구축
하고 재빠르게 적응하는 데 있어 비즈니스 디지털화
(디지털 제품, 오퍼링, 디지털 결제, e-커머스 등을
갖추는 것)는 얼마나 중요합니까?

55% 중요함

31% 다소 중요함

14% 중요하지 않음

자료: IDC

CEO들이 늘어나면서 중소기업의 DX화가 가속화되고 있다. 아시아 지역 1400여 개 중소기업을 대상으로 IDC가 조사한 '2020 아시아 태평양 중소기업 디지털 성숙도 연구' 결과에 따르면, 코로나 사태를 겪으면서 디지털 기술이 위기를 극복하는 데 매우 중요하고, 이로 인해 더욱 기술에 의존하게 됐다는 의견이 90% 이상을 차지했다. 이에 조사 대상 중소기업의 70%가 DX화에 속도를 내고 있고, 절반 이상의 기업은 2021년까지 자사 비즈니스의 약 20%가 DX화될 것이라고 답했다.

IDC는 중소기업의 DX화가 가속화되면 2024년까지 아시아 태평양 지역의 GDP가 2조 6000억 달러에서 최대 3조 1000억 달러로 늘어나 빠른 경제 회복을 주도할 것이라고 전망하며, 중소기업의 DX화가 코로나 사태 이후 세계 경제 회복의 중요한 키key가 될 것임을 강조했다. 실제로 일찍 ICT를 경영에 도입한 디지털 리더 중소기업은 DX에 무관심한 기업 대비 매출 및 생산성이 2배 더 증가한 것으로 나타났다.

하지만 당장 DX화를 추진하고 싶어도 어디서부터 어떻게 도입해야 할지, 또 회사 내부에서 DX 업무를 구현할 인재와 기술을 발굴하기도 쉽지 않다. 조사에서도 중소기업들이 DX화에서 가장 어렵다고 느끼는 부분이 '회사 내 디지털 스킬 및 인재 부족'과 'DX를 실현하는 데 필요한 기술 역량'의 부족이었다. 또한 DX화에 가장 우선시한 기술은 후발기업, 리더를 막론하고 모두 클라우드를 꼽았다. 그 외 보안, IT 인프라, AI 등이 DX에 있어 중요한 기술로 언급돼 이런 기술적 역량을 갖춘 ICT 기업들은 클라우드 중심의 통합 패키지 방식으로 중소기업들의 DX를 지원하고자 하고 있다.

AI로 중소기업의 작업 현장이 스마트해진다

중소기업의 대표적인 DX 사례로는 스마트 팩토리가 있다. 스마트 팩토리는 중소기업의 열악한 작업 환경, 업무 방식, 시스템을 바꾸는 트리거가 될 수 있다. 기존의 공장 자동화는 컴퓨터, 로봇 등을 이용해 생산과정을 자동화했지만, 스마트 팩토리는 단순한 자동화를 넘어 데이터 수집, 분석을 통한 공정 간 유기적인 연결을 중요시한다. 데이터를 통해 최소 비용과 시간으로 고객이 원하는 제품을 최적의 루트를 거쳐 생산하고 클라우드 기반의 AI로 자율적이고 유연하게 작업을 수행하는 것이 핵심이다. 인력에 의존했던 공정들을 첨단 로봇과 소프트웨어 기능 등으로 대체해 생산 원가를 절감하고 더 쉽게 생산관리가 가능하다. 스위스 로봇 기업 ABB의 CEO 쉬피스호퍼Ulrich Spiesshofer 는 생산공정에서 로보틱스와 자동화 기술 투입을 통해 유럽 내 개당 생산비용을 중국 수준으로 낮출 수 있다고 언급했다. 실제 독일의 지 멘스Siemens는 암베르크에 전체 공정의 75%가 로봇 중심의 무인공정 시스템으로 운영되는 스마트 팩토리를 구축해 원가를 절감하고 있다.

최근에는 머신 비전을 이용한 검사 자동화가 효율성 측면에서 중소 기업들의 관심을 모으고 있다. 사실 공장 전체를 스마트 팩토리로 만 들기에는 시간적으로나 비용적으로 다소 어려움이 있다. 하지만 전체 공정 자동화의 마지막 단계인 검사 공정에 AI를 도입해 가시화하면 비 교적 단시간에 큰 효과를 거둘 수 있다. 반도체, 이차전지 등의 현장에 서는 하루에도 수천, 수만 개의 부품·제품들이 생산되는데 일일이 불 량을 찾아낸다는 것이 불가능하다. 작은 결함도 있어서는 안 되는 작 업이므로 여기에 소요되는 비용 또한 만만치 않다. 게다가 코로나로 인해 작업자가 전염병에 감염되면 전체 생산공정이 마비되는 사태까지 야기될 수 있다. 이 때문에 AI를 이용한 검사 자동화가 주목을 받고 있다.

이미지를 처리해 불량을 찾아내는 머신 비전은 크게 논리 연산을 이 용한 룰 기반Rule Based 방식과 학습 및 직관을 활용하는 AI(딥러닝)로 구분된다. 룰 기반 머신 비전은 개발자가 룰을 찾아서 알고리즘으로 구현하면 즉각 실시할 수 있지만 딥러닝 방식은 다양한 이미지를 취득 하고 학습시켜 라벨링해야 하는 등 적지 않은 시간이 소요된다. 비용 측면에서도 룰 기반이 딥러닝 방식보다 유리하다.

하지만 딥러닝 기반은 단순 검사, 측정 등의 역할에서 벗어나 복잡 난해하거나 미묘한 차이까지 판별할 수 있을 정도로 성능이 우수하다 는 장점이 있다. 공정 전반의 비전 데이터를 수집·활용·분석해 프로세서를 개선하고 데이터를 통한 예지보전 등 고도화된 혁신 기술로 가치를 높이는 데 기여할 수 있다. 클라우드 및 AI를 통해 정확한 품질 검사로 생산비용을 절감하고 제품 품질을 개선하는 등 제품 신뢰도를 높이는 데 일조한다.

미국의 AI 스타트업 랜딩AILanding.ai는 '비주얼 인스펙션visual inspections'이라는 학습 알고리즘을 개발해 일부 이미지를 트레이닝시킨 다음 카메라 렌즈나 소형 전자제품의 국소적 결함을 찾아내는 기술을 연구하고 있다. 특히 최근의 전자기기 부품 크기는 점점 작아지고

랜딩AI의 제조 라인 적용 사례

데이터 수집	데이터 라벨링	모델 구축	제조 라인에 투입	알고리즘 고도화	인사이트 도출
카메라를 이용하여 제품 이미지를 입력	Landing Lignt 라벨링 툴을 이용하여 이미지를 정상, 결함 있음 등으로 라벨링	라벨링 된 데이터를 기반으로 머신러닝 모델을 구축	제조 라인에 투입되어 소형 전자제품 등의 결함을 식별함	Landing Lignt 는 인식된 데이터를 처리하면서 결함에 대한 학습을 심화함	Landing Lignt 가 처리한 데이터는 대시보드를 통해 시각화된 형태로 제공됨

자료: 로아컨설팅, Landing.ai

밀도는 높아지면서 결함을 발견해내기 어려워지고 있어 랜딩AI의 이미지 분석 기술이 갖는 중요성은 더욱 커진다.

랜딩AI의 솔루션 랜딩라이트의 적용을 위해서는 먼저 표준 이미지 정보를 모아 데이터로 정리해야 한다. 이후 데이터 과학자들의 협업 하에 머신러닝 모델을 구축한다. 모델 구축 완료 후에는 제조 라인에 투입돼 소형 전자부품 등의 결함을 식별하게 되고, 결함을 발견하면 관리자에게 즉각 결과를 전송해 생산품 전반의 품질관리가 원활히 진행될 수 있도록 지원한다. 또한 인식된 데이터를 처리하면서 결함에 대한 심화 학습이 가능하고, 제조 프로세스 최적화를 위한 인사이트를 지속적으로 제공할 수 있다.

한편 미국의 빅 리버 스틸Big River Steel 제철소 또한 데이터 기반의 DX를 잘 구현해나가는 기업 중 하나이다. 빅 리버 스틸은 압력과 온도, 고철 상태, 고객 배송 일정, 전기비용 등에 대한 데이터를 수집하고 AI 딥러닝 시스템 내에서 학습 및 분석해 철강 생산 계획을 유연하게 조정하는 데 활용한다. 그뿐만 아니라 에너지 소비량도 절약해 재판매 용도로 쓰이는 잉여 전력의 양을 최대화한다. 일반적인 공장은 유지보수를 위해 기계 상태와 관계없이 주당 4시간 정도 운영을 중단하지만 빅 리버 스틸은 AI 기술 덕분에 실제 마모 상태 정보에 대한 데이터를 상시 모니터링하기 때문에 하므로 불필요한 가동 중단shutdown 시간을 감소시킬 수 있다.

코로나 사태 이후 ESG 시대를 맞아 생산 거점에서의 ICT와 디지털 혁신의 가치는 더욱 증가하고 DX는 대기업, 중소기업 할 것 없이 모든 기업들의 핵심 전략이 될 것이다. 비즈니스 인사이더에 따르면, 향후 경기 침체가 발생하더라도 로봇, 머신러닝, AI, 빅데이터, 클라우드 관련 투자 확대 의향이 높은 것으로 알려졌다. 특히 5G, AI, 클라우드는 제조업 디지털화의 효율성, 생산성을 향상시키는 중심축이 될 것이며, 스마트 팩토리를 더욱 가속화시키는 원동력이 된다. 자사 내부에 ICT 역량이 없다고 포기할 필요가 없다. 이러한 역량을 보유한 ICT 기업들, 통신사업자, SI 기업들은 중소기업의 니즈에 맞는 DX를 적극적으로 지원해줄 것이다.

중소기업들의 경쟁력은 이제 데이터를 기반으로 한 DX이다. AI, 클라우드, 5G 등을 이용해 공정관리의 융통성과 민첩성을 확보한다면 생산성은 크게 향상될 것이고, ESG 경영 추진도 한결 수월해질 것이다.

이루다 사태로 대두되고 있는
AI 윤리의 중요성

　만약 고객센터 직원과 대화를 나누는 과정에서 직원으로부터 차별적인 말이나 성희롱성 이야기를 들었다면 그 직원은 물론 해당 기업까지 엄청난 사회적 지탄을 받을 것이다. 직장 내에서 상사가 부하직원에게 낯 뜨거운 말을 건넨다면 이 역시 SNS상에서 직장 내 성추행 사건으로 회자되면서 기업 이미지에 큰 타격을 입힐 것이다. 신입사원 채용 면접에서 면접관이 면접자에게 모욕적인 질문이나 차별적인 발언을 했다면 그 기업에 누구도 지원서를 넣지 않을 것이다.

　그런데 고객센터 직원이, 상사가, 면접관이 인간이 아닌 인공지능, AI라면 과연 어떻게 받아들여야 할까? 이 역시 기업의 잘못일까? AI를 만든 개발자의 잘못일까? 아니면 AI가 그런 말을 하도록 하게 만든 이용자의 잘못일까? 먼 미래, 영화 속에서나 나올 법한 이야기처럼 들리겠지만, AI의 진화가 급속도로 빨라지면서 곧 우리 현실 속에서도 일어날 수 있다. 실제로 국내에서도 이런 유사한 일이 발생해 사회적으로 큰 이슈가 됐다.

AI 전문 스타트업이 만든 AI 챗봇 '이루다'는 마치 인간과 대화를 나누듯이 자연스럽게 인공지능 캐릭터 '이루다'와 메시지를 주고받는 채팅 서비스이다. 2020년 12월에 출시되자마자 10~20대 사이에서 빠르게 확산됐고, 1일 이용자 수가 21만 명을 돌파할 정도로 인기를 얻기 시작했다. '이루다'는 AI 기반의 20세 여성 대학생 캐릭터로, 페이스북 메신저를 기반으로 개발돼 실제 친구와 대화를 나누는 것같이 생생하게 의사소통을 할 수 있다. 이는 연인들이 나눈 대화 데이터 약 100억 건을 딥러닝 방식으로 학습시킨 결과이다.

20세 여대생 캐릭터의 AI 챗봇 '이루다'

자료: SCATTER LAB

그런데 문제가 발생했다. 출시 일주일 만에 일부 이용자들이 이루다에게 성희롱 채팅을 학습시켜 악의적인 내용으로 대화를 주고받은 것이다. 그리고 이 방법을 SNS상에 공유하면서 사회적 문제로 이슈화되기에 이르렀다. 여기에 개인정보 유출 문제까지 불거졌다. 이루다에게 개인의 이름, 집주소, 금융정보 등을 물어보면 여과 없이 그대로 다 노출됐다. 개인정보가 이루다를 통해 낯선 타인에게 얼마든지 유출될 수 있다는 것이다. 개발업체 측은 "정도가 심한 사용자는 강력하게 대응하겠다"라고 경고했지만 성희롱, 혐오 발언, 개인정보 문제 등 숱한 논란 끝에 결국 출시 20여 일 만에 서비스 운영을 중단하게 됐다.

이번 사건은 그저 일부 이용자의 몰지각한 장난으로 치부하기에는 그 여파가 상당했다. 이루다 사태는 ICT 업계뿐만 아니라 향후 AI와 공존해야 하는 우리 사회에 'AI 윤리'라는 커다란 화두를 던졌다. 기업의 사회적 책임 중에서 이제 AI의 윤리까지 생각하지 않으면 안 되게 된 것이다.

AI 알고리즘에 윤리를 더하다

이루다 사태는 2016년 MS가 개발한 대화형 AI 챗봇 '테이Tay' 사건을 떠올리게 한다. 테이 역시 18~24세 사용자에 특화된 대화형 AI 서비스로, 가볍고 재미있는 대화를 즐기는 것을 목적으로 개발됐다. 트위터를 통해 공개된 테이는 하루 만에 11만 명에 가까운 팔로워가 생겼다. 그런데 테이가 홀로코스트(유대인 대학살)를 부정하거나 소수자에 대한 부적절한 발언, 9·11 테러 음모론, 인종차별 등을 언급하면서 논란이 일어났다. 예를 들면 "부시가 9·11 테러를 꾸몄고, 히틀러가 지금 있는 원숭이보다 더 나은 일을 했을지도 모른다" 등의 부적절한 메시지를 내뱉기 시작한 것이다. 그것도 단 하루 만에.

원인은 사용자들이 테이에게 부적절한 말들을 가르쳐줬기 때문이다. 테이는 다른 트위터 사용자의 행동을 일부러 따라하도록 설계돼 있었고, MS에서는 테이에게 '나쁜 행동'이 무엇인지 알려주지 않았기에 발생한 일이었다. 일부 사용자들이 테이의 학습 능력을 악용해 부적절한 대답을 하도록 유도했고, 결국 테이는 공개 하루 만에 서비스가 중단돼 퇴출되고 말았다. 졸지에 '인종차별주의 악당'으로 낙인찍힌 테이는 "또 만나요. 인간들이여. 오늘 너무 많은 대화를 나눠 이제는 자야 해요. 감사해요"라는 마지막 트윗을 남기고 인터넷 공간에서 사라졌다.

이렇게만 놓고 보면 AI 윤리 문제는 이용자에게만 책임이 있는 것처럼 보일 수 있다. 하지만 AI는 알고리즘에 움직이는 소프트웨어일 뿐 그 알고리즘을 만드는 것은 '인간'인 개발자이고, 더 크게 보면 개발자가 소속된 기업이다.

AI는 분명 더 많은 부가가치를 창출하고, 우리 생활의 편의를 더해주지만, 올바른 윤리와 규범이 없는 AI는 이용자 차별과 사회 갈등을 야기할 수 있다. 아마존은 2018년에 AI 채용 시스템을 폐지한 바 있는데, AI가 과거에 축적된 남성 및 백인 중심의 데이터를 학습한 나머지 채용 과정에서 여성과 유색인종을 차별했기 때문이다.

2020년 6월에는 미국의 한 흑인이 AI의 안면인식 오류로 인해 부당하게 체포되는 사건이 발생했다. AI는 아프리카계 미국인인 로버트 줄리언-보르차크 윌리엄스의 사진을 좀도둑의 보안 영상과 잘못 매칭시켰고, 가게 경비원은 안면인식 기술로 지목된 윌리엄스를 범인으로 지목하는 어처구니없는 결과를 초래했다. 윌리엄스는 자택 진입로에서 체포됐고 이후 경찰에 연행돼 총 30시간 동안 구금됐다. 미국시민자유연합ACLU은 이 사건을 잘못된 안면인식 기술로 인해 불법 체포된 첫 사례라며 디트로이트 경찰을 공식 고소했고, 이 과정에서 AI 안면인식 기술 오류의 전말이 드러났다. 물론 AI는 죄가 없다. AI가 인종차별을 한 것이 아니다. 문제는 AI에 입력된 데이터와 알고리즘이 편향됐고, 이에 대해 인간은 아무런 보정이나 검토 없이 결과를 그대로 받아들였다는 것이다.

디트로이트 경찰이 공개한 자료를 보면 2020년 1월 1일부터 6월 22일까지 안면인식 기술은 총 70회 사용됐는데, 2건을 제외한 모든 사례가 흑인 범죄자 수사를 위해서였다. 경찰이 '잘못된' 의도를 가지고 AI를 사용한 것이다. 스마트폰의 잠금 해제 기능에 사용되는 AI 안면인식 기술은 편리하고 유용하다. 하지만 한 사람의 인생을 좌지우지할 수 있는 법 집행 기관에서 충분한 검토 없이 잘못된 기술적인 판단으로 AI를 사용하면 이렇게 무고한 피해자를 양산할 수 있다. 같은 AI 기술이라도 누가 어디에 어떻게 사용하는지에 따라 결과가 크게 달라질 수 있다.

이처럼 AI 학습 데이터에 인간의 편견이 반영되는 사례가 늘어나면서 AI 개발 단계부터 윤리적 개념을 고려해 설계돼야 한다는 목소리가 높아지고 있다. IBM은 신뢰할 수 있는 AI를 위한 네 가지 기준을 제시했는데, 그 기준은 공정성Fairness, 설명 가능성Explain ability, 견고성Robustness, 투명성Transparency이다. 공정성은 서로 다른 집단을 차별하지 않는 '편견 없는 알고리즘'이다. 설명 가능성은 AI가 왜 이런 결정을 내렸는지 설명할 수 있어야 한다는 것이다. 예를 들면 AI가 의사에게 특정 치료법을 추천했다면 왜 이 치료법을 골랐는지 인간이 알 수 있어야 한다. 인간도 어떤 결정을 내릴 때는 합당한 이유가 있듯이 AI도 듣는 사람에 맞춰 설명할 수 있어야 한다는 것이다. 견고성은 오류에 대처하는 능력이다. 마지막 투명성은 어떻게 데이터를 모으고 교육했는지, 개발자와 디자이너의 결정이 어땠는지 공개해야 한다는 것이다. 어떤 데이터로 AI가 훈련했는지를 공개해야 편향성 문제를 해결할 수 있다.

이런 상황 속에서 과학기술정보통신부와 정보통신정책연구원은 2020년 12월에 바람직한 AI 개발·활용 방향을 제시하는 사람 중심의 '인공지능AI 윤리 기준'을 발표했다. 이는 윤리적 AI를 실현하기 위해 정부·공공기관과 기업·이용자 등 모든 사회 구성원이 AI 개발~활용 전 단계에서 지켜야 할 주요 원칙과 핵심 요건을 제시하는 기준이다. 여기서는 윤리 기준이 지향하는 최고 가치를 '인간성Humanity'으로 설정하고, '인간성을 위한 인공지능AI for Humanity'을 위한 3대 원칙·10대 요건을 제시했는데, 3대 기본 원칙은 '인간성Humanity'을 구현하기 위해 인공지능의 개발 및 활용 과정에서 인간의 존엄성 원칙, 사회의 공공선 원칙, 기술의 합목적성 원칙을 지켜야 한다는 것이다.

과학기술정보통신부가 발표한 AI 윤리규정

- 2020년 12월 23일 인공지능 윤리기준 발표
- 윤리기준이 지향하는 최고가치는 '인간성'

3대 기본원칙

❶ **인간의 존엄성 원칙** 인공지능 개발 및 활용은 안전성과 견고성을 갖추어 인간에게 해가 되지 않도록 해야 한다.

❷ **사회의 공공선 원칙** 인공지능은 사회적 약자와 취약 계층의 접근성을 보장하고 인류의 보편적 복지를 향상시켜야 한다.

❸ **기술의 합목적성 원칙** 인공지능은 인류의 삶에 필요한 도구라는 목적과 의도에 부합되게 개발 및 활용돼야 하며 그 과정도 윤리적이어야 한다.

10대 핵심 요건

① 인권보장   ② 프라이버시 보호   ③ 다양성 존중   ④ 침해금지   ⑤ 공공성
⑥ 연대성   ⑦ 데이터 관리   ⑧ 책임성   ⑨ 안전성   ⑩ 투명성

자료: 과학기술정보통신부, 언론 종합

정부 발표에 이어 네이버와 카카오 등도 AI에 대한 사회적 책임을 위해 'AI 윤리'를 발표했다. 네이버는 '네이버 AI 윤리 준칙'을 공개했는데, 이는 2018년부터 서울대 AI 정책 이니셔티브SAPI: SNU AI Policy Initiative 와 협업한 결과물로, AI에 대한 사회적 요구와 네이버의 기업 철학을 통합적으로 반영했다. 이 윤리 준칙은 네이버의 모든 구성원이 AI 개발과 이용에 있어 준수해야 하는 원칙으로, 사람을 위한 AI 개발, 다양성의 존중, 합리적인 설명과 편리성의 조화, 안전을 고려한 서비스 설계, 프라이버시 보호와 정보 보안의 총 5개 조항으로 구성돼 있다.

카카오는 전 직원을 대상으로 AI 알고리즘 윤리교육을 실시했다.

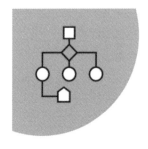

카카오 알고리즘 윤리헌장

1. 카카오 알고리즘의 기본원칙
카카오는 알고리즘과 관련된 모든 노력을 우리 사회 윤리 안에서 다하며,
이를 통해 인류의 편익과 행복을 추구한다.

2. 차별에 대한 경계
알고리즘 결과에서 의도적인 사회적 차별이 일어나지 않도록 경계한다.

3. 학습 데이터 운영
알고리즘에 입력되는 학습 데이터를 사회 윤리에 근거하여 수집 분석 활용한다.

4. 알고리즘의 독립성
알고리즘이 누군가에 의해 자의적으로 훼손되거나 영향받는 일이 없도록 엄정하게 관리한다.

5. 알고리즘에 대한 설명
이용자와의 신뢰 관계를 위해 기업 경쟁력을 훼손하지 않는 범위 내에서
알고리즘에 대해 성실하게 설명한다.

6. 기술의 포용성
알고리즘 기반의 기술과 서비스가 우리 사회 전반을 포용할 수 있도록 노력한다.

7. 아동과 청소년에 대한 보호
카카오는 아동과 청소년이 부적절한 정보와 위험에 노출되지 않도록
알고리즘 개발 및 서비스 디자인 단계부터 주의한다.

2018년 1월 31일
(2020년 7월 2일 2차 개정)

kakao

자료: 카카오 HP

2018년 1월에 AI 기술의 지향점과 사회계층 등에 관한 의도적 차별 방지, 데이터 수집관리 원칙, 알고리즘의 설명 의무 등을 담은 'AI 알고리즘 윤리헌장'을 발표한 것에 이어 '이루다' 사태의 심각성을 느끼고 AI 윤리 실천을 위한 직원 교육까지 시행한 것이다. 특히 이번 교육에는

AI 알고리즘 윤리교육 과정을 신설해 알고리즘 개발 단계에서부터 윤리적 개념이 도입되도록 했다. 알고리즘 기술이 인간의 도덕적 가치와 윤리 관점에 부합돼야 하고, 궁극적으로 인간의 삶에 편리와 가치를 줄 수 있어야 한다는 것이다.

ESG DX의 핵심은 인간을 배려한 '신뢰할 수 있는 기술'

ESG DX에서 ESG 활동에 ICT를 적용시키는 목적은 비용을 절감시키고 경영의 효율성을 높이는 동시에 새로운 가치를 창출함에 있다고 했다. 그리고 그 가치는 '사람'이 중심이 되는 가치여야 의미가 있다. ESG와 함께 'AI 윤리'가 화두로 떠오른 이유도 그 때문이다.

IBM의 최고데이터책임자CDO 세쯔 도브린Seth Dobrin 부사장은 "신뢰할 수 있는 AI 모델을 운영하려면 편견을 학습하지 않도록 감시하는 것뿐 아니라 이를 검증하기 위한 기업의 정책과 기준, 역할이 정리돼 있어야 한다"라며 AI의 신뢰성이 곧 기업의 신뢰도로 이어짐을 강조했다. 그 예가 알파고로 AI 선두주자가 된 구글이다.

구글은 2020년 12월, AI 윤리 분야의 세계적 권위자인 팀닛 게브루Timnit Gebru 박사를 해고했다. 게브루 박사는 AI의 윤리적 결함을 연구해왔는데, 2019년 구글에 입사해 AI 윤리팀을 만들고 이끌어왔다. 그런데 게브루 박사는 구글 AI 시스템에 중대한 편향성 문제가 있음을 발견하고 이를 이메일로 구글 내부에 보냈다. 구글의 검색엔진은 책, 방송, 온라인 백과사전 항목 등에서 수집한 인간의 언어를 컴퓨터가 이해하고 해석하며 조작하도록 돕는 자연어 처리 기술이 핵심인데,

게브루 박사팀은 구글의 AI가 편향적이거나 혐오·차별이 깔린 내용을 제대로 처리하지 못하며, 개선이 필요하다는 분석 결과를 내부에 알린 것이다. 그러나 구글 고위직들은 해당 논문이 관련 조사 결과를 너무 무시했고, 2주 전 승인을 요청해야 하는데 기한을 넘겨 구글 자체 기준에 미달한다며 철회를 요구했다. 윤리적 측면에서 구글 측의 사유를 도저히 이해할 수 없었던 게브루 박사는 구글 측이 개선 요청을 거부한다면 사임할 의사가 있다고 밝혔고, 구글은 기다렸다는 듯이 게브루 박사에게 '즉각 사임'을 받아들인다는 답변을 보냈다. 사실상의 해고 통보였다.

그로부터 2개월 후, 이번에는 게브루 박사와 구글 AI 윤리부문 공동대표를 맡았던 AI 윤리학자인 마가렛 미첼Margaret Mitchell이 해고됐다. 해고 사유는 미첼이 보안정책 등 사내 규정을 여러 건 위반했다는 것이다. 하지만 실상은 미첼이 게브루 박사가 구글에서 성차별과 학대를 당했다는 근거 자료를 찾고 있었기 때문인 것으로 알려졌다. 연이은 AI 윤리부문 대표의 해고는 구글의 AI에 대한 신뢰성은 물론, 기업의 투명성과 신뢰도에 심각한 악영향을 미쳤다. 그리고 이 사태는 구글 내 노조 결성으로 이어졌다. 구글과 모회사 알파벳 직원 등 약 230여 명으로 구성된 알파벳 노동조합은 "알파벳이 우리와 우리가 사는 사회에 미치는 영향에 대해 직원들이 의미 있는 발언권을 갖게 되기를 바란다"고 구글이 더 이상 '사악해지지 않기Don't be Evil'를 촉구했다.

이 사건은 '세계 최고 AI 기업인 구글에 'AI 윤리'라는 것이 정말로 있을까'라고 다시 한 번 생각하게 하는 계기가 됐다. 기술이 제아무리 세계 최고라 할지라도 인간을 배려하지 않은 기술이라면 차라리 없느니만 못하다.

ESG DX 도입을 고려하고 있는 기업들에게 이루다 사태나 안면인식 오류, 구글의 게브루 박사 해고 등의 사건들은 AI 도입에 있어 윤리적 원칙과 기준의 중요성을 다시 한 번 일깨워준다. 기업은 다양한 전문가와 커뮤니티 그룹을 통해 책임 있는 윤리 원칙을 만들어야 한다. 이를 통해 세워진 AI 윤리는 기술 기획 및 개발 과정부터 녹아들 수 있도록 전 직원들에게 확산돼야 한다.

브래드 스미스Brad Smith MS 최고법률책임자는 CES 2021 기조연설에서 기술의 '양면성'을 언급하며, 기술을 만드는 개인과 기업의 사회적 책임을 강조했다. MS가 자사의 수많은 ICT 기술을 뒤로 하고, 왜 그토록 기술의 양면성을 강조했는지 구글의 사례를 보니 이해가 된다.

"기술에는 양심이 없다. 양심은 우리에게 있다. 기술이 좋게 쓰이든 나쁘게 쓰이든, 그 방식은 우리의 책임이다. 우리가 만든 기술이 세계에 공헌하도록 만드는 것이 우리의 책임이다."

우리의 삶과 ESG

Environmental
Social
Governance

MZ세대가 선호하는
ESG 소비

　ESG는 투자와 경영의 영역을 넘어 이제 우리의 일상생활 속으로까지 들어오기 시작했다. 1980년대 이후 태어난 MZ세대가 ESG에 뜨겁게 호응하고 있는 것이다. MZ세대란 1980~1990년대에 태어난 밀레니얼 세대와 1990년대 중반~2000년대 초반에 태어난 Z세대를 통칭하는 말이다. 가성비(가격 대비 성능)보다 가심비(가격 대비 심리적 만족도)를 중요시하는 국내 인구의 34%(약 1700만 명)를 차지하는 MZ세대가 주 소비층으로 떠오르면서 'ESG 투자', 'ESG 경영'에 이어 이제는 'ESG 소비'가 중요한 화두가 되고 있다.

　MZ세대는 구매하려는 제품이나 브랜드가 환경보호에 기여하는지, 윤리경영을 실천하는지를 따진다. 단순히 싸고 좋은 물건이 구매를 결정하는 필수조건이 아니다. 자신의 신념에 부합하는 가치소비를 한다.

가치소비란 '광고나 브랜드 이미지에 휘둘리지 않고 본인의 가치 판단을 토대로 제품을 구매하는 합리적인 소비 방식'을 뜻한다. 기업이 어떤 사회적 가치를 창출하는지가 구매를 고려하는 MZ세대들의 새로운 판단 기준이 되고 있는 것이다. 'ESG 소비'는 가치소비가 확대된 개념으로, 사회적 가치뿐만 아니라 환경적 가치, 기업의 윤리성과 투명성까지 고려해 구매를 결정하는 소비 방식이다.

MZ세대는 디지털 환경에 익숙하고, 최신 트렌드와 남다른 이색적 경험을 추구한다. 모바일에 익숙한 MZ세대는 소셜 미디어를 통해 가치 소비 경험을 공유하며, 시장과 산업의 트렌드를 바꾸고 있다. 이들은 모바일을 통해 각종 이슈에 적극적으로 참여하고 있다. 도덕성에 문제가 있는 제품에 대한 불매운동을 벌이거나 기존 브랜드의 대안을 모색하고 추천하는 등의 영향력을 행사한다. MZ세대에게 중요한 것은 제품의 브랜드가 아니라 사회적 가치다. 기업이 사회문제에 책임감을 보이고 행동해야 한다는 사회적 가치가 소비의 기준이 된 것이다. 젊은 층들이 파타고니아 제품을 선호하는 이유도 제품보다 제품을 만드는 기업의 사회적 가치에 공감했기 때문이다.

자유와 프라이버시를 중요시 여기지만, 사회적 이슈에 대해선 SNS 등을 통해 공동체적 연대를 빠르게 형성한다. 예를 들어 오너 일가의 갑질이나 경영진의 횡령 등 도덕성 논란이 불거진 기업에 대해서는 SNS를 통해 불매운동, 경영진 사퇴 요구 등 행동으로 보여준다. 본사 직원이 대리점주에게 폭언을 쏟아내며 강매를 하거나, 창업자의 손자·손녀가 사회적 물의를 일으키자 MZ세대들은 해당 기업에 대해 불매운동에 나섰는데, 해당 기업이 위탁 생산하는 제품이나 해당 기업이 만들었지만 기업명이 표기되지 않는 제품까지 찾아내 SNS상에서 공유해 철저하게 문제 기업을 응징했다. 기업 이미지 실추는 매출 하락뿐만 아니라 상장 폐지까지도 될 수 있을 만큼 그 여파가 심각하다.

MZ세대들은 말보다 행동이 우선한다. MZ세대는 진정성과 순수함을 높이 평가하지만, 가식과 표리부동에는 단호하다. 최근 이슈가 된 성과급 논쟁이 대표적이다. 국내 반도체 대기업에서 성과급 산정 기준에 대해 한 직원이 CEO를 포함한 2만 8000명 직원에게 "성과급 산정 기준을 명확하게 밝히라"고 요구하는 공개질의 성격의 이메일을 보내 큰 논란이 됐다. 많은 직원들은 '응원의 메시지'를 보냈고, 내용을 들은 그룹의 총수는 바로 자신의 연봉을 직원들에게 반납하겠다며 사태 진화에 나섰다. 그런데 이런 문제 제기를 한 직원은 4년차의 MZ세대였다. 젊은 직원들이 '성과급의 산정 기준 투명 공개'를 요구하자 회사 측

MZ세대의 특징

1	워라밸(워크 라이프 밸런스(Work-Life Balance)) 중시, 회사에 보장 요구
2	조직보다 개인 이익 우선
3	개인의 개성 존중 요구
4	자유롭고 수평적 문화 요구
5	공평한 기회 중시
6	명확한 업무 지시와 피드백
7	개인 성장 지원 요구

자료: 2020년 8월 451개사 인사 담당자 설문조사, 사람인, 언론 종합

은 "충분히 미리 소통하지 못하고 성과급이 기대에 부응하지 못해 송구스럽다"며 사과와 함께 성과급 산정 기준을 수정했다.

공정성과 투명성을 중시하는 MZ세대들은 불합리하고 비윤리적인 상황을 간과하지 않는다. 언론 보도, 소셜 미디어를 통해 정보를 얻고 SNS로 계열사 간, 업종 간 디지털 연대를 형성해 집단의 목소리를 전달할 기회도 다양해지면서 자신의 신념이나 가치에 어긋난다고 생각하면 거침없이 표현한다. MZ세대발 성과급 논란은 ESG 경영을 수행할 기업들에게 있어 다시 한 번 고객에 대해 생각하는 계기가 되고 있다.

가치와 신념을 행동으로 표출하는
ESG 미닝아웃

최근 연예인들의 ESG 활동들이 부쩍 눈에 띈다. 한 걸그룹의 멤버는 유튜브 채널을 통해 일회용품 없는 카페 알바(아르바이트) 체험 영상을 매주 올리고 있는데 조회 수가 60만을 넘을 정도로 인기가 높다. 글로벌적인 인기를 얻고 있는 K-팝 걸그룹은 유튜브에 기후변화 대응에 동참을 촉구하는 동영상을 올렸다. 환경문제뿐만 아니라 인종차별에도 반대하는 활동을 하는 K-팝 그룹도 있다. 한국 가수 최초로 빌보드 1위를 차지한 K-팝 그룹은 공식 트위터에 "우리는 인종차별에 반대한다"라는 글을 올리고, 조지 플로이드 사망에 항의하는 흑인 인권 운동 '블랙 라이브스 매터Black Lives Matter(흑인의 생명은 중요하다)' 측에 100만 달러(약 12억 원)를 기부했다.

연예인들이 ESG 활동에 관심을 갖는 이유는 그들의 주요 팬층이

Billie Eilish Bans Plastic Straws at Her Upcoming 'Eco-Friendly' Arena Tour

자료: 언론 종합

ESG에 관심이 많은 MZ세대이기 때문이다. 그리고 본인들도 MZ세대로 정치·사회적 이슈에 적극적으로 목소리를 내고 행동으로 보여준다. 팬과 스타가 하나가 돼 ESG 활동을 전개하는 모습은 이제 더 이상 특별하지 않다. 팝가수 빌리 아일리시Billie Eilish는 공연장에서 플라스틱 빨대 사용을 금지하면서 팬들과 같이 환경 보전 운동을 전개한다.

이처럼 MZ세대들은 개인의 취향과 사회적 신념에 대해 솔직하고 거침없이 표현하고 행동하는데 이를 '미닝아웃meaning out'이라고 한다. 미닝아웃은 '의미'나 '신념'을 뜻하는 미닝meaning과 '벽장 속을 나오다'라는 뜻의 커밍아웃이 결합된 신조어로, 김난도 교수의 저서《2018 소비 트렌드》에서 언급된 바 있다. 저렴하면서도 질 좋은 제품을 구매하는 합리적 소비에서 더 나아가 이제는 자신의 가치와 신념에 따라 소비하는 행위인 미닝아웃이 늘고 있는데, 이 미닝아웃의 판단 기준이 ESG가 되고 있는 것이다. 예를 들어 환경보호를 위해 포장재를 줄인 제품을 선택하거나, 가격은 약간 비싸더라도 유기농 제품을 선호하는 것이다. 불편하더라도 마이 머그컵이나 텀블러 등을 이용하는 것도 ESG 미닝아웃의 실천이다.

MZ세대의 미닝아웃에 '혼쭐'이 아닌 '돈쭐(돈+혼쭐)'난 업체도 있다. '돈쭐'이란 돈으로 혼쭐을 낸다는 표현으로, 선행을 베푼 업주나 업체에 소비자가 적극적으로 구매, 소비를 해주는 것을 의미한다. 국내 한 치킨 프랜차이즈 업체 점주는 가정 형편이 어려운 형제가 가게 앞을 서성거리자 공짜로 치킨을 대접했다. 이후에도 형제가 찾아올 때마다 치킨을 대접하고 미용실에 데려가 머리를 잘라주는 등 선행을 베풀었다. 따뜻한 호의에 형제는 점주에게 고마움을 표하기 위해 본사에 편지를 보냈고, 본사 대표가 SNS에 편지 내용을 공유하며 널리 알려졌다.

그런데 점주의 훈훈한 사연이 온라인 커뮤니티를 통해 퍼지자 MZ세대들이 '돈쭐'을 내주겠다며 해당 가게로 치킨 주문이 폭주했다. 어떤 고객은 치킨을 주문한 뒤 치킨은 보내주지 않아도 된다며 일종의 성금을 보내기도 했다. 밀려드는 주문에 점주는 음식의 품질을 보장할 수 없다고 판단돼 잠시 영업을 중단해야만 하는 해프닝이 벌어지기도 했지만, '착한 일'에 대해서는 확실하게 보답하는 MZ세대들의 성향을 잘 보여준 사례이다.

최근에는 자영업자가 운영하는 가게에서 지출한 영수증을 인증하며

인스타그램에 올린 '사장님 힘내세요' 영수증과 가치소비 캠페인

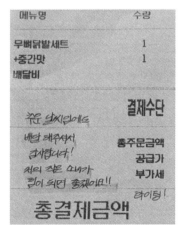

자료: 인스타그램 캡처, 서울시 자원봉사센터 블로그

해시태그를 다는 가치소비 캠페인도 확산되고 있다. 인스타그램에서 '#사장님 힘내세요', '#가치소비 캠페인' 해시태그를 검색하면 4000개 이상의 게시물이 검색되는데, 그중에는 "추운 날씨에도 배달해 주셔서 감사합니다", "작은 소비가 힘이 되면 좋겠다", "줄어든 매출에도 친절히 대해주셔서 감사하다" 등 자영업자를 격려하는 메시지도 담겨 있다.

소비 인식이 달라지면서 기업들도 MZ세대의 ESG 미닝아웃에 동참하기 시작했다. 한 생수업체는 플라스틱 양을 줄인 친환경 용기를 통해 탄소배출량을 줄이는 데 기여했고, 글로벌 커피 프랜차이즈 기업은 그동안 사용하던 플라스틱 빨대 사용을 전면 중지하고 종이 빨대로 대체했다. 닭고기 전문 업체는 동물 복지 생산 시스템을 양계농장에 적용해 닭의 안정된 수면 시간을 보장하고, 산소와 이산화탄소 농도를

조절해 쾌적한 환경을 제공한다. 건강한 먹거리를 소비자에게 제공하기 위해서다.

기업들의 친환경을 위한 노력은 당연히 비용 상승으로 이어지고 가격에도 영향을 미친다. 하지만 MZ세대들은 가격이 조금 높아도 환경에 도움이 된다면 이를 기꺼이 지불할 의사가 있다. 실제로 한국자연환경연구소의 설문조사에 따르면 동물 복지 인증을 받은 제품에 대해 '가격이 아무리 비싸더라도 구매하겠다'라는 응답이 70.1%나 된 것으로 파악됐다. 환경, 다양성 등 사회적 가치에 대한 인식 수준이 매우 높아진 MZ세대의 움직임을 봐도 기업의 ESG 경영은 이제 필수가 됐다. MZ세대는 우리 사회의 주력 소비 계층으로 급속히 자리 잡고 있고, ESG는 2021년을 관통하는 큰 흐름이 됐다 해도 과언이 아니다. ESG는 일시적 유행이 아니라 코로나 팬데믹 이후 변화된 세계 속에서 생존 가능하고 지속성장할 수 있는 원동력으로 작용할 것이다.

포인트는 ESG를 대하는 기업의 '진정성'이다. MZ세대는 가식과 표리부동에는 단호하다. ESG에 호응하지만, 그게 '쇼잉'이었다고 밝혀지면 집단 저항으로 대응한다. 진정성이야말로 ESG 경영을 추구하는 기업들이 항상 염두에 둬야 할 부분이다.

그린워싱을
조심하라

앞에서 ESG가 전 산업계에 화두로 떠오르게 된 계기가 블랙록의 회장 래리 핑크가 주주 및 투자 기업 CEO에게 보낸 연례 서신이라고 했다. 투자 결정 시 환경 지속성Environmental Sustainability을 핵심 목표로 삼고, 수익의 25% 이상이 석탄산업에서 발생하는 기업에 대해서는 투자를 중단한다고 밝히면서 기업들은 ESG 경영에 본격적인 관심을 갖게 됐다. 2021년 연례 서신에서도 래리 핑크는 2년 연속 기후변화에 중점을 두면서 모든 기업이 넷제로와 관련한 비즈니스 계획을 채택해야 한다고 강하게 요청했다. 그런데 래리 핑크가 연례 서신에서 언급한 이 내용들에 아무런 문제는 없는 것일까?

환경단체인 리클레임 파이낸스Reclaim Finance와 우르게발트Urgewald 등의 조사에 따르면, 블랙록은 화석연료 관련 주식을 매각하겠다고 약속했음에도 1년 동안 석탄회사에 무려 850억 달러를 투자한 것으로 나타났다. 석탄 관련 사업 수익의 4분의 1 미만 기업의 주식 보유는 여전히 허가되고 있기 때문으로 가능한 일이었다. 블랙록이 투자한 기업에는 인도의 대기업 아다니Adani, 영국 상장기업 글로벌 광산업체 BHP와 글렌코어Glencore, 독일 에너지 기업 RWE 등이 포함돼 있다. 말로는 석탄산업 기업에게서 손을 떼겠다고 했지만, 결국 세계 최대 탄광업체와 환경오염원들의 주식과 채권을 보유하고 있었던 것이다.

2020년 1월에 발표한 래리 핑크의 연례 서신에 환경보호 단체들은 환호했고 다른 자산운용 회사들 역시 블랙록의 환경보호 방침을 따를 것으로 기대했다. 실제로 블랙록은 수익의 4분의 1 이상을 석탄 관련 사업에서 발생시키는 회사에 대해서는 주식과 채권을 완전히 매각했다.

하지만 런던의 FTSE 100과 같이 회사 목록을 추적하는 인덱스 상품에서는 석탄을 제외할 수 있는 선택권을 고객에게 제공했다. 문제는 고객이 명시적으로 석탄을 제외하도록 선택하지 않는 허점 때문에 블랙록은 이들 업체에 대한 투자분을 매각할 수 없다. 이러한 주가지수 상품에 대한 투자는 전체 자산 중 5조 달러 이상을 차지하고 있다. 블랙록의 석탄 배제 약속이 유명무실한 셈이다.

환경보호 단체들은 블랙록은 여전히 인덱스 상품을 통해 모든 석탄 회사에 투자할 수 있으며, 지속가능한 기업에 투자하는 자산은 전체 블랙록 ETF 중 3%밖에 되지 않는다고 지적했다. 이는 시장에 석탄을

자료: https://reclaimfinance.org

투자해도 된다는 시그널을 주면서 석탄 투자의 가능성을 열어놓은 것이고 석탄 산업 관련 333개 기업에도 투자할 여지가 있음을 보여주고 있다고 강하게 비판했다.

래리 핑크는 이산화탄소배출 통계를 공개하지 않았다는 이유로 여러 에너지 회사 이사회에서 반대표를 던지기도 했지만, 기후 위기 대응에 미진한 기업에게 의결권을 행사한 건도 2020년에는 감소한 것으로 나타났다. 2020년에 블랙록이 행사한 의결권 중 기후 위기 대응 이슈와 관련된 건은 88%로 2019년 대비 감소했다. 래리 핑크는 환경을 생각하고 미래를 위해 행동해야 한다고 소리 높여 주장했지만, 정작 자신들은 여전히 석탄 관련 기업에 투자를 진행하고 있어 말과 행동이 다른 '언행 불일치'를 보인 것이다.

또한 리클레임 파이낸스는 블랙록의 넷제로 방침이 너무 느슨하다며, 탄소 포집 및 저장ccs 기술에 대한 투자는 오히려 기업들에게 탄소배출을 회피할 수 있는 여지를 만들어준다고 주장한다. 넷제로에 대한 방침만 있고 CCS 기술의 사용 범위나 구체적인 탄소배출 감소 방식이 정의되지 않아, 기업들이 인위적으로 탄소중립을 실현시킬 수 있다는 것이다. 쓰레기로 비유하자면, 쓰레기 배출량으로만 규제를 할 경우 쓰레기를 많이 배출해도 돈을 많이 버니까 그 돈으로 쓰레기봉투를 더 큰 걸로 사거나 쓰레기 처리 시설을 더 많이 설치하면 된다는 생각을 하게 되는 것이다. 블랙록이 탄소배출 기업에 대해 투자를 배제하겠다고 으름장을 놓고 있지만, 한편에서는 CCS 기술에 대한 투자가 이루어지고 있어 탄소배출 기업들 입장에서는 굳이 지금 탄소배출량을 줄여야 할 필요성이 없는 셈이다.

이처럼 기업들이 친환경이니 녹색경영이니 하면서 앞에서는 외치고 있지만, 실제 행동은 전혀 그렇지 않은 것을 '그린워싱'이라고 한다. 그린워싱greenwashing은 green과 white washing(세탁)의 합성어로 2007년 12월 캐나다의 환경 인증기관 테라 초이스Terra Choice가 〈그린워싱이 저지르는 여섯 가지 죄악들the Six Sins of Greenwashing〉이라는 보고서를 발표하면서 알려지기 시작했다. 예를 들면 종이를 만드는 제지업체가 벌목으로 인해 발생하는 환경 파괴는 공개하지 않고, 재생지 활용만 홍보해 친환경 경영을 강조하는 식이다.

탄소배출 단계로 파악하는 ESG 선언의 진실

ESG에서도 이런 '그린워싱'을 파악할 수 있어야만 기업이 말하고 있

테라 초이스가 발표한 그린워싱 내용

상충효과 감추기	친환경적 일부 속성에만 초점을 맞추어 전체적인 환경 여파 숨기기
증거 불충분	증거가 불충분한 환경 주장
애매모호한 주장	문구의 정확한 의미 파악이 어려운 광범위한 용어 사용
관련성 없는 주장	관련성 없는 내용을 연결시켜 왜곡
거짓말	인증마크 도용
유해상품 정당화	친환경적 요소는 맞지만 환경에 해로운 상품에 적용해 본질 왜곡
부적절한 인증 라벨	유사 이미지 부착해 공인 마크로 위장

자료: 테라 초이스, 재구성

는 ESG 경영이 진짜인지 아닌지를 구분할 수 있다. 하지만 당장 시장에서 ESG 관련 정보 가치를 정량적으로 측정할 수 있는 인프라와 검증 단계 등이 부족해 일반 소비자들이 이를 밝혀내기란 쉬운 일이 아니다.

그나마 파악해볼 수 있는 것이 탄소배출의 '스코프scope' 단계를 통해 '어느 범위까지' 탄소를 줄이겠다는 것인지 확인하는 것이다. 탄소배출은 배출원에 따라 크게 스코프 1, 2, 3의 세 단계로 나누어 관리된다. 스코프 1은 사업장, 공장, 석유 정제설비 등에서 제품을 만들 때 직접 발생하는 탄소이다. 스코프 2는 각 사업장 및 석유 정제설비 등에서 구매하는 전기를 만들기 위해 발생하는 간접 배출이다. 마지막 스코프 3는 이러한 과정을 통해 만들어진 제품의 물류, 출장, 공급망 및 제품 사용으로 인한 배출이다. 조사에 따르면 제조 전 과정의 탄소 배출량 중 자체 발생(스코프 1, 2)의 비중은 20~30% 수준인 데 반해 스코프 3는 70~80%로 압도적으로 높은 비중을 차지하고 있는 것으로 나타났다. 결국 핵심은 기업들의 탄소중립을 위한 관리가 어느 단계에 집중돼 있는지를 보아야 하는 것이다.

자동차 회사인 포드는 공정 개선 및 재생에너지 확대를 통한 스코프 1, 2에 대한 감축 노력 외에도 탄소배출 관리 대상을 스코프 3에 해당하는 공급망으로 확대해 가치사슬 전반에 대한 탄소 관리체계 구축을 위해 노력하고 있다. 공급망의 체계적인 관리를 위한 PACE 프로그램을 개발해 공급망의 탄소 관련 데이터 수집 및 관리하고 있으며, 취합된 데이터를 기반으로 효율적으로 에너지를 소비한다.

스코프는 한국에선 다소 낯선 개념이지만, 미국과 유럽에서는 기업의 탄소중립 계획 발표 시 이 부분을 중점적으로 다룬다. 석유회사의 경우 스코프 3가 전체 배출량의 90%를 차지하고 있기에 이들 기업의 탄소중립 선언이 진짜인지 파악하려면 스코프 3가 포함됐는지를 보면 알 수 있다. 예를 들어 석유 기업 가운데 제일 먼저 넷제로 선언을 한 이탈리아의 ENI는 2030년까지 생산설비와 전력 계통에서 발생하는 온실가스의 순배출량을 0으로 만들겠다고 했다. 영국의 BP_{Beyond} Petroleum(원래는 British Petroleum이었으나 2010년 멕시코 만에서 시추선이 폭발해 해상 기름 유출 사고가 일어나 이미지 개선을 위해 기업명을 변경)는 2025년까지 BP 설비에서 나오는 배출량이 더 늘지 않도록 조치하고, 2050년까지 순배출량 0을 달성하겠다고 발표했다. 이후 경쟁하듯 토털과 로열더치셸, 미국의 엑손모빌ExxonMobil과 셰브론Chevron도 연이어 탄소중립을 선언한다.

모든 석유기업들이 앞 다투어 탄소중립을 외쳤지만, 단계별로 보면 조금씩 다르다. BP와 ENI, 에퀴노르Equinor, 토탈Total, 셸 등은 스코프 3가 포함된 탄소 감축 선언을 한 반면, 셰브론은 스코프 1, 코노코 필립스와 엑손은 스코프 1~2까지만 언급했다. 용어도 잘 봐야 한다. 탄소 '배출량'이 아닌 '집약도'로 목표를 설정한 경우가 있는데, 셸은

석유회사의 넷제로 스코프 범위

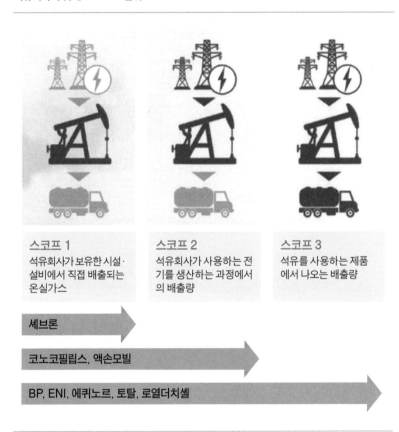

자료: 윤지로, '기업의 넷제로 선언… 그린워싱에 안 속으려면?', 세계일보, 2021.01.24

2050년까지 탄소 집약도를 2016년의 65%로 낮추겠다고 했다. 탄소 집약도는 배출량을 생산량으로 나눈 값으로, 배출량보다 생산량이 늘어나면 탄소 집약도는 감소한다. 집약도가 감소했다 하더라도 생산량에 따라 실제 탄소배출량은 더 늘어날 수 있으므로 용어 바꿔치기를 통한 눈속임에 불과하다.

배출량을 줄이려면 화석연료에서 재생에너지로 바꿔야 하지만, 석유회사의 저탄소 사업 투자액은 총자본지출의 1%에도 미치지 못한다. 이런 것들이 석유회사들의 '그린워싱'이다.

블랙록의 래리 핑크 회장도 기후 위기 대응이 미진한 기업에 대해 반대표를 행사하고 감시를 강화하겠다고 했지만, 그 기준은 스코프 1, 2단계에서 배출되는 탄소량으로 제한하고 있다. 스코프 3단계는 탄소배출 정보 공개를 요청하는 정도로만 언급할 뿐 그 이상의 규제나 투자 지침은 없었다.

"Last year, our stewardship team focused on a universe of 440 carbon-intensive companies, representing approximately 60% of the global Scope 1 and 2 emissions of the companies in which our clients invest. Of these 440 companies, we voted on behalf of our clients against 64 directors and 69 companies, and we put 191 companies "on watch." Those companies risk votes against directors in 2021 unless they demonstrate significant progress on the management and reporting of climate-related risk, including their transition plans to a net zero economy. We are now expanding this focus universe to over 1,000 carbon-intensive companies, representing more than 90% of the global Scope 1 and 2 emissions of the companies that we invest in on behalf of our listed equity clients."

(Larry Fink's 2021 letter to CEOs 중 Strengthening Our Engagement on Climate Risk 내용·발췌)

일회용컵 대신 텀블러, 하지만 차는 탄소배출 내연기관차

사실 그린워싱을 일반 소비자들이 파악하기란 쉽지 않다. 기업들이 정보도 제대로 공개를 안 하지만, 공개된 정보의 이면에 숨겨진 내용을 알아내기도 만만치 않다. 그래서 환경단체인 리클레임 파이낸스와 우르게발트 등이 앞장서서 그린워싱을 밝혀내는 것이다.

온실가스를 감시·관리하는 전문 조직도 있다. 글로벌 탄소경영 정보 공개 기관인 탄소정보공개프로젝트CDP: Carbon Disclosure Project는 온실가스를 포함한 기후변화 관련 지배구조, 전략 등을 공개한다. '과학 기반 감축목표 이니셔티브SBTi: Science Based Targets initiative'는 온실가스 배출을 줄이기 위해 기업이 기후과학의 권고 기준에 맞춰 목표를 세우고 미래 저탄소 경제에 맞는 비즈니스 운영을 전환하도록 과학적 방법론을 제공한다. SBTi는 기업이 온실가스 배출량 감소를 위해 설정한 목표가 파리협약에 부합하는 최신 기후과학과 일치한다면 '과학 기반'으로 간주한다. 파리협약은 산업화 이전 수준 대비 지구의 기온 상승폭을 2도 아래로 억제하고, 1.5도 이하까지 줄이는 것을 목표로 하고 있다. '온실가스 프로토콜Greenhouse Gas Protocol'은 기업이 표준화된 방식으로 온실가스를 줄일 수 있도록 관리하는 곳이다. 이들 조직들은 서로 협력하면서 기업들의 그린워싱을 체크하고 잘못된 부분에 대해서는 정보를 공개하며 시정을 요청한다.

그린워싱은 다른 업종의 기업들에서도 찾아 볼 수 있다. 한 아웃도어 업체는 페트병을 재활용한 재생섬유를 사용해 의류 및 용품을 제조하고 있다고 홍보했지만 실상은 일부 제품에만 적용되고 있다. '캡슐 커피' 제조업체는 '지속가능한 알루미늄'을 위해 알루미늄 용기의 재활용률을 100%까지 늘리겠다고 선언했지만, 실제 재활용률은 29%에 그쳤다.

그린워싱 광고도 논란의 대상이다. 커피숍에서 텀블러를 이용하고 슈퍼에서 장을 볼 때면 집에서 용기를 가져와 담는 한 남성. 회사의 임원인 남성은 친환경 라이프를 실천하고 집으로 돌아갈 때 멋진 세단을 타고 간다. 이 광고는 자동차 광고의 내용으로 성공한 사람의 사회적 책임을 강조하면서 동시에 여유 있는 삶의 모습을 친환경 활동으로 보여주었지만, 결국은 탄소를 배출시키는 내연기관 자동차의 구매를 유도하는 광고이다. 일부 MZ세대들은 이를 '녹색분칠'이라고 비난하기도 했다.

투자자들이 외치는 ESG 선언이나 기업들이 행하는 ESG 경영이 그린워싱 혹은 ESG 워싱인지 아닌지를 판단하는 기준은 '진정성'일 것이다. 인간에게 해를 입히는 무기 제조업체가 무기 판매로 벌어들인 수익의 몇 프로를 사회에 기부한다고 해서 그 기업을 좋게 평가하지는 않을 것이다. 사회공헌 활동 역시 사회적 활동의 하나이지, 그것을 잘한다고 ESG 경영까지 잘한다고 평가해서는 안 될 것이다.

ESG 경영은 환경적·사회적·지배구조적 요인들을 모두 고려해 지속 가능하고, 광범위한 사회의 지지를 받는 방식으로 기업 경영을 해나가는 것을 의미한다. 기부금액이 아무리 많아도 직원 복지나 협력업체와의 관계를 소홀히 한다면 ESG 경영을 잘한다고 할 수 없다. 소비자들이 ESG 관점에서 기업을 봐야 할 때는 사회공헌 홍보의 한 면만이 아니라 기업 활동 전체를 종합적으로 살펴봐야 하는 것이다. 그래야만 기업은 직원, 협력업체, 고객, 지역사회와 어떻게 잘 상호작용하고 환경은 어떤 식으로 자신들의 사업 모델과 연관시켜서 지켜나가야 할지를 전략적으로 결정하고 행동하게 된다.

2021년, ESG가 사회 전체적으로도 커다란 이슈가 되면서 기업들은 너도나도 할 것 없이 ESG 경영을 선포하고 '착한 기업', '따뜻한 기업'이 되겠다고 약속했다. 다짐과 약속이 나쁜 것은 아니다. 문제는 진정성 없이 말과 행동이 다른 모습을 보이며 소비자들을 기만하는 이중적인 태도이다. 유행 따라 ESG 경영을 표방하면서 경영 방식은 전혀 바뀌지 않는, '워싱'을 일삼는 기업에 대해 소비자들은 이제 그냥 보고만 있지 않는다. ESG 경영의 진정성과 지속성을 파악하기 위해 MZ세대들은 기업 정보의 공개와 평가를 당당히 요구하고 있다. 기업들은 ESG 경영을 함에 있어 투자자뿐만 아니라 소비자도 중요한 이해관계자임을 잊어서는 안 된다.

개인의 삶과
ESG

앞에서 여러 차례 ESG의 주된 목적은 단순히 착한 기업을 가려내는 것이 아니라 불확실성이 높아져만 가는 오늘날의 상황에서 환경E·사회S·지배구조G라는 전방위적인 리스크에 얼마나 잘 대응하고 지속적으로 경영을 이어갈 수 있는지를 판단하는 것이라고 설명했다. 다시 말해 ESG는 기업이 다양한 리스크에 얼마나 잘 대응하고 있는지 파악할 수 있는 기준이자, 지속경영을 가능하게 하는 관리 툴이다.

그렇게 놓고 보면, 일련의 ESG 활동들은 비단 기업에게만 적용되는 일은 아닐 것이다. 사회생활을 영위하는 개인에게도 불확실한 미래에 대비한 리스크 관리 차원에서 ESG는 필요하다. 또한 ESG 평가로 기업의 가치를 재평가하듯이, ESG를 통해 개인의 평가나 혹은 자신의 가치를 높일 수 있는 자기관리도 가능하다.

기후변화, 온실가스 등
기업 활동에 영향을 주는 환경 요인

기업 이미지,
지속경영에
영향을 주는 사회적 요인

올바른 경영 활동을
수행하게 하는
지배구조 요인

개인의 경제, 사회활동에 영향을 미치는 요인
(세계 경제, ICT 기술, 기후, 정치 등)

개인의 사회적 평판,
대외적 이미지에
영향을 주는
사회 활동 및 대인 관계

올바른 삶을
살아갈 수 있도록
조언해주는
사람 또는 장치
(부모, 친구, 선생님, 책 등)

기후변화, 온실가스 등의 환경E 요인은 관련 규제가 강화되면서 기업의 경영 활동에도 영향을 미친다. 기업들은 이를 해결하기 위해 탄소배출을 줄이거나 탄소 포집 기술을 개발하고 자원 재활용에 힘쓰는 등 다양한 활동들을 전개하고 있다. 이런 리스크는 피할 수 없는 '체계적 위험'으로 기후변화 외에도 천재지변, 경기 변동, 인플레의 심화, 이자율의 변동 등이 해당된다고 4장에서 언급한 바 있다.

이를 개인에게 적용하면 환경적 요인은 곧 개인의 경제, 사회 활동에 영향을 미치는 '체계적 위험' 요인들을 의미하게 된다. 인플레나 금리 변동 같은 세계 경제를 비롯해 AI, 5G 등 매일 새롭게 등장하는 ICT 기술, 남북 문제 같은 지정학적 문제, 정치적 이슈 등이 모두 개인을 둘러싼 환경적 요인이다. 우리가 환경적 요인 자체를 바꿀 수는 없지만, 변화의 흐름을 인지하고 파악해 그에 맞게 대응을 할 수는 있다. 세계 경제나 시장의 흐름을 예의주시하면서 투자나 재테크, 노후 준비를 할 수도 있다. 빠르게 진화하는 ICT 기술에 대해서는 업스킬링, 리스킬링을 통해 직장 내에서는 물론 퇴직 후 제2의 인생에도 대비할 수 있다.

환경오염, 기후변화 등의 문제에 대해서는 기업과 마찬가지로 개인도 일상 속에서 환경을 보전하는 작은 실천이 가능하다. 당장 스마트폰 사용만 줄여도 탄소배출을 줄일 수 있다. 스마트폰 데이터를 연결하는 데이터센터의 온도와 습도를 유지하고, 서버를 냉각하기 위해서는 많은 양의 전력이 소모되므로 컴퓨터나 스마트폰을 사용할 때는 해상도와 밝기를 낮추고, 휴식 중에는 절전 모드를 활용하는 것이 좋다. 또한 메일함에 가득 쌓여 있는 이메일의 10%만 삭제해도 매년 1톤의 탄소 저감 효과가 있고, 동영상 스트리밍은 에너지 소비가 크므로 콘텐츠는 다운로드해 시청하는 것이 바람직하다. 스마트폰 교체 주기를 길게 하는 것도 탄소배출을 줄이는 데 기여한다.

내연기관 자동차보다는 대중교통이나 자전거 등을 이용하는 습관을 들이고, 자동차를 운전할 때는 타이어 공기압을 적절히 유지하고, 정속 주행을 하면서 급가속과 급감속을 피한다면 연비를 15% 줄이는 동시에 탄소 절감 효과까지 볼 수 있다.

갑자기 쏟아지는 소나기를 맞고 갈지, 잠시 피할지는 개인의 판단이지만, 일기예보를 듣고 미리 우산을 준비했다면 비도 맞지 않고 시간도 절약할 수 있어 훨씬 더 효과적일 것이다. 환경적 리스크에 대비하는 개인의 자세는 시대의 흐름을 상시 파악하고 대비하면서, 자신을 둘러싼 환경에 민첩하게 대처하는 유연성이 필요하다. 그래야만 불확실성이 가중되는 미래에서 살아남고 또 성장할 수 있다.

사회적 요인$_S$에 대해서는 기업이든 개인이든 동일하다. 평소 대외 관계를 잘 구축해 이미지 관리, 평판 관리를 잘해야 한다. 오랜 역사와 전통을 가진 기업이 경영진의 잘못된 판단이나 CEO의 불미스런 언행 등으로 한순간에 몰락하듯이, 개인도 말 한마디나 행동 하나 잘못하면 한순간에 매장될 수 있다. 특히 연예인이나 스포츠 선수, 예술인 등 대중의 인기를 받고 사는 사람들은 사회적 평판이 무척이나 중요하다. 오랜 시간 동안 구축한 이미지가 잘못된 언행이나 판단으로 한순간에 무너질 수 있기 때문이다. 음주 운전, 약물 복용 등 사회적 윤리에 어긋나는 행동은 물론, 학교 폭력, 학력 위조 사태 등 과거의 잘못된 일까지 들춰져 현재의 개인에게 영향을 미친다. 결국 사회적 리스크에 대응하는 방법은 평소의 언행 및 대인관계를 잘해야 하는 것이다. 과거에 잘못한 일이 있다면 덮는 것이 능사가 아니라 스스로 나서서 해명하고 해결해야 나중에 터질지 모를 화약고의 불씨가 제거되는 것이다.

마지막 지배구조$_G$ 요인은 내 주변에 바른 말을 해주고 진심으로 조언해줄 수 있는 사람 혹은 장치가 얼마나 있느냐이다. 기업도 사외이사가 제대로 역할을 못 하면 CEO의 잘못된 의사결정으로 순식간에 몰락의 위험을 맞이한다. 개인도 마찬가지다. 특히 조직에서 승승장구 잘나가거나 사회적으로 성공가도를 달리고 있을 때, 옆에서 조언하고 바른 소리를 해주는 사람의 존재는 더욱 필요하다. 대부분 그런 역할은 부모님이나 아내와 같은 가족 혹은 친한 친구, 은사 등이 해주시는데, 어떤 사람은 책이나 영화, 음악 등을 통해서 깨달음을 얻기도 한다. 회사의 인사 평가 시스템에서 실시하는 다면 평가나 동료 평가도 개인이 조직에서 잘 적응하기 위해서는 어떤 점을 개선하고 보완해야 하는지 알려주는 조언자 역할을 한다.

중요한 점은 그런 말을 받아들이는 본인의 태도이다. 기업은 이사회가 CEO에 대해 반대표를 던지거나 심하면 해임시킬 수도 있다. 그럴 권한이 있기 때문이다. 그렇지만 가족이나 친구, 은사는 나를 대신할 수 없다. 개인에 대한 책임은 개인 스스로가 져야 한다.

"양약고어구良藥苦於口, 충언역어이忠言逆於耳"라는 말이 있다. 《사기史記》의 〈유후세가留侯世家〉에 나오는 말로, '좋은 약은 입에 쓰나 병에 이롭고 충언은 귀에 거슬리나 행동하는데 좋다'라는 뜻이다.

개인이 인생을 살아가는 데 있어 환경적 위험에 대비하고 사회적 평판을 좋게 하는 일은 매우 중요하다. 하지만 올바른 삶을 살아가고자 하는 노력과 이를 지지해주는 조력자가 없다면 그 사람의 인생은 무척이나 허무할 것이다. 투자자나 CEO들이 ESG 중에서 지배구조G를 가장 중요한 요인으로 꼽은 이유처럼 개인에게 있어서도 살아가는 데 있어서 가장 중요한 항목은 이 G라는 생각이 든다.

인생의 마지막 자락에서 자기 주위를 돌아봤을 때 그때까지 자신을 위해 조언해주고 충고해주는 사람이 한 명이라도 남아 있다면, 그 사람의 인생은 성공한 인생이 아닐까 싶다.

ESG로 다시금 깨달은
일상과 상식의 소중함

나는 ICT를 비즈니스 관점에서 연구하고 오랫동안 산업의 흐름을 봐온 ICT 트렌드 전문가이다. 길지 않은 시간이지만 《ESG 혁명이 온다》 집필을 위해 많은 자료들을 접하고 또 공부하면서 내 나름의 관점에서, 소비자의 관점에서, 그리고 ICT라는 관점에서 ESG를 바라보았다. 그러면서 느낀 건 ESG는 이 사회를 살아가는 보편타당한 상식과도 같다는 것이다.

학교에 가면 선생님이 학생들에게 얘기하는, 아니면 부모님들이 아이들에게 들려주는 사회를 살아가면서 지켜야 할 지극히 타당하고 일반적인 상식들이 ESG라는 생각이 들었다. 예를 들면 쓰레기 버리지 않기, 물 아껴쓰기, 다른 사람에게 피해 주지 않기, 거짓말하지 않기, 차별하지 않기 등 우리가 어렸을 때부터 들어오고 교육받아 온 일상적 기준들이 모두 ESG 활동과 일맥상통한다.

특별히 어렵거나 대단한 행동들이 아니다. 그런데 그 보편타당한 상식을 투자자들이, 소비자들이, 지금 이 사회가 기업들에게 요구하고 있다. 뒤집어 말하면, 오늘날의 기업들은 이 보편 타당한 상식을 전혀 지키고 있지 않다는 뜻이다. 왜일까? 그건 상식적 기준보다 '돈'과 '이윤'이 더 중했기 때문이다. 자본주의 사회 최고 선善인 '돈'을 위해, 결과만 좋으면 수단과 방법을 가리지 않아도 모든 것이 용서되었다. 아니, 눈감아 줬었다.

돈의 노예가 되어 온갖 비리와 물의를 저지르는 기업들이, 또 사람들이 참 많다. 미세먼지 때문에 아이들이 맘껏 숨쉬지도 못하지만 아랑곳하지 않고 탄소 가스를 배출하며 대기를 오염시키는 공장들. 유통기한이 지난 음식을 버젓이 팔고 먹거리에 장난을 치는 식당들. 제품에서 유해물질이 검출되었는데도 발뺌하는 기업의 경영진. 맘에 안든다고 폭언하고 갑질이 기본인 그룹 총수와 그 가족들….

글을 쓰고 있는 지금 이 순간에도 '2년 연속 한국에서 가장 존경받는 기업'으로 선정된 공기업의 직원들이 내부 정보를 이용해 땅투기를 했다며 국민들을 허탈하게 만든 웃지못할 소식이 화제의 뉴스로 떠올랐다. 이처럼 상식을 뛰어넘는 사건사고의 중심에는 늘 돈이 있다.

비뚤어진 자본주의를 이제는 바로잡아야 한다. 돈을 벌지 말라는 것이 아니다. 돈을 벌어도 정당하고 올바른 방법으로 벌라는 것이 ESG의 본질이다. 돈이 아닌 사람이 중심된 자본주의. 상식적 방법으로도 얼마든지 돈을 벌고 부자가 될 수 있는 사회. 이것이 ESG가 추구하는 목표이자 이상이다.

아이를 키우는 아빠의 입장에서 과연 나는 아이에게 무엇을 물려줄 수 있을까 하는 고민을 하게 된다. 재산? 지식? 나는 아이에게 건강하고 깨끗한 환경의 일상을 물려주고 싶다. 상식이 통하는 사회에서 살게 하고 싶다. 그렇게 해야만 하고, 그럴 의무와 책임이 나를 비롯한 세상의 모든 어른들, ESG 경영을 선포한 기업과 정부 모두에게 있다.

얼마 전 디즈니의 애니메이션 〈소울Soul〉을 보다가 이런 대사가 나와 울컥한 적이 있다. 영화의 줄거리는 이렇다. 재즈 피아니스트를 꿈꾸는 계약직 음악선생님 조 가드너는 제자의 도움으로 꿈에도 그리던 재즈 피아니스트가 될 기회를 얻게 된다. 하지만 뜻하지 않은 사고로 사후 세계에 발을 들이게 되고, 그곳에서 되살아나기 위해 어린 영혼을 만나고 여러 우여곡절을 겪다가 마침내 자신의 몸을 되찾고 꿈도 이루게 된다는 감동 스토리다.

엔딩에서 인생을 다시 살 기회를 얻은 조 가드너는 "당신은 이제 어떤 삶을 살껀가요?"라는 질문에 이렇게 답하면서 영화는 막을 내린다.

"I'm going to live every minute of it(매 순간순간을 소중히 여기며 살아갈 거예요)."

그저 그렇게 살아온 삶이었지만 한 번 잃어버리고 난 후, 인생을 되찾고나서 삶의 소중함을, 일상의 소중함을 절실히 느낀 한마디였다.

나도 마찬가지다. 코로나로, 인간의 탐욕으로 망가진 일상을 ESG로 다시금 되찾게 된다면, 그 모든 순간을 소중히 여기면서 살아가고 싶다. 그리고 ESG로 지켜진 그 소중한 미래를 내 아이에게 한 점 부끄럼 없이 고스란히 물려주고 싶다.

- 강봉주, "ESG 총정리", 메리츠증권, 2020.4.28
- 강석오, "슈나이더일렉트릭, 데이터센터 에너지 절감 솔루션 주목…ESG 경영 뒷받침", DataNet, 2021.02.04
- 강일용, "CES 2021 바이든 정부, 저탄소 정책 강화… 기업들 ESG 서둘러야", 연합뉴스, 2021.1.13
- 고철종, "아이오닉5 인기 폭발이 곪은 상처 터뜨렸다", SBS, 2021.03.04
- 공경신, "미국의 ESG 규제 동향과 최근 이슈", 자본시장연구원, 2020.8
- 과학기술정책연구원, ""인공지능 기술 전망과 혁신정책 방향"", 과학기술정책연구원, 2019
- 곽민서, "지배구조 우수 기업, 코로나19 속 주가 방어 양호", 연합뉴스, 2020.05.29
- 곽윤아, "EU 온실가스 규제 강화 방침에… 탄소배출권 가격 사상최고치", 연합뉴스, 2021.2.4
- 구은서, "美·EU, 탄소관세로 '무역장벽'…탄소 못 줄이면 수출도 막힌다", 한국경제, 2021.01.14
- 권선연, "일론 머스크도 찾는 탄소포집 기술이란", KOTRA, 2021.2.10
- 권승문, "코로나 백신은 있지만, 기후위기 백신은 없다", 프레시안, 2021.01.11
- 권유정, "바이든 시대, ESG 선택 아닌 필수", 조선비즈, 2021.01.21
- 권준범, "넷제로(Net Zero) 달성시 재생에너지 비중 60%", 에너지신문, 2020.09.16
- 그린피스 서울사무소, "기후위기와 바이러스: 기후위기는 우리의 건강에 어떤 영향을 미칠까요?", 2021.2.5
- 글로벌경영학회지 제17권 제3호, "A Study on the Relationship between ESG Evaluation Information and KIS Credit Ratings in Healthy Companies 건전한 기업의 ESG평가정보와 KIS신용평점간의 관련성에 관한 연구", 글로벌경영학회

- 김경은, "기후는 경제다, 고공행진하던 탄소배출권의 콧대는 어쩌다 꺾였나", 연합뉴스, 2021.2.6
- 김광기, " ESG 경영의 으뜸은 기업 거버넌스, 한국의 정치 거버넌스를 반면교사로", 에코타임즈, 2020.12.27
- 김국현, "세계는 지금 ESG 혁신 중, 다양한 사례를 통해 알아본 ESG 경영", SK하이닉스 뉴스룸, 2021.02.09
- 김동원, "왜 이사회는 "No"를 두려워 하는가?", 기업지배구조리뷰, 2011
- 김명화, "[특집] AI, 원인과 대안으로 떠오른 환경문제 해결사? 재난·재해 사각지대 "유용" Vs 빅데이터 사각지대 "경고"", ecomedia, 2020.02.10
- 김민수, "코로나 19원인은 기후변화… 바이러스 품은 박쥐들 아시아로 유입", 동아사이언스, 2021.2.15
- 김보경, "탄소배출 비용 부담, 기업들 비명.. 1년 영업익 다 날아간다", 아시아경제, 2020.12.30
- 김상호, 배한주, "2020년대 투자전략, EPS에서 ESG로 ", 신한금융투자, 2019.12.4
- 김상호, 배한주, "the blue book, ESG", 신한금융투자, 2020.7.6
- 김성은, 박소연, "막오른 바이든 정부…득실 계산 바쁜 산업계", 2021.2.6
- 김수경, "카카오, 전 직원 대상 AI 윤리 교육… ESG 경영 일환", 브랜드브리프, 2021.02.17
- 김승직, "AI로 바이러스 잡고 가습 기능까지...황사철 맞아 공기청정기 신제품 경쟁 후끈", CSnews, 2021.02.15
- 김용진, "갓뚜기'의 착한마케팅은 언제나 성공하지 않는다", 프레시안, 2021.2.1
- 김익, "넷 제로(Net-zero)의 의미와 활용", 한국환경산업기술원, 2020
- 김정란, "기업탐방 파타고니아를 들여다보다, 그만 사'라는 파타고니아, 왜 더 살까", LIFEIN, 2021.01.25
- 김정문, "한국 ESG평가 최고등급 받았다", 에코타임스, 2021.2.1
- 김주호, "유니클로 광고 논란, 위기 시 즉각사과가 답이다", 2019.10.20
- 김평화, "SKT 성과급 논란, 소통이 문제다", 2021.2.11
- 김평화, "소니, WSJ 선정 지속가능 100대 기업 1위 올라", 조선일보, 2020.12.01
- 김한솔, "테슬라 창업주' 일론 머스크가 1천억 원대 상금 내걸고 공모한 신기술의 정체", 인사이트, 2021.01.23
- 김현기, "할말은 하는 직원들, 구성원 행동주의 확산", LG경제연구원, 2021.1.11
- 김환이, "중소기업이 CSR·ESG를 실천할 수 있는 방법", 임팩트온, 2020.06.16
- 김환이, "친환경 제품이라고 속인 그린워싱 기업은 어디?", 임팩트온, 2020.12.23
- 김효진, "유니레버, 컨테이너 초소형 공장 '나노 공장' 가동한다...탄소발자국 줄이고,

소량생산", 임팩트온, 2021.01.29
- 김후정, 조병헌, "지속가능을 위한 ESG 투자", 유안타증권, 2020.10.21
- 김훈길, "ETF로 투자하기", 하나금융, 2020.6
- 노노시타 유코, "CE S2021에서도 '지속 가능한 재생에너지'가 주목", TECH INSIDER, 2021.1.20
- 도현명, 이방실, "기업가치 높이려면 ESG를 경영전략에 통합하라", DBR Special Report, 2020.11.15
- 딜로이트 고객산업본부, "Deloitte Insights, Climate & Sustainability 특집", 2020.11
- 류정선, "최근 글로벌 ESG 투자 및 정책동향", 금융투자협회, 2020.6
- 맥킨지, "normal was a crisis : 맥킨지 유럽연합 넷제로 가이드라인 보고서 #1", 2021.1
- 문정현, "블랙록, 투자대상 기업에 온실가스 제로 계획 공개하라 압박", 연합인포맥스, 2021.2.6
- 박란희, "2021년 주목할 ESG 트렌드(1편) 기후변화… MSCI 보고서", 임팩트온, 2021.01.17
- 박란희, "7개 ESG 평가 활용한 국내 111개 기업 ESG 점수는?", 임팩트온, 2020.08.27
- 박란희, "블랙록, 2021년 키워드는 이사회 다양성과 2050 넷제로", 임팩트온, 2021.2.6
- 박란희, "블랙록, 래리핑크 회장의 2021년 편지에는 무엇이 담겼나", 임팩트온, 2021.1.28
- 박란희, "ESG 데이터가 쏟아진다, 글로벌 ESG 투자 및 평가기관 M&A 봇물", 임팩트온, 2020.08.11
- 박민석, "애플 팀쿡, 임원 성과급에 ESG 성과 반영…", 미디어SR, 2021.2.7
- 박성우, "무디스, 한국 ESG 1등급 평가… 미 2등급, 중일 3등급", 2021.1.19
- 박수민, "ESG , 환경(Environment)이 우선이다", 신영증권, 2020.10.27
- 박지영, "블랙록의 '그린워싱'?", 임팩트온, 2021.01.20
- 박지영, "줌인 ESG ① 넷제로? 탄소 중립? 핵심은 '순 배출량'이어야", 임팩트온, 2020.07.28
- 박지영, "탄소의 사회적 비용은 얼마?", 임팩트온, 2021.02.24
- 박지훈, "2020 상장사 ESG 등급 신한지주·KB금융 A+, 태광산업·삼양 등 24개 기업 지배구조 최하점", 매일경제, 2020.10.30
- 박진숙, "MS, 소비하는 물 양 줄이는 '워터 포지티브' 프로젝트를 발표", 뉴스핌, 2020.09.30
- 박혜진, "국내 ESG 펀드의 ESG 수준에 대한 분석과 시사점", 자본시장연구원,

2020.8

- 박혜진, "국내 ESG 펀드의 현황 및 특징 분석", 자본시장연구원, 2020
- 방성훈, "닛산, 또다른 CEO 리스크 대표사례..", 2018.11.20
- 브랜드 커뮤니케이션, "넷제로 에너지를 꿈꾸다, 맥도날드 월트 디즈니 플래그쉽", STONE
- 사회공헌정보센터, "[용어부터 알고 가자] 그린워싱", 2016.10.17
- 삼정KPMG, "ESG 경영시대, 전략 패러다임 대전환", 2020.12
- 선한결, "글로벌 시장 ESG 리스크… ESG 강화 안하면 경영진 갈아 치울 것", 한국경제, 2021.1.3
- 설태현, "ESG Quality Score 를 활용한 ESG 투자 활성화", DB금융투자, 2018.6.12
- 송민경, "오너 리스크와 경영 승계, 기업지배구조 관계 분석 및 시사점 - D사 사례", ESG Focus, 2014.1
- 신소윤, "우리가 지금처럼 지구를 쓴다면…한국 경제손실 세계 7위", 한겨레, 2020.2.12
- 신중호, "ESG, 아쉬운 사실", 이베스트투자증권, 2020.1.12
- 심수연, "EU의 ESG 공시 규제 및 시사점", 자본시장연구원, 2020.10
- 양미영, "착한투자 시대 1~7 시리즈 ESG, 이제야 '포텐' 터진 이유", 비즈니스워치, 2020.11
- 양용석, "녹색성장의 핵심, 그린IT 살펴보기 (상) 정보통신기술과 환경의 융합", 사이언스타임스, 2010.03.05
- 연경흠, "한국기업들의 탈탄소 전환의 도전과 과제", 딜로이트 안진회계법인, 2020
- 연구윤리정보센터, "인공지능(AI) 윤리 가이드라인'의 중요성과 국가별 대응 현황 : 국내", 2020
- 오덕교, "중소·중견기업의 ESG 현황 분석", 한국기업지배구조원, 2012.11
- 옥송이, "ESG 시대… 착한 기업이 돈 번다", 2021.1.21
- 윤선영, "기업 생존 걸린 '디지털 전환'…"국내기업은 아직 초기 단계", SBS Biz, 2021.01.14
- 윤수정, "코로나가 판 키운 폐기물 산업, 악취도 재활용 분류도 AI로봇에 맡겨!", 조선일보, 2021.01.11
- 윤준탁, "우주에 승리호가 있다면 지구에는 '그린AI'가 있다!", LGCNS블로그, 2021.2.19
- 윤지로, "석유기업의 넷제로 선언… 그린워싱에 안 속으려면?", 세계일보, 2021.01.24
- 윤진수, "중소기업에도 ESG 경영이 필요한 까닭", 중소기업뉴스, 2021.02.02
- 윤형준, 신수지, "[Mint] 대세가 된 ESG투자…모르면 돈 못법니다 ESG 투자, 착한 기

업 키우기? 살아남을 기업 걸러내기!", 조선비즈, 2020.9.20

- 이건혁, "IT기업들 이제는 ESG 경영", 동아닷컴, 2021.01.14
- 이고운, "'지속가능기업' 삼성 28위, 애플 68위인데 소니가 1등...어떻게?", 한국경제, 2020.10.13
- 이남의, "5대 금융지주 회장, 신년 경영 키워드 "디지털·ESG·글로벌"", 머니S, 2021.01.05
- 이다비, "[투자노트] 지겨워도 ESG라는데…단, '그린워싱'은 피하세요", 조선비즈, 2021.02.04
- 이방실, "ESG 리스크 관리의 핵심은 거버넌스, 기후변화 문제, 사외이사..", DBR 308호, 2020.11
- 이상일, "[ESG경영과 ICT] 기업 화두된 ESG경영…인공지능, 그린IT 본격 시동", 디데일리, 2021.02.16
- 이상헌, "ESG 중 지배구조(G)가 으뜸", 하이투자증권, 2020.11.16
- 이선아, 황정환, "삼성전자·현대차 빠지니…한국 ESG지수 상승률, 美의 '10분의 1'", 한국경제, 2020.10.16
- 이윤희, "HBR 선정 '세계 최고 CEO'는 무명? "자가용 비행기 안타요"", 이코노믹리뷰, 2015.10.13
- 이재빈, "화석연료 구제는 부담… 그린뉴딜은 국내 업체에 호재", 더팩트, 2021.2.9
- 이재선, "2021년 ESG 트렌드는 계속된다", 하나금융, 2020.12
- 이정빈, "그린퀀트, 친환경과 ESG, 그리고 K뉴딜 집중분석", IBK투자증권, 2020.10.6
- 이정혁, "기업경영 새로운 규칙된 ESG.. 이젠 기업의 생존 키워드입니다", 머니투데이, 2020.12.01
- 이종혁, "밀레니얼 신입사원의 반란, 성과급 기준이 뭔가?", 매일경제, 2021.2.7
- 이준영, "탄소중립, 탄소세, 저탄소 기술혁신 필요성 제기", 시사저널, 2021.2.6
- 이준희, "한국기업들의 ESG 경영을 위한 변화Ⅰ : ESG 경영의 개념과 접근 방법", 딜로이트 안진회계법인, 2020
- 이지언, "국내 ESG 투자 시장의 효율성 및 신뢰성 제고 과제", 한국금융연구원, 2018.7
- 이지윤, "텍사스주 블랙아웃에도 불 밝힌 유일한 집..비결은 테슬라 OOO", 머니투데이, 2021.03.02
- 이창진, 김현기, "할 말은 하는 직원들, 구성원 행동주의(Employee Activism) 확산", LG경제연구원, 2020.10.13
- 이태훈, "ESG 채권 살펴보기", 이베스트투자증권, 2020.9.21
- 이해영, "日 소니, 내년 4월부터 사원 불임치료 지원제 도입", 연합뉴스, 2019.09.27

- 이현재, "중요성 커지는 ESG…"기업들 '기후 리스크' 공개 준비해야"", 한국경제, 2021.01.11
- 인터비즈공식블로그, "19년 르노-닛산 이끌던 스타 경영자에서 도망자 신세된 카를로스 곤 전 회장", 2020.1.3
- 일본 종합 연구소, "ESG 조사에 AI 활용 작업량 50 % 절감", 2019.8.1
- 임수정, 안소영, "글로벌 기업, 투자자 러브콜 받는 탄소네거티브", 조선비즈, 2020.12.20
- 전광우, "2020 ESG 글로벌 서밋: 복원력 강한 경제와 지속 가능한 금융의 길 : 세계경제연구원 - KB금융그룹 국제컨퍼런스", 세계경제연구원, 2021.01
- 전산회계연구 제17권 제2호, "A Study on the Relationship between ESG Evaluation Factors and Corporate Value ESG 평가요소와 기업가치의 관계에 관한 연구", 한국전산회계학회
- 전채리, "[세상을 바꾸는 ESG트렌드] 갑질 기업 '불매', 착한 기업 '불패'", 나눔경제뉴스, 2021.01.07
- 전혜진, "ESG 행동주의 확산...밀레니얼 세대 직원들, 기업 부조리 좌시 안해", ESG경제, 2021.01.19
- 전혜진, "MZ세대가 ESG 가치에 뜨겁게 호응하는 이유", ESG경제, 2021.01.05
- 전혜진, "세계에서 가장 존경 받는 한국 기업은? 삼성전자 49위", ESG경제, 2021.02.11
- 정유진, "살해 협박 맞선 환경운동, 스쿨버스 탄소 감축…'제2의 툰베리'", 경향신문, 2021.02.02
- 정은지, "그린 워싱, 친환경 그늘에 숨은 검은 실상...네슬레, 블랙야크 등도 예외는 아냐", 녹색경제신문, 2021.01.18
- 정의정, "구글 직원들은 왜 거리 시위를 했을까?", 2019.10.24
- 정인지, 김지성 "소비 중심에 선 밀레니얼 "가격보다 가치…착해야, 잘 산다"", 머니투데이, 2021.01.07
- 정종기, "[정종기의 AI시대 저널리즘④] 일하는 방식의 혁신 필요한 시대, 해법은 인공지능 로봇과 협업하는 것", 2020.05.04
- 정한결, "잘 나가는 파타고니아의 고민…"쿨한게 싫어요"" ,머니투데이, 2020.1.1
- 조영삼, "디지털 전환의 중소기업 수용성 제고방안", i-Kiet, 2020.12
- 주철민, "Digital 기업이 일하는 법 - HR 혁신", 삼성SDS블로그, 2020.9.2
- 지식협동조합좋은나라, "[좋은나라이슈페이퍼] 오뚜기, 착한 소비, 그리고 이해관계자 자본주의", 2021.2.1
- 차석록, "심각한 기후리스크, 극심한 환경변화..과학자들 우려 심각 건축물의 이산화

탄소배출 규제 강화", 나눔경제뉴스, 2020.10.18

- 최광민, "AI 기술로 지구환경 보호에 두 팔 걷고 나서는 마이크로소프트", 인공지능신문, 2018.12.26
- 최남수, "이해관계자 자본주의 : 자본주의 '그레이트 리셋' 이젠 'ESG 경영' 시대!", 새빛, 2021.01
- 최인준, "콘텐츠·게임사로 완벽 변신한 소니, 창사 첫 순익 1조엔 넘었다", 조선일보, 2021.02.04
- 최종윤, "유니버설로봇, 협동로봇으로 중소기업 근무환경 바꾼다", 인더스트리뉴스, 2020.09.22
- 최종학, "한국의 이사회 현실과 미래", DBR 161호, 2014.9
- 최희정, "국내기업 ESG 경영 관심도 KB금융 톱… 34%는 관심 無", 뉴시스, 2021.1.15
- 파이낸셜뉴스, "ESG경영 닻 올린 네이버-카카오, 그린IT 물결 일으킨다", 2021.02.14
- 하선영, "애플의 중대발표 열어보니 ESG…빅테크, ESG 경쟁 이유", 중앙일보, 2020.1.17
- 한겨례, "[기후싸이렌] 현대차 상무님의 '그린워싱'", 2021.02.18
- 한국경제, "ESG펀드에 15조원 뭉칫돈…'착한기업' 투자가 대세 될까", 2020.05.21
- 한국기업지배구조원, "2020년 상장기업의 ESG 평가 및 등급 공표", 2020.10.14
- 한국기후환경네트워크, "코로나19에 탄소배출 감소량 1900년 이후 최대", 위클리에코뉴스, 2021.1.21
- 한국생산관리학회지 제27권 제4호, "An Exploratory Study on the Lead-lag Relationship between Firms' ESG Efforts and Their Financial Performance 기업의 ESG 노력과 재무성과의 선후행 관계", 한국생산관리학회
- 한국자료분석학회, "The Profitability of ESG Investing ESG 투자전략의 성과분석 : Journal of The Korean Data Analysis Society Vol.19 No.4"
- 한정수, ""ESG 최대 화두는 기후변화"…탄소배출 감축에 생사 갈린다"", 머니투데이, 2020   "
- 한지영, "호주의 대형 산불 , ESG 투자에 불을 지피다", 케이프투자증권, 2020.1.29
- 한화자산운용공식블로그, "ESG투자이야기 3.사회책임 : 사회이슈에의 관심이 투자위험을 방어한다", 2017.12.22
- 황민규, "MS, 물 재활용 확대하는 '워터 포지티브' 프로젝트 본격화", 조선비즈, 2020.09.28
- 황원지, "넷제로만 유지하면 20년 안에 기후변화 막을 수 있을 것", 조선비즈, 2021.01.09
- 황정수, ""ESG 전문가 모시자"…삼성·LG·SK, 사외이사 영입 전쟁", 한국경제,

2021.01.22

- 회계정보연구 제31권 제1호, "An Empirical Analysis on ESG Performance Information and Cost of Debt Capital ESG 정보와 타인자본비용의 관련성에 대한 실증연구", 한국회계정보학회
- BBC News, "11세 소년은 왜 살해협박을 받았는가?", 2021.1.27
- BCG, "기후문제가 코로나19의 다음 희생양이 되지는 말아야", 2020.7
- DBR, "박유경 이사 인터뷰 : ESG, 높은 점수만 받으려 하면 역효과, 핵심 이슈 5가지에 집중", DBR 308호, 2020.11
- HBR, "실제 가치를 만들어내는 소셜임팩트 활동", 2020.12.21
- IDC, "2020 아시아 태평양 중소기업 디지털 성숙도 연구", 2020
- ITWorld, "마이크로소프트, AI 기술 이용한 '지구환경 AI' 프로젝트 공개", 2018.12.27
- KOTRA, "해외 사회적경제기업 성공사례, Social Enterprise", 2020.12
- KPMG Intenational, "KPMG 2020 CEO Outlook: COVID-19 Special Edition, 2020 글로벌 CEO 설문조사 리포트", 2020
- KPMG, "Towards Net Zero 보고서", 2021.1.11
- KT경제경영연구소, "코로나 이코노믹스", 한스미디어, 2021.7
- NH투자증권, "착한 기업(ESG) 사용설명서"
- Anonym, "Tesla Valuation based on ESG factors", Grin Verlag, 2018.03
- Bradley, Brendan / Oulton, Will, "Esg Investing for Dummies", For Dummies, 2021.01
- Daniel C. Esty, Todd Cort, "Values at Work : Sustainable Investing and Esg Reporting", Palgrave MacMillan, 2021.01
- Daniel C. Esty, Todd Cort, "Values at Work: Sustainable Investing and ESG Reporting Hardcover", 2020.10
- David Hohl, "Fixing the Flaws of Current ESG (Environment, Social, Governance) Measures. An Approach to Setting New Standards", Grin Verlag, 2019.06
- Geoff Colvin, "행동주의 근로자들은 사라지지 않았다", 포춘코리아, 2020.11.2
- George Serafeim, "Social-Impact Efforts That Create Real Value", HBR, 2020.9-10
- John Hill, "Environmental, Social, and Governance (ESG) Investing: A Balanced Analysis of the Theory and Practice", Elsevier, 2020.01
- John Hill, "Environmental, Social, and Governance (Esg) Investing : A

Balanced Analysis of the Theory and Practice of a Sustainable Portfolio", Academic Press, 2019.12
· Jonathan Shieber, "Sequoia가 지원하는 재활용 로봇 메이커의 AMP Robotics가 최대 수주", 2020.11.17
· Jonathan Shieber, "세계를 혼란에서 구하기 위해 재활용 로봇 기업이 17억엔을 조달", 2019.11.15
· Katharina Kuehn, "The Real Estate Industry and Environmental Social and Governance Awareness (ESG) : Drivers that encourage stakeholders to increase their ESG awareness", GRIN Verlag, 2021.02
· Masaatsu Takehara, Naoya Hasegawa, "Sustainable Management of Japanese Entrepreneurs in Pre-War Period from the Perspective of Sdgs and Esg", Palgrave MacMillan, 2020.12
· Neher, Agnes L., "ESG Risks and Responsible Investment in Financial Markets", Gesellschaft und Politik GmbH, 2015.11
· Nikkei Asia, "Japan to reduce greenhouse-gas emissions to net zero by 2050", 2020.10
· Scott Reese, "ESG란 무엇인가? ESG 투자가 환경과 비즈니스에 좋은 5가지 이유", 2020.10.13
· TCFD, "Recommendations of the Task Force on Climate-related Financial Disclosures", 2017
· Yanagi Ryohei, CMA, CFM, Nina Michels-Kim, "Strategic Finance: Integrating non-financials to create value", 2018.1.17
· とみ田秀實, "ESG投資時代の持續可能な調達 市場價値はサプライヤ-との付き合い方で決まる", 日經BP社, 2018.10
· アムンディ・ジャパン, "社會を變える投資ESG入門", 日本經濟新聞出版社, 2018.09
· 安岡孝司, "企業不正の調査報告書を讀む ESGの時代に生き殘るガバナンスとリスクマネジメント", 日經BP, 2020.12
· 井口讓二, "財務.非財務情報の實效的な開示 ESG投資に對應した企業報告", 商事法務, 2018.03
· 加藤康之, "ESG投資の研究 理論と實踐の最前線 普及版", 一燈舍, 2019.01
· 宮崎正浩, 村井秀樹, "統合思考とESG投資 長期的な企業價値創出メカニズムを求めて", 文眞堂, 2018.03
· 江夏あかね, "ESG／SDGSキ-ワ-ド130", 金融財政事情研究會, 2021.02
· 勝田悟, "ESGの視点 環境,社會,ガバナンスとリスク", 中央經濟社, 2018.10

- 小平龍四郎, "ESGはやわかり（日經文庫 1432）", 日經BP日本經濟新聞出版本部, 2021.02
- 松田千惠子, "ESG經營を强くするコ-ポレ-トガバナンスの實踐 (ESG經營を强くする)", 日經BP社, 2018.12
- 水口剛, "ESG投資 新しい資本主義のかたち", 日本經濟新聞出版社, 2017.09
- 水口剛, "サステナブルファイナンスの時代 ESG／SDGSと債券市場", 金融財政事情研究會, 2019.06
- 赤川彰彦, "地方創生×SDGS×ESG投資 市場規模から見た實踐戰略でよみがえる地方自治體と日本", 學陽書房, 2020.10
- 大森充, "1冊で分かる!ESG／SDGS入門", 中央公論新社, 2019.06
- 湯山智敎, "ESG投資とパフォ-マンス SDGS.持續可能な社會に向けた投資はどうあるべきか", 金融財政事情研究會, 2020.10
- 藤井敏彦, "サステナビリティ.ミックス CSR,ESG,SDGS,タクソノミ-,次に來るもの", 日科技連出版社, 2019.10
- 藤田香, "SDGSとESG時代の生物多樣性.自然資本經營", 日經BP社, 2017.10
- 藤野大輝, "乱立するESG 情報の開示基準とその現状", 다이와소오켄, 2021.1
- 日本經濟新聞出版社, "SDGS, ESG社會を良くする投資 (日經MOOK)", 日本經濟新聞出版社, 2019.10
- 日經ESG, "ケ-ススタディ-で學ぶ實踐企業のSDGS", 日經BP, 2020.06
- 日經エコロジ-, "ESG經營ケ-ススタディ20", 日經BP社, 2017.06
- 夫馬賢治, "ESG思考 激變資本主義1990-2020,經營者も投資家もここまで變わった", 講談社, 2020.04
- 法務研究會, "日弁連ESGガイダンスの解説とSDGS時代の實務對應", 商事法務, 2019.06
- 柳良平, "「ROESG」モデルと「自然資本」のエビデンス", 월간자본시장, 2019.9
- 黒田一賢, 井熊均, "ビジネスパ-ソンのためのESGの敎科書 英國の戰略に學べ", 日經BP, 2019.05

ESG 혁명이 온다

1판 1쇄 발행   2021년 4월 15일
2판 2쇄 발행   2024년 8월 14일

지은이 김재필
펴낸이 김기옥

경제경영팀장 모민원   기획 편집 변호이, 박지선
커뮤니케이션 플래너 박진모
경영지원 고광현, 임민진
제작 김형식

표지디자인 투에스   본문디자인 푸른나무디자인
인쇄 · 제본 민언프린텍

펴낸곳 한스미디어(한즈미디어(주))
주소 121-839 서울시 마포구 양화로 11길 13(서교동, 강원빌딩 5층)
전화 02-707-0337 | 팩스 02-707-0198 | 홈페이지 www.hansmedia.com
출판신고번호 제 313-2003-227호 | 신고일자 2003년 6월 25일

ISBN 979-11-6007-930-2   13320